Freiheit – Gnade – Schicksal

Romano Guardini
Werke

Herausgegeben
von
Florian Schuller

im Auftrag
des Sachverständigengremiums für
den literarischen Nachlaß Romano Guardinis
bei der Katholischen Akademie in Bayern

Sachbereich
Anthropologie und Kulturkritik

Romano Guardini

Freiheit – Gnade – Schicksal

Drei Kapitel zur
Deutung des Daseins

Matthias Grünewald Verlag · Ostfildern
Verlag Ferdinand Schöningh · Paderborn

Alle Autorenrechte liegen bei der
Katholischen Akademie in Bayern

»Freiheit – Gnade – Schicksal.
Drei Kapitel zur Deutung des Daseins«:
8. Auflage 2018, unveränderter Nachdruck der 6. Auflage,
München: Kösel-Verlag, 1979 (–1986)
(1. Auflage 1948)

Für die Verlagsgruppe Patmos ist Nachhaltigkeit ein wichtiger
Maßstab ihres Handelns. Wir achten daher auf den Einsatz
umweltschonender Ressourcen und Materialien.

Bibliografische Information der Deutschen Nationalbibliothek
Die Deutsche Nationalbibliothek verzeichnet diese Publikation in
der Deutschen Nationalbibliografie; detaillierte bibliografische
Daten sind im Internet über http://dnb.d-nb.de abrufbar.

Alle Rechte vorbehalten
© 1994 Matthias Grünewald Verlag,
ein Unternehmen der Verlagsgruppe Patmos
in der Schwabenverlag AG, Ostfildern
www.gruenewaldverlag.de
© 1994 Verlag Ferdinand Schöningh, ein Imprint der Brill-Gruppe
(Koninklijke Brill NV, Leiden, Niederlande; Brill USA Inc.,
Boston MA, USA; Brill Asia Pte Ltd, Singapore;
Brill Deutschland GmbH, Paderborn, Deutschland)

Umschlaggestaltung: Finken & Bumiller, Stuttgart
Druck: CPI – buchbücher.de, Birkach
Hergestellt in Deutschland
ISBN 978-3-7867-3163-4 (Matthias Grünewald)
ISBN 978-3-506-79226-6 (Schöningh)

*Meinen
Gastfreunden
zu eigen*

Inhalt

Vorbemerkung 11

Die Freiheit

Die Frage 17

Die Freiheit als Form des Tuns

Der Charakter der freien Handlung 19
Die Formen der freien Handlung 21
Das freie Handeln als Aufgabe 25

Die Freiheit und der Inhalt des Tuns

Die Freiheit im Akt und die Freiheit im Inhalt 32
Die Freiheit im unmittelbaren Gefühl, im Naturerlebnis,
im Verhältnis zur Sache und zum eigenen Körper ... 33
Die Freiheit in der Verwirklichung der Werte 40
Die Freiheit in der personalen Beziehung 43
Die sittliche Freiheit 47
Die Freiheit im Religiösen 55
Zusammenfassung 62
Der Träger der Freiheit 65

Die christliche Freiheit

Das Gnadenerlebnis des Apostels Paulus 68
Akt und Inhalt der christlichen Freiheit 72

Der eschatologische Charakter der christlichen Freiheit 78
Die Beziehung der christlichen Freiheit zur natürlichen 81
Exkurs: Die logische Problematik des freien Aktes ... 92

Die Gnade

Die Frage 101

Das Gnadenhafte als Element des unmittelbaren Daseins

Das Gnadenhafte in den Autoritätsbeziehungen 103
Das Schöpferische: Eingebung und Gelingen 105
Begegnung und Fügung 109
Die Euphorie und das Vollkommene 111
Das Element des Gnadenhaften im Dasein 114
Das Gnadenhafte im Religiösen 118

Die Gnade im christlichen Sinne

Die Erschaffung der Welt und die Gnade 121
Die Gnade in der christlichen Existenz 124
Das Verhältnis der Gnade im eigentlichen Sinne zum Gnadenhaften als Element der Welt 133
Exkurs: Die Arbeit 145

Das Schicksal

Die Frage 153

Die Elemente der Schicksalserfahrung

Die Notwendigkeit 155
Die Tatsache 159

Der Zufall 163
Die Elemente des Schicksals im Menschen selbst 164

Das religiöse und das personale Moment in der Schicksalserfahrung

Der religiöse Charakter des Schicksals 172
Der Träger der Schicksalserfahrung 177

Die Bewältigung des Schicksals

Das Getragensein, der Kampf mit dem Schicksal und die Beeinflussung seines Ursprungs 180
Der Fatalismus, die stoische Haltung und der Humor 183
Das Schicksal als Aufgabe 187

Das Schicksal und die Offenbarung

Die Veränderung der Schicksalserfahrung im Glauben 190
Das Schicksal im Leben Jesu 191
Schicksal und Vorsehung 207
Schicksal und Gericht 217
Die Vorsehung und die Werte des Schicksalsverhältnisses 231
Exkurs: Das Tragische 239

Vorbemerkung

Die Untersuchungen dieses Buches gehen aus dem gleichen Bestreben hervor, das die Sammelbände »Welt und Person« (^{2}1940 [Mainz/Paderborn ^{6}1988]), »Unterscheidung des Christlichen« (1935) und »Auf dem Wege« (1923), ja im Grunde meine ganze Arbeit bestimmt hat: den Blick auf den Zusammenhang des christlichen Daseins zu gewinnen.
Die Frühzeit des christlichen Denkens hat diesen Blick gehabt. Augustinus scheidet nicht methodisch zwischen Philosophie und Theologie, innerhalb der Philosophie zwischen Metaphysik und Psychologie, innerhalb der Theologie zwischen theoretischer Dogmatik und praktischer Lebenslehre, sondern er denkt aus dem Ganzen der christlichen Existenz heraus über dieses Ganze und dessen verschiedene Inhalte nach. Bis über die Höhe des Mittelalters hinaus bleibt die Situation im Wesentlichen gleich. Thomas von Aquin bemüht sich zwar um kritische Unterscheidung und umfassende Systematik; trotzdem ist, was seine Denkarbeit trägt, das nämliche lebendige Bewußtsein von der Einheit des christlichen Daseins, als Welt und Gnade.
Dann beginnt die Trennung: Die Philosophie wird von der Theologie, die empirische Wissenschaft von der Philosophie, die Anweisung zum Tun von der Erkenntnis des Seins geschieden. Die Bemühung hat ihr Recht, und aus ihr geht eine Fülle wertvoller Ergebnisse hervor – sie ist aber auch gefährlich, denn sie vertieft und verfestigt die geistige Zerrissenheit des neuzeitlichen Menschen.
Die Frage soll nicht weiter verfolgt werden; sie würde zu einer Analyse der ganzen neuzeitlichen Kultursituation führen. Was uns hier angeht, ist die Tatsache, daß die Einheit des Daseinsbewußtseins auch beim gläubigen Christen weithin zerfallen

ist. Der Glaubende steht mit seinem Glauben nicht mehr in der Wirklichkeit der Welt – ebenso wenig, wie er die Welt in seinem Glauben wiederfindet. Aus der Not dieser Zerreißung hat er eine bittere Tugend gemacht; er hat einen – wenn das skurrile Wort erlaubt ist – chemisch reinen Glauben herausgearbeitet und bemüht sich, in ihm die eigentliche Form der Gläubigkeit zu sehen. Diese Gläubigkeit hat etwas sehr Herbes, sehr Tapferes; darüber darf aber nicht vergessen werden, daß sie eine Notstandshaltung darstellt. Sie hat, um die Erlösung des Sohnes zu retten, die Schöpfung des Vaters preisgegeben; der Satz aber: »Wer mich sieht, der sieht den Vater« (Joh 14,9) bringt sinngemäß auch die Umkehrung mit sich: »Wer den Vater nicht sehen will, sieht auch mich nicht mehr.« Aus dieser Grundsituation sind verschiedene Formen des christlichen Existierens entstanden. Etwa hat sich der Glaube in die Innerlichkeit zurückgezogen und die Welt sich selbst überlassen. Oder er hat alles, was Gnade heißt, in ein negatives Verhältnis zur Welt gebracht und so daraus etwas gemacht, was nicht sein kann und doch sein soll: ein Paradox. Oder er hat, um sich vor seinem rein weltlich orientierten Wissenschaftsgewissen zu rechtfertigen, eine Apologetik aufgebaut, die in einer wahren Sisyphusarbeit Brücken zu schlagen sucht, ohne sich zu fragen, ob denn die Abgründe, über welche sie hinüberkommen will, in Wirklichkeit bestehen. Falls er nicht vor all diesen Schwierigkeiten kapituliert, sich der neuen Weltlichkeit angleicht und zu einer bloßen religiösen Philosophie und Ethik wird.

Mit alledem soll nicht gesagt sein, der Glaube sei einfachhin schwächer geworden. Das wird oft behauptet, aber, wie mir scheint, zu Unrecht. Wenn der neuzeitliche Mensch überhaupt glaubt, ist sein Glaube bewußter, tapferer, manchmal möchte man geradezu sagen, heroischer als der früherer Zeiten. Erst das Gericht wird wohl offenbaren, wie oft und wie rein das Wort vom Glauben als dem »Sieg, der die Welt überwindet« (1Joh 5,4) in der Neuzeit verwirklicht worden ist. Aber es ist ein Glaube, der die Welt immer mehr aus sich herausverloren hat und daher immer weniger im Stande ist, sie zu fassen und zu formen: theoretisch als wirklich vollbrachte »Welt-Anschauung«, als Schau und Verständnis der Welt aus dem Glauben heraus; praktisch als echte, aus Wesen und Wahrheit heraus geleistete Rettung der so furchtbar bedrohten menschlichen Dinge. Aus der gleichen Wurzel stammt aber auch zu einem guten Teil die beunruhigende Unwichtigkeit und Leere weiter Bereiche des unmittelbar religiösen Denkens und Tuns. Der Reichtum der Offenbarung ist unerschöpfbar, sie muß aber befragt werden, und die Fragen kommen aus der Wirklichkeit der Welt. Ebenso unabsehlich sind die Möglichkeiten des Tuns, wie sie in der Gestalt und Kraft Christi liegen, sie müssen aber entdeckt werden, und das geschieht, indem das wirkliche Leben zu Christus kommt.

So ist es Zeit, wieder denkend und lebend im christlichen Dasein als Ganzem Stand zu fassen, für welches das Wort gilt: »Alles ist euer, ihr aber seid Christi« (1 Kor 3,23); Zeit, zu sehen, daß alle Scheidungen nur methodischen Wert haben, hingegen, was es in Wahrheit gibt, die Welt ist und der Mensch in ihr, von Gott angerufen, gerichtet und erlöst. Und Zeit, aus dem Ganzen heraus das Ganze zu denken. Dabei soll alles festgehalten werden, was in der langen Mühsal der vergangenen Jahrhunderte gewonnen worden ist: das kritische Gewissen, die Sorgfalt des Unterscheidens, der Ernst der Auseinandersetzung mit den aus der Wissenschaft kommenden Problemen. In keiner Weise soll unsere Formel lauten »zurück zu« – weder zum Mittelalter noch zur frühchristlichen Zeit. Sie kann nur heißen »vorwärts« – aber vorwärts über die Scheidungen hinaus zum Ganzen, aus einer Haltung, die, im Abstande von einem halben Jahrtausend und daher kritischer, ernster, zurückhaltender, wieder jener entspricht, die der abendländische Mensch einst gehabt hat.

Das bedeutet für das Denken, daß wir ein Phänomen nicht nur in seinen Einzelerscheinungen, sondern auch so betrachten müssen, wie es sich durch die ganze Tiefe, Weite und Höhe des christlich verstandenen Daseins hin erstreckt, und seine

Deutung aus Psychologie, Philosophie und Theologie zugleich versuchen, ohne daß eingewendet werden darf, hier würden die Grenzen überschritten, die Gebiete vermengt, oder wie die Einsprüche lauten mögen.

Es ist klar, daß die Forderung auch Gefahren in sich birgt: die des Geredes in all seinen Formen, wie es überall unter den Motiven der Bildung, der Propaganda, der Unterhaltung wuchert. Die Gerechtigkeit fühlt sich aber genötigt, zu sagen, daß auch diese Erscheinungen nicht bloß negativ, sondern Äußerungen des zerrissenen Daseins und seines Verlangens nach der Einheit sind.

Gegen diese Einleitung wäre viel einzuwenden – vor allem, sie sei unklug, da sie einen Maßstab aufstelle, an dem auch das vorliegende Buch selbst gemessen werden müsse. Wenn ich aber erkläre, es mache nicht den Anspruch, diesem Maßstab zu genügen, so bleibe ich auch damit in der Linie meiner bisherigen Arbeit, denn ich habe in ihr nie etwas anderes gesehen als immer erneute Versuche. Als einen solchen möchte ich auch das vorliegende Buch angesehen wissen.

DIE FREIHEIT

Die Frage

Unsere Untersuchung beginnt am Problem der Freiheit. Und zwar so, daß sie auf die unmittelbare Erfahrung zurückgeht und fragt: Wie lebe ich? Entstehen alle in mir sich vollziehenden Akte in der gleichen Weise, oder zeigen sich darin wesentliche Unterschiede? Finde ich in meinem Gesamtleben eine Verhaltensart, die sich aus den übrigen heraushebt und mich veranlaßt, ihr einen eigenen Namen zu geben – jenen, der im Sprechen des Menschen über sich selbst immer wieder auftaucht, den Namen der Freiheit?
Sobald das Phänomen klar herausgehoben ist, können die weiteren Fragen gestellt werden: worin das Wesen dieser Verhaltensart bestehe, und welchen Sinn sie im Ganzen des Daseins habe.

Die Freiheit als Form des Tuns

Der Charakter der freien Handlung

Ich erfahre, daß ich lebe. Impulse von innen und Einflüsse von außen führen in mir zu den mannigfachsten Vorgängen. An diesen zeigt sich, von ihrem Gegenstande abgesehen, ein wesentlicher Unterschied. Manche, wie das Arbeiten der Organe, die unwillkürlichen, auf förderliche oder schädliche Geschehnisse antwortenden Bewegungen, der Zwang in seinen verschiedenen Formen, alles, was Gewohnheit heißt, vollziehen sich mit Notwendigkeit. In ihnen bin nicht eigentlich »Ich« es, der tätig wird, sondern ein »Es« in mir selbst und um mich her: mein organisch-psychisches System, die naturhafte und soziologische Umwelt, die geschichtliche Situation – alles das, was ohne mein Zutun in Gang kommt. Solche Tätigkeiten »gehören« mir denn auch nur in einem eingeschränkten Sinne. Ich habe wohl ihre Folgen zu tragen, da sie sich in meinem Seinsbestand und Lebensbereich vollziehen, kann und will mich jedoch mit ihnen nicht in jenem letzten Sinne einssetzen, der echte Urheberschaft begründet. Ich finde in mir aber noch andere Vorgänge, in denen recht eigentlich »Ich« es bin, der tätig ist. Darin erfahre ich mich als wirklichen Ausgangspunkt des Geschehens – und nun muß es genauer heißen: der Handlung. Sie beginnt in mir. Nicht nur so, wie eine mechanische Bewegung aus dem Antriebszentrum der Maschine oder wie die Entwicklung der Pflanze aus dem Keim oder wie ein Gefühl aus der Spannung des inneren Zustandes hervorgeht. Hierbei handelt es sich nur um die Umsetzung äußerer Antriebe oder die Entfaltung einer organischen Anlage oder das Aufsteigen einer psychischen Erregung. Die oben gemeinten Vorgänge hingegen bedeuten einen echten Beginn. Wohl setzt die betreffende Handlung Materialien voraus, Energien, Stoffe, Dinge, Werkzeuge; sie selbst aber geht aus echtem Anfang, aus dem inneren Ursprung hervor. Sie entsteht, weil ich will, daß sie entstehe, weil ich sie aus mir heraushebe, weil ich ihr Ur-Heber bin.

So gehört die freie Handlung mir auch in besonderer Weise zu, und indem ich sie vollziehe, bin ich mir selbst in besonderer Weise eigen. Sie ist nicht nur durch mich hindurch geschehen, sondern aus mir hervorgegangen. Und nicht nur aus mir herausgewachsen, sondern sie hat in mir begonnen, echt und eigentlich, so, daß ich Herr über den Beginn war. In ihrem Vollzug war ich nicht Ur-Sache, sondern Ur-Heber; nicht ein bewirkendes Es, das als solches auf weiter vorausgehende andere Es-heiten zurückweisen würde, sondern Ich, in mir selbst stehende, meiner selbst bewußte und mächtige Person[1]. In der freien Handlung gehört die Handlung in einzigartiger Weise mir; ebendarin gehöre aber auch ich selbst mir selber. Die freie Handlung ist die wesenhafte Form, wie ich mein Ich, mein Personsein vollziehe.

Dabei muß auch – um späterer Erwägungen willen – betont werden, daß das der Freiheit fähige Ich real ist. Nach der kritizistischen Deutung steht auf der einen Seite die Sphäre der Wirklichkeit, die den Charakter der Natur trägt, daher mit Freiheit nichts zu tun hat und sich ausschließlich in der Form der Notwendigkeit bewegt; auf der anderen Seite die Sphäre der Freiheit, die vom Wesen des Sittlichen gefordert wird, aber für die Verstandeserkenntnis unwirklich bleibt. Der Mensch als Wirklichkeitswesen gehört der Natur an, ist bloßes biopsychisches Individuum und steht als solches in einer Reihe mit Kristall, Pflanze und Tier. Ich, freie Person, ist er nur in der nicht wirklichen Sphäre der Norm und Gesinnung. Diese Deutung weicht aber dem eigentlichen Problem aus, das gerade fragt, wie das wirkliche Ich mit seiner wirklichen Freiheit in der wirklichen Welt stehe. Die Welt aber ist so, daß es in ihr nicht nur das materielle Substrat des chemisch-physikali-

---

[1] Über die Grenzen dieser Selbstmächtigkeit und Anfangsfähigkeit, d.h. über den Unterschied zwischen der endlichen und der absoluten Personalität siehe unten S. 64f; 81ff.

schen Vorgangs, wie im Bereich des Leblosen, nicht nur den es-haften Träger der biologischen Vorgänge wie im pflanzlich-tierischen Individuum, sondern auch die freie, handlungsfähige Person gibt.
Das Ich betätigt sich in der freien Handlung; es entsteht aber nicht erst durch sie und besteht auch nicht nur in ihr. Der Aktualismus deutet das Verhältnis so, daß die Person nur in der freien Handlung da sei. Dann gäbe es eine trägerlose Handlung, in deren Raum dann das Ich auftauchen würde – das gleiche Unding im Endlichen, wie der im Weltprozeß sich realisierende absolute Geist im Unendlichen. Das Erste ist aber nicht die Tat, sondern das Sein, hier die seiende Person. Aus ihr geht die Tat hervor. Wer primär den Charakter der Freiheit trägt, ist der personale, das heißt sich selbst in die Hand gegebene Mensch[2]. Die freie Handlung aber ist die Weise, wie die Person ihr auf die Freiheit hin bestimmtes Sein zum Akt werden läßt.

Die Formen der freien Handlung

Die freie Handlung ist in besonderer Weise gebaut. Am Anfang steht die Selbsteinigkeit des Ich. Im Verlauf der Handlung geht diese Selbsteinheit auseinander; ein Moment der Initiative tritt hervor, nimmt vom umgebenden wie vom eigenen Sein und Vermögen Abstand, beurteilt die darin liegenden Möglichkeiten, entscheidet sich für eine von ihnen, wirft sich, sie realisierend, in diese hinein und stellt durch den Vollzug der Handlung die Einheit wieder her, welch letztere aber nun die durchgemachte Spannung und, darüber hinaus, einen neuen Sinngehalt in sich trägt.
Dieser Vorgang kann sich in verschiedener Form vollziehen. Einmal so, daß jenes Initiativmoment sich für die innere Er-

---

[2] Dazu Guardini, Welt und Person, 1940, S. 83 ff [Mainz/Paderborn ⁶1988, S. 109 ff].

fahrung »über« den Bestand der Situation des eigenen Seins zu erheben, die verschiedenen inhaltlichen Bindungen, wie Triebe, Anlage, Nutzen, Neigung unter sich zu lassen und zu einer unabhängigen Überschau und Beurteilung zu gelangen sucht. Das ist jene Freiheitserfahrung, die zwar in irgend einem Maße immer gegeben, aber besonders bei verstandes- und willensmäßig veranlagten Naturen entwickelt ist, die der Wahl. Ihr Grenzfall ist die allen inhaltlichen Bedingungen gegenüber vollkommen unabhängige, »indifferente« Verfügung über sich selbst und das von außen Gegebene. Dieser Freiheitsform steht in schöpferischen oder gefühlsmäßigen Naturen eine andere gegenüber. Darin wird der Vorgang so erfahren, daß das Initiativmoment durch die oberflächlichen Schichten ins Innere und Wesentliche sowohl des eigenen lebendigen Seins wie der Situation einzudringen, die gemäßeste Möglichkeit des Handelns zu finden und diese zu verwirklichen sucht. Die Tendenz des Vorgangs geht also darauf, das Innerlich-Wesenhafte zu erreichen und die Handlung zu dessen Ausdruck zu machen. Ihr Grenzfall offenbart sich im Gefühl: Ich kann nicht anders handeln als so. Hierin bin ich ganz ich selbst. Dieses Verhalten darf nicht mit der Nötigung durch Zwang oder Gewohnheit verwechselt werden. Auch es ruht auf jenem Zurücktreten von sich selbst und jenem Aktivieren einer Möglichkeit unter anderen, von welchen die Rede war, nur geht bei ihm alles in die Richtung nach »innen« statt in die nach »oben«[3].

Die beiden Formen des Freiheitsvollzuges sind von einander nie ganz zu trennen. Wohl herrscht, je nach der Veranlagung des Handelnden, bald die eine, bald die andere vor; immer aber muß jeweils die Gegenform mitgegeben sein. Ohne die Verankerung in den Wesensausdruck würde die Wahl sich von der Lebenswirklichkeit ablösen und zur Willkür werden; ohne

---

[3] Vielleicht wird von diesem Gegensatz her auch der durchschnittliche Unterschied der männlichen und der weiblichen Freiheitsstruktur bestimmt. Über »Oben« und »Innen« als Grundrichtungen des Existenzraumes Guardini, Welt und Person, S. 28ff [Mainz/Paderborn ⁶1988, S. 45-70].

die Beweglichkeit der Wahl würde der Selbstausdruck dem Zwang des Seins verfallen. Die beiden Aktformen bilden die Pole eines lebendigen Gesamtphänomens[4], das sich aber, wie immer im konkreten Dasein, nach der einen oder anderen Seite hin besonders charakterisiert.

So finde ich in meiner Selbsterfahrung eine Form des Verhaltens, die sich von den anderen klar abhebt und denn auch vom allgemeinen Bewußtsein mit einem besonderen Namen, dem der »Freiheit« ausgezeichnet wird. Sie ist so eigentümlich, daß sie das kritische Denken beunruhigt. Gegen die Zuverlässigkeit der sie feststellenden Erfahrung lassen sich so gewichtige Gründe vorbringen, daß das Gefühl für Möglichkeit und Wahrscheinlichkeit dadurch irre werden kann. Sobald aber der Erschütterte aus dem Gedränge der Diskussion wieder zu sich zurückkehrt, weiß er: Es ist doch so! Ich bin doch frei. Zwar verhalte ich mich nicht immer als Freier. Oft überhaupt nicht; in anderen Fällen nur zum Teil; in manchen aber rein und ganz. Sofern ich das tue, bin ich mir bewußt, daß mein Handeln wirklich aus mir selbst kommt; daß ich es bin, der es trägt; daß ich auch anders handeln könnte, wenn aber so, dann deshalb, weil ich selbst es will. Ich weiß, in mir ist ein Moment, welches fähig ist, Geschehen in Gang zu bringen, ohne selbst von anderswoher in Gang gebracht worden zu sein: »Initiative«, Anfangskraft, Ur-Heberschaft[5].

Daß eine solche echte Anfangsmöglichkeit und Anfangskraft besteht, wird auch durch zwei eigentümliche, beständig fühlbare Symptome angezeigt: das Bewußtsein der Verpflichtung und das der Verantwortung. Vom ersteren soll später die Rede sein; hier nur vom zweiten, jenem eigentümlichen Wissen, das mir sagt: Ich bin in einer nicht nur weiter reichenden, sondern wesenhaft anderen Weise an dem, was ich getan habe, beteiligt.

---

[4] Dazu Guardini, Der Gegensatz. Versuch einer Philosophie des Lebendig-Konkreten, 1925, S. 209 ff.
[5] Über die logische Problematik der Freiheit siehe den Exkurs am Ende des Kapitels, S. 92-98.

Ich habe nicht nur, wie bei allem Tun, die Folgen der Handlung zu tragen, sondern auch dafür einzustehen, daß sie überhaupt zustande gekommen ist. Ich hafte für das, was sie an Gutem und Schlimmem bewirkt. Und nicht nur äußerlich, juridisch, sondern innerlich, mit dem Kern meines Seins. Der Sinncharakter, das Sinngewicht der Handlung fallen auf mich selbst zurück. Genauer gesagt: durch die Handlung wird offenbar, daß dieser Sinncharakter schon vorher, begründender Weise, in mir selbst war. Durch die Handlung werde ich unter einen besonderen Maßstab gestellt, von dem noch genauer die Rede sein soll, den des Guten und Rechten, und von ihm her wird mein eigener Sinn bestimmt.

Das bedeutet nicht, wie der Psychologismus sagt, die Objektivierung einer psychologischen Struktur, etwa so, daß gewisse Verhaltungsweisen, die für das Bestehen der Persönlichkeit wesentlich sind, durch eine Projektion ins Überpersönliche den Charakter einer absoluten Verbindlichkeit erhalten; auch nicht, wie der Soziologismus sagt, die Wirkung sozialer Interessen, durch welche dem Individuum ein bestimmtes, seine Wünsche einschränkendes Verhalten als gut eingewöhnt wird. Es handelt sich vielmehr um etwas Primäres, das sich im Keim schon auf den einfachsten gesamt- wie individual-geschichtlichen Bewußtseinsstufen nachweisen läßt. Die Wahrheit liegt umgekehrt: das Leben des Menschen steht unter letzten überpersönlichen Bedingungen und gedeiht nur, wenn es ihnen gehorcht; ebenso wie die Gesamtheit mit Fug bestimmte Forderungen an das Individuum erhebt, nicht weil sie sich damit behauptet, sondern weil sie in sich gelten.

Der Ausdruck »ich bin verantwortlich« ist bedeutungsvoll. Er sagt: Ich werde gefragt und soll antworten; genauer, mich ver-antworten, das heißt, so antworten, daß ich selbst in die Antwort hineinkomme, von ihr erfaßt werde. Darin offenbart sich, nur von einer anderen Seite her, der gleiche Sachverhalt, wie er oben dargelegt wurde. Was bildet den Gegenstand der Frage? Wesentlicher Weise nicht, was geschehen sei; auch nicht, welche Ursache das Geschehen bedingte, vielmehr, wer es bewirkt, wer gehandelt habe. Und weiter: aus welchen Motiven, in welcher Absicht, aus welcher Gesinnung heraus er gehandelt habe. Diese Frage könnte niemals an ein lebloses Ding gerichtet werden; auch nicht in echter Weise an eine Pflanze oder an ein Tier; mit anderen Worten, an kein »Es«. Sie hat nur da Sinn, wo die Antwort lauten kann: »Ich« ... Woher kommt aber die Frage? Wer kann sie stellen? Wiederum kein Es; denn ein Es kann nicht fragen. Also auch nicht »das Dasein« als Ganzes. Aber auch nicht »die Norm« oder »die Idee«. Sie gilt, hat aber keine Initiative. Ihr fehlt das »Antlitz«; die Fähigkeit, sich herzuwenden, anzureden. Dennoch gehört die Norm in das Fragende hinein, weil nur von ihr her das Recht kommen kann. So ergibt sich, daß zu der Frage, welcher das Ich Antwort stehen muß, nur ein Ich fähig ist, das in seiner Wirklichkeit mit der Norm identisch ist, nämlich Gott. Die Verantwortung besteht wesentlich auf Gott hin. Und damit wird deutlich, was später noch näher erörtert werden soll: Die Freiheit des Menschen ist wesentlich Freiheit vor Gott.

Das freie Handeln als Aufgabe

Akt und Haltung der Freiheit sind nicht selbstverständlich. Einmal hat das Freisein Grenzen. Sehr oft geht das Handeln nicht aus Wahl, sondern aus Nötigung oder Gewohnheit hervor; sehr oft vollzieht es sich nicht aus den wesentlichen, sondern aus äußerlichen, dafür aber vordringlicheren Bereichen des Seinsbestandes, wie Trieb, Abwehr, Anpassung. Aber auch innerhalb der Grenzen ist das Freisein nicht nur anstrengend und folgenschwer, sondern mit dem Sinngehalt der Verantwortung belastet. So muß es gewollt werden.
Die Haltung der Freiheit ist kein Zustand funktionssicher gewordener Organe, sondern eine Aktuierung des Personseins; diese aber muß nicht geschehen. Es ist erstaunlich und beunruhigend, in welchem Maße der Mensch auf freie Existenz ver-

zichten, beziehungsweise sich ihren Anforderungen entziehen und aus dem bloßen Spiel biologischer, psychologischer und sozialer Antriebe heraus leben kann. Und das nicht nur in unwertiger, sondern auch in höchst sinnvoller Weise. Etwa in primitiven Zuständen, in denen das Individuum noch ganz in das Gemeinschaftsleben eingebettet ist, so daß alles nach unantastbaren Regeln vor sich geht – oder aber in ausgereiften Kulturen, in denen sich durch lange Tradition eine reiche Welt von Formen entwickelt hat, die für jede Möglichkeit des Verhaltens bereitstehen. Diese Formen sind dann in einem höheren Sinn »Natur« geworden, so daß alles wie von selbst geht und für Freiheit wenig Raum bleibt. Im ersten Falle kann man von einer Freiheit reden, die noch erst träumt; im zweiten von einer, die nach langer Anstrengung in ihren eigenen Hervorbringungen zur Ruhe gegangen ist.

Der Mensch kann aber auch vom Freiheitsgebrauch weggewöhnt werden. Für Jene, deren persönliche Bildung noch in der Zeit vor dem ersten Weltkrieg wurzelte, war es kaum zu begreifen, wie wenig Zeit erforderlich war, um die Werte und Haltungen der Freiheit zu verdrängen. Für das historische Denken war es zum Dogma geworden, daß die Neuzeit die persönliche Freiheit zur unverlierbaren Grundlage der Kultur gemacht habe. Die Erfahrung seit 1933 hat gezeigt, daß diese Grundlage nicht nur aus der politisch-sozialen Struktur beseitigt, sondern auch aus der Gesamthaltung des Volkes wegerzogen werden kann. Damals hat die Freiheit für Viele den Charakter des Wertes verloren, ja sogar den einer verächtlichen bourgeoisen Selbstsucht angenommen. Und es wird nicht leicht sein, den Zustand zu überwinden, denn die zwölf Jahre Gewalt und Trug haben tief gewirkt; viel tiefer, als ein pädagogischer Optimismus glauben möchte. Auch können echte Werthaltungen nicht mit Worten gelehrt, sondern nur in fruchtbarer Atmosphäre lebendig erzeugt und zum Wachstum gebracht werden; dazu aber geben die Verhältnisse seit dem Kriege wenig Gelegenheit. Endlich darf man nicht übersehen, daß das Ethos der Freiheit nur deshalb so leicht zerstört werden konnte, weil starke Tendenzen, die in der Gesamtsituation der Nach-Neuzeit liegen, nämlich alles das, was zu einem Existieren im Ganzen, zu einer Planung und Formung des Gesamtdaseins drängte, die Freiheitshaltung leicht als Unordnung und Hindernis empfinden konnten. Und nicht nur mit Unrecht; denn jene Freiheitlichkeit, die es damals gab – und noch gibt – war die individualistische des neunzehnten Jahrhunderts, die sich unter ganz anderen Voraussetzungen entwickelt hatte und sich in die neuen Zusammenhänge nur sehr schwer einfügen konnte. So lag – und liegt – es nahe, die alte Freiheitshaltung, welche den Charakter individuellen Beliebens trägt, mit Freiheit überhaupt gleichzusetzen und diese im Namen der Forderungen ganzheitlichen Daseins zu verwerfen. Hier zeigen sich neue Aufgaben der Erziehung[6].

Sie gehen etwa nach folgender Richtung: Die alte Freiheitshaltung ruhte auf dem Willen zu individuellem Handeln. Dieser setzte seinerseits das neuzeitliche Erlebnis der Persönlichkeit und ihrer Originalität voraus; ferner den noch weithin freien Erdraum; endlich die Tatsache, daß das Leben nur erst bis zu einem gewissen Grade rationalisiert und technisiert war. Unter diesen Voraussetzungen war jene Haltung richtig; und aus ihr ist denn auch das Meiste von dem hervorgegangen, was neuzeitliche Kultur heißt. Für ihr Verhältnis zur sozialen Ganzheit bildet die Formel des *contrat social* immer noch den besten Ausdruck: Die Einzelnen erkennen, daß die individuelle Bewegungsfreiheit allein zum Chaos führen muß; so gibt jeder soviel davon ab, als nötig ist, um eine Institution zu schaffen, welche für Ordnung sorgt, den Staat. Die Freiheit liegt im Individuum; der Staat bildet deren Begrenzung. Daraus folgt, daß das Leben des freiheitliebenden Menschen als solchen sich abseits vom Staate beziehungsweise in Opposition zu ihm vollzieht.

---

[6] Für diese ist aber in der pädagogischen Arbeit zwischen 1919 und 1933 bereits viel getan worden. Die Zukunft wird feststellen, wieviel Lebendiges diese geschmähte Zeit geleistet hat.

Hier hat sich etwas geändert. Die Erde ist in Besitz genommen; einen freien Raum gibt es nicht mehr. Die Ganzheit des sozialen und wirtschaftlichen Lebens, im Staat zusammengefaßt, ist immer mächtiger geworden und hat durch ihre verschiedenen Organe und Techniken alle Bereiche des Lebens umfaßt. Dem entspricht auch eine Veränderung im Menschen selbst. Was früher »Persönlichkeit« hieß, die Originalität des Wuchses und der Lebensgestaltung, ist kein allgemein anerkannter Maßstab wertvollen Daseins mehr, wie es denn auch, etwa mit der Zeit vor und unmittelbar nach dem ersten Weltkrieg verglichen, viel weniger originelle Menschen und Lebensformen gibt. Typus und Schema setzen sich auch im Dasein des Einzelnen durch; so verliert die individuelle Initiative an überzeugendem Sinn. Die Ganzheiten bekommen nicht nur eine größere, sondern eine ausschlaggebende Bedeutung.

Das ist die Situation, von welcher ausgegangen werden muß. Der Einzelne, auch und gerade der freiheitswillige, darf die im Staat zusammengefaßten Ganzheiten des Lebens nicht mehr bloß hinnehmen, sondern muß sie innerlich bejahen, im Sinn haben, mittragen. Er muß das »Öffentliche« als Gegenstand eigener Verantwortung und Entscheidung sehen. Diese Mitarbeit muß er aber aus einer anderen Haltung leisten, als sie früher bei solchen geleistet wurde, die am Staate interessiert waren: nicht mehr aus einem individuellen Werk- oder Machtwillen, sondern aus den objektiven Sachforderungen des Ganzen heraus.

Es ist wichtig, zu sehen, daß der im Fortgang der Geschichte durchgedrungene Primat des Ganzen sich in verschiedener Weise auswirken kann: Einmal in jener, die wir aus der Erfahrung der letzten Jahrzehnte heraus die totalitäre nennen. Jener Primat ist durch den – immer noch beträchtlichen – individualistisch empfindenden Teil des Staatsvolkes nicht innerlich angenommen worden und steht daher im Gegensatz zu ihm. Sein Träger ist vor allem die Masse, die von jenem Volksteil ebenfalls noch nicht in ihrer wirklichen Bedeutung gesehen

wird, sondern sich erst durchsetzen muß. Infolgedessen nimmt die Haltung der heutigen Staatlichkeit leicht den Charakter der Gewalt an. Letzterer ist ihr aber nicht wesentlich, und er darf nur die Durchsetzungsform einer anderen Haltung sein, welche in dem Maße hervortritt, als der neue Staat vom ganzen Volk innerlich angenommen wird. Auch darf nicht vergessen werden, daß der Gewaltform des Staates eine entsprechende Haltung in vielen Einzelnen gegenübersteht: die Entpersönlichung als Abfall von sich selbst, die Flucht vor der Verantwortung, die Lust am Beherrschtwerden – ebenfalls eine Fehlform also, die überwunden werden muß.
Die echte Form des kommenden Staates wird jene sein, in welcher die Freiheit in lebendigem Bezug zu den immer stärker hervortretenden Ganzheiten steht. Dazu muß der Einzelne sich in deren Strukturen und Funktionen einfügen und dabei auf jene Vorbehaltenheit und Bewegungsweite des individuellen Lebens, wie sie früher möglich war, verzichten, zugleich aber als Person an ihnen beteiligt, nicht nur als Individuum von ihnen erfaßt sein. Eine Verbindung von objektiver Sachlichkeit und individueller Beteiligung muß vollzogen werden, deren Form sich wohl in einzelnen Erscheinungen zeigt, aber noch nicht das Gesamtbild beherrscht. Zur Verwirklichung dieser Haltung wird etwas helfen, was, solange man von dieser Aufgabe absieht, nur negativ empfunden werden kann, nämlich eben jener Verlust an Originalität, jene Empfänglichkeit des nachneuzeitlichen Menschen für das Schema, von welchem die Rede war. Sie wird es ihm möglich machen, sich in die Ganzheit einzufügen, ohne das Schicksal zu erfahren, das der individualistisch Geartete dabei erfährt, nämlich in seiner Freiheit erdrückt zu werden.
Wie das im Einzelnen zu geschehen hat, kann man nicht in der Art eines Programms sagen. Es handelt sich um lebendige Form; die aber entsteht nur daraus, daß gelebt wird. In unserem Falle fängt »Leben« nicht damit an, daß der Einzelne von den Ganzheiten Garantien für seine personale Freiheit verlangt, sondern daß er entschlossen ist, diese Freiheit wirklich

zu haben. Aus eigener Initiative gehen die sozialen Ganzheiten immer den leichtesten Weg, das heißt hier, den des vergewaltigenden Funktionierens. Den Raum der Freiheit muß der Einzelne sich erwirken, und das bedeutet Mut und Bereitschaft zum Opfer. Die Notwendigkeit, sich in das Ganze einzufügen, ist aber bei einer großen Anzahl von Menschen mit der inneren Unlust zusammengefallen, überhaupt in der Haltung der Freiheit zu leben. Die Scheu vor der Verantwortung, das Ausweichen vor Erkenntnis und Entscheidung, die Trägheit, die nicht in sich selbst stehen will, die ganze Flucht vor dem Existieren als Person rechtfertigte sich damit, daß sie sich als Einordnung ins Ganze ausgab, und es entstand ein bloßes Funktionieren. Nun kommt alles darauf an, zu sehen, daß das nicht die echte Haltung der kommenden Zeit, sondern deren Fehlform ist.

Mehr als je muß der Einzelne sich als Person wollen, Urteil gewinnen, aus dem Gewissen heraus handeln und auf sich nehmen, was daraus kommt. Aber nicht individualistisch, enthusiastisch, sondern innerhalb der Ordnungen, in Sachlichkeit. Er darf, nein, soll Kritik üben, Richtigeres durchzusetzen suchen, Widerstand leisten, aber nicht wider die Ganzheiten, sondern aus ihnen selbst, ihrem Eigensten heraus. Das wird viel mühsamer sein, viel mehr Verstand und Arbeit verlangen, viel unscheinbarere Tugenden voraussetzen als bei den Freiheitskämpfen des neunzehnten Jahrhunderts. Aber es wird gelingen – und zwar in dem Maße, als der Wille zur Freiheit sich mit den inneren Erfordernissen echten Ganzheitslebens selbst verbündet. Es wird sich nämlich zeigen, daß der Staat auf die Dauer in der Form der Gewalt nicht möglich ist. Und zwar deshalb, weil Staat etwas anderes ist als eine Maschine, aber auch etwas anderes als ein Termitenbau. Es wird sich zeigen, daß der Weg des mechanischen oder biologischen Funktionierens nicht gangbar ist. Die Funktionen werden nicht geraten. Die Reibung wird immer größer werden, die Fehlleistungen immer schlimmer und deutlicher. Der Staat ist von Wesen auf die Person bezogen, ob seine jeweiligen Führer es wollen oder nicht. Daraus erwachsen immanente Notwendigkeiten, und mit ihnen muß der Einzelne sich verbünden[7].

Das bisher Gesagte hat die psychologisch-formale Freiheit beschrieben, das heißt den Charakter einer bestimmten Aktform und Verhaltungsweise, welche die Erfahrung im eigenen Innern vorfindet. Der Inhalt dieser Akte und Haltungen ist dadurch noch nicht eigentlich berührt worden. Was die freie Handlung tut, kann, von jenem Charakter aus gesehen, richtig oder falsch, aufbauend oder zerstörend, wertvoll oder wertwidrig sein.

Nun muß die Frage nach dem Inhalt der freien Handlung gestellt werden. Besteht das Gesamtphänomen der Freiheit nur in der oben beschriebenen Form des Aktvollzuges? Ist es für seine Verwirklichung gleichgültig, was in freier Initiative getan wird, oder hängt sie auch vom Vollbringen bestimmter Inhalte ab?

---

[7] Davon, ob diese echte Form des Ganzheitsstaates geschaffen wird, dürfte es auch abhängen, ob eine Möglichkeit eintritt, die sich in der Haltung des heutigen Menschen anzukündigen scheint, nämlich der wirkliche Anarchismus: nicht nur die Auflehnung asozialer Naturen gegen die soziale Ordnung, sondern der Kampf der Person, ihres Gewissens und ihrer Würde gegen einen Staat, der sie grundsätzlich ignoriert.

Die Freiheit und der Inhalt des Tuns

Die Freiheit im Akt und die Freiheit im Inhalt

Die Freiheit im Akt bedeutet die rätselhafte, jeder rationalistischen Denkweise widerstehende und dennoch nicht wegzuschaffende Tatsache, daß der Mensch wohl in die Zusammenhänge der Natur eingeordnet, zugleich aber auch echter Anfang ist, Anfang von Bewegung, Ursprung von Geschehen, Ausgangspunkt von Werden. Und nicht nur so wie das Samenkorn, welches wohl den Beginn einer Reihe biologischer Entwicklungsformen bildet, selbst aber Produkt eines vorausgegangenen Individuums der gleichen Gattung und damit eine Phase in deren Gesamtleben ist, sondern in einer eigentümlichen, zugleich sinnmächtigen und gefährlichen Weise: so, daß mit jedem Menschen das Dasein überhaupt neu beginnt, und dieser Beginn sich innerhalb seines Lebens immerfort in jeder wirklich freien Tat aktuiert. Dadurch ist aber über den Inhalt dieses Beginns, beziehungsweise des aus ihm hervorgehenden Aktes noch nichts gesagt. In unseren bisherigen Überlegungen hat es sich nur darum gehandelt, »daß« Freiheit ist, und »wie« sie erfahren wird; nun muß gefragt werden, »wozu« sie ist, »was« sie vollbringt, und »was« in solchem Vollzuge aus dem freien Wesen wird.

Allgemein gefaßt, lautet die Antwort: Der freie Akt erhält seinen vollen Sinn erst dadurch, daß er nicht irgend etwas, sondern das Richtige tut. Erst im Tun des Jeweils-Richtigen wird jenes Phänomen, welches durch die Rede von der Freiheit gemeint ist, voll. Im Gesamterlebnis der Freiheit gibt es allerdings auch ein anderes Element: den Willen zum bloßen Belieben, die Lust der Willkür, welche jede Norm ablehnt. Diese Haltung wird aber ohne weiteres als Widerspruch gegen das Eigentlich-Geltende, als Empörung erkannt. In gewissen psychologisch bedingten Übergangs- oder Grenzfällen mag sie als

positiv empfunden werden; so etwa am Ende einer lang dauernden verfestigten Tradition, die alles Leben einengt, oder nach Zeiten der Vergewaltigung durch eine ihres sittlichen Sinnes nicht mehr bewußte Staatlichkeit. Für die Regel kann aber der Mensch die Haltung der Willkür nur mit schlechtem Gewissen, als böse, vollziehen, fühlend, daß er dadurch den echten Charakter der Freiheit zerstört.
Die folgenden Untersuchungen sollen nun zeigen, wie sich die Sinnerfüllung des freien Aktes durch das Tun des Richtigen in den verschiedenen Bereichen des Daseins darstellt.

Die Freiheit im unmittelbaren Gefühl, im Naturerlebnis, im Verhältnis zur Sache und zum eigenen Körper

Als erste Stufe inhaltsbegründeter Freiheit scheint die des unmittelbaren Gefühls genannt werden zu müssen. Welcher Art ein Affekt des näheren sein mag: sobald er echt ist, bedeutet er, daß der Erlebende vom Bewußtsein seiner selbst loskommt. Er vergißt sich; er geht mit seiner Aufmerksamkeit in den Gegenstand ein, der den Affekt auslöst. Ebendamit kommt er aber, gleichsam von rückwärts, besser, von der Tiefe her, zu sich. Ohne Selbstbeobachtung, einfach lebend, wird er mit sich eins. So bewirkt jede wahre Freude, jede wirkliche Beglückung durch ein Ding oder ein Ereignis, aber auch jede rein erfahrene Erschütterung und jeder echt durchlebte Schmerz eine eigentümliche Befreiung.
Der Alltag legt das Gefühlsleben fest. Für die Ökonomie des individuellen wie des sozialen Lebens ist das starke Gefühl nicht vorteilhaft, denn es verbraucht sehr viel Kraft und hindert das »Funktionieren« des sozialen Gefüges. So wird es gebändigt, unterdrückt: zuerst der Ausdruck des Gefühls, dann das Gefühl selbst. Dadurch bildet sich eine Art durchschnittlichen Fühlens heraus, worin das Leben mit möglichst geringer Reibung verläuft. Gesellschaftliche Kultur besteht zu einem

guten Teil in einer solchen Dämpfung und Regelung des Gefühls. Dadurch wird aber leicht das ursprüngliche Erlebnis verdrängt, wenn nicht verdorben, und es entsteht ein Zustand der Gebundenheit und Unwahrheit. Ganz abgesehen von seinem näheren Inhalt, einfach durch die Kraft des Affektes selbst, sprengt jedes starke Erfahren diesen Zustand und löst das innerlich Gestaute. Es ermutigt das Eigenleben und verhilft ihm zur Auswirkung. Es trägt das Gefühl des Einzelnen in den Strom des Gesamtlebens und damit in die Weite der Welt. Das alles ist Freiheit, zuweilen mit Verwunderung an Geschehnissen erlebt, die – wie ein großes Leid – zunächst nur zerstörend zu sein schienen.
Doch darf nicht übersehen werden, daß dieses Befreiungserlebnis mehrdeutig ist. Es geht aus dem Affekt als solchem hervor und sagt noch nichts über dessen sittlichen Charakter; so kann es auch aus unwertigen und unrechten Gefühlen kommen und ihnen eine nicht verdiente Rechtfertigung schaffen. Die Gefahr zeigt sich in der Forderung des »Sich-Auslebens«, wie sie in Auflehnung gegen die verbürgerlichte Lebensführung am Ende des vergangenen Jahrhunderts erhoben und in der Folge fast zur Selbstverständlichkeit geworden ist. Und wieder, auf höherer Stufe, in der Ethik der bloßen Echtheit und Wahrhaftigkeit, die ebenfalls im Widerspruch gegen die veräußerlichte Legalität jener Zeit stand. Sie lehnte jede objektive Wahrheit und normative Bestimmung des Rechten ab und legte den ganzen Sinn in die Ursprünglichkeit des Aktes.
Verwandt mit der befreienden Wirkung des Gefühls ist die des Naturerlebnisses. Es enthält vor allem ein Element der Echtheit und Reinheit, eben der »Natürlichkeit«. »Kultur« bedeutet Formung des unmittelbaren Lebens und Seins von geistigen Forderungen und Werten her, damit aber auch immer ein gewisses, zuweilen sehr hohes, Maß von Unnatur. Diese stört den Sinn des unmittelbaren Daseins, beirrt seine Impulse und entstellt seine Schönheit. Sobald der Mensch sich den Dingen und Vorgängen der wirklichen Natur hingibt, löst sich in ihm das Natürliche, und er erfährt eine Befreiung vom Künstli-

chen, Unechten und Verdorbenen, die sich bis zum Gefühl einer Neugeburt steigern kann. Die Historie kennt den Drang, sich aus dem Naturerlebnis zu erneuern, der sich am Ende hochentwickelter und allmählich erstarrender Kultur zu regen pflegt. Denken wir an Rousseau nach dem *ancien régime*, an die Romantik nach Aufklärung und Hofetikette, an die Jugendbewegung nach dem Bürgertum der Jahrhundertwende. Allerdings kann dieses Erlebnis, wie das in aller Romantik geschieht, das Natürliche mit dem Naturhaften gleichsetzen und den Geist verraten. Hinzu kommt, daß die Natur des Menschen durchaus nicht »natürlich«, das heißt ursprünglich und geordnet ist. Sie enthält auch viel Verworrenes und Zerstörendes; und nicht bloß in oberflächlichen Schichten, die von außen her verdorben worden wären, so daß der Mensch, wie alle Naturalismen meinen, nur zu seinem Wesenskern vorzudringen brauchte, um an das Ursprüngliche zu kommen, sondern im Kern selbst. Das Dasein des Menschen ist nicht naturhaft, war es nie, sondern geschichtlich, das heißt von Geist und Personalität bestimmt. Am Anfang steht nicht ein unbewußt-triebhaftes Naturdasein, aus dem sich dann allmählich die geistig-personale Existenz herausentwickelt hätte, sondern eine Entscheidung, welche die ganze folgende Geschichte bestimmt hat. Diese Entscheidung war – wie manche Mythen ahnen und wie die Offenbarung sagt – Schuld. Ihre Wirkungen sind bis in die Wurzeln gegangen und haben sie verwirrt. Das harmlose Verhältnis zur Natur gibt es nicht und hat es, auch auf primitiver Stufe, nie gegeben. Das Verhältnis des Menschen zur Natur ist tief zweideutig. So kann die Hingabe an die Natur statt der Reinigung und Ordnung auch das Gegenteil bewirken.
Das Naturerlebnis enthält weiter das Element der Unendlichkeit. Eigenschaft ist immer auch Unterscheidung, Charakter-Umriß immer auch Grenze, Individualität immer auch Bindung. Sobald nun der Mensch zur Natur, etwa zum Meere kommt oder Berge erklimmt oder den Frühling erlebt, erfährt er die Weite des Raumes, die Unermeßlichkeit der Kräfte, die

Unbegrenztheit des Lebenszusammenhangs. Die Erfahrung befreit von der Kümmerlichkeit des eingeengten individuellen Daseins und kann sich bis zum Welt- und Allgefühl steigern, wie es in der Dichtung des Sturm und Drangs, oder in der Musik Beethovens zum Ausdruck kommt. Auch diese Erfahrung kann aber ins Negative führen, nämlich in die Überwältigung, die Auflösung, den Rausch. Auf dieser Erlebnislinie wird das Bewußtsein der Unterscheidung, welche in der geistigen Individualität, der personalen Ehre, der geschichtlichen Verantwortung, in Form und Grenze liegt, gelockert und schließlich aufgehoben.

Diese Formen der Freiheitserfahrung führen weiter zu jener der Sache. Ich fühle mich in einer besonderen Weise frei, wenn ich das, was ich zu tun habe, richtig tue, das Ding, um das es sich handelt, in seinem Wesen verstehe und entsprechend mit ihm umgehe. Das einfachste Beispiel dafür ist der Gebrauch eines Werkzeugs. Solange ich es nicht kenne und falsch anwende, hindert es mich. Es stellt sich im Spiel meines Körpers quer, stört seine Funktionen, beeinträchtigt oder verwirrt die Wirkgestalt, welche durch Körper, Werkzeug, bearbeiteten Gegenstand, leitende Vorstellung, Verhältnis von Zweck und Mittel, Situation und Stimmung gebildet ist. Das alles heißt: ich bin in seinem Gebrauch unfrei. Sobald ich es verstehe und recht handhabe, ordnet es sich in den Zusammenhang meiner Absichten und in das Funktionssystem meiner Glieder und Organe ein; geistiges Wollen und Spiel der Organe gehen ungehindert durch es hindurch, ja steigern sich in ihm: im Umgang mit dem Ding, im Gebrauch des Dinges werde ich frei. Wenn das Werkzeug eine eigene Funktionsgestalt mit eigener Energiequelle bildet, wird es zur Maschine. Diese ordnet sich nicht ohne weiteres in die Wirkgestalt des konkreten Menschen ein – um so schwerer, je größer und komplizierter sie wird. Doch kann auch das geschehen: das Verhältnis des technisch Begabten zu den hochentwickelten Maschinen des Verkehrs, der wissenschaftlichen Arbeit, der Feintechnik, des Kampfes und so weiter zeigt es. Andere hingegen werden zum Mittelpunkt des Vorganges, und der Mensch muß sich in ihre Funktionsgestalt einordnen. Dann verändert sich das ganze Verhältnis: er »bedient« die Maschine. Nun nimmt das Problem der Freiheit einen neuen Charakter an: es wird zur Frage, ob hier echte Wirkfreiheit überhaupt möglich sei[8].

Alle Dinge, Beziehungen, Vorgänge haben ihre Wesensgesetze, Baupläne und Wirkordnungen. Sobald der Mensch zu ihnen falsch steht, wird er gehindert, stößt er an, fängt er sich. Das beweist, daß in ihm Anderes ist als nur Natur. Das Tier kennt solche Behinderungen nicht oder doch nur in der kurzen Zeit der ersten Entwicklung; bald stellt es sich auf seine Umwelt ein, und der Zusammenhang zwischen Triebsystem, Organfunktion und Ding spielt sicher. Der Mensch hingegen muß den Umgang mit den Dingen lernen, Einsicht in ihr Wesen, Kontakt mit ihrem Bau gewinnen. Im Maße das geschieht, werden Dinge und Dingsysteme zu Bahnen für sein Leben, Handeln und Schaffen. Von den Anlagen und Forderungen seines eigenen Wesens, zugleich aber auch von den Gesetzlichkeiten und Möglichkeiten der Dinge her baut er seine Umwelt, in welcher sein individuelles Sein sich, geborgen und zugleich ausgeweitet, bestätigt und ins Offene gestellt fühlt. Es wird frei zu sinngemäßem Tun unter den Dingen und ebendarin zur eigenen Lebendigkeit.

Entsprechendes gilt für das Verhältnis zum eigenen Körper. Dieser kann hindern, wenn er ungeschickt oder ungeübt, schwächlich, krank oder verletzt ist. Mancherlei Gehemmtheiten oder Fehlwege des Seelenlebens haben hier ihre Ursache. Ebenso, wenn das wesensgemäße Verhältnis zwischen Geist und Körper gebunden oder gebrochen ist; etwa die alle Le-

---

[8] Wir können auf sie nicht weiter eingehen; sie führt in die dringlichsten Probleme der technischen Existenz. Daß es die Versklavung des Menschen an die Maschine in allen Graden der Mechanisierung und Entwürdigung gibt, ist offenbar. Anderseits darf aber die Möglichkeit der Einbeziehung auch sehr großer Maschinengebilde ins lebendige Gefühl nicht unterschätzt werden.

bensäußerungen durchwirkende Beziehung von Innen und Außen, von Gefühl, Erlebnisinhalt, Gesinnung, Charakter auf der einen, Gestalt, Gebärde, Ausdrucksmöglichkeit auf der anderen Seite nur schwer oder gar nicht richtig arbeitet, und der Körper als Fessel oder Verfälschung empfunden wird. Oder wenn die Triebimpulse in falscher Weise gebunden sind, beziehungsweise einander durchqueren, und so die Physis des Menschen zu seinem bewußten Willen in Widerspruch kommt, wie das infolge falscher Erziehung, sozialer Vorurteile, nicht verarbeiteter Erlebnisse geschehen kann. Hier liegt eine wichtige Aufgabe der Bildung und Heilung. Wird sie gelöst, dann lernt der Geist, sich ungehemmt im Körper auszuwirken, was zu beglückenden Freiheitserlebnissen führen kann – siehe die Psychologie des Spiels und der Gymnastik, der Genesung und Gesundheit.

Auch im seelisch-geistigen Bereich selbst können sich Hemmungen und Brechungen einstellen. So kann es sein, daß die Begabungen unentfaltet sind und dem geistigen Willen nicht zur Verfügung stehen; daß die negativen Momente, welche jede Veranlagung enthält, die positiven stören oder lähmen; daß eine Neigung die andere durchkreuzt, wie das bei vielseitigen Naturen, in denen eine klare Dominante fehlt und nicht durch Selbstzucht erworben wird, leicht geschehen kann, und so fort. Wichtig sind ferner jene Spannungen und Widersprüche, welche zwischen dem unbewußten Leben mit seinen Trieben und Tendenzen, Regulativen und Maßbildern, aufgespeicherten Erinnerungen und Erlebnissen einerseits und den Urteilen, Entschlüssen und Ordnungen des bewußten Lebens anderseits entstehen. Aus ihnen können sich Hemmungen, ja Lähmungen des ganzen Lebens entwickeln. Hierher gehört das große Gebiet der Neurosen. Wenn ein aufwühlendes Erlebnis nicht verarbeitet, sondern verdrängt, ein Trieb nicht ins Ganze eingeordnet, sondern unterdrückt, eine Forderung des sittlichen Lebens umgangen und weggetäuscht wird, entstehen unbewußte Verspannungen, die das ganze Leben bedrängen.

Werden sie aber erkannt und richtig behandelt, dann lösen sie sich; die Wesensgestalt der Persönlichkeit gewinnt Raum und Kraft, die verschiedenen Elemente ordnen sich in sie ein, und ein Freiheitsbewußtsein bricht durch, das bis ins Religiöse steigen kann[9].

In alledem geht es um die Freiheit, welche entsteht, wenn das Leben in der Wahrheit des Seins läuft. Sie setzt aber eine bestimmte Gesinnung voraus: den Willen, diese Wahrheit zu sehen; den Gehorsam gegen sie und den Mut, es mit ihr zu wagen. Der Mensch kann ihr auch Gewalt antun, in der Meinung, dadurch eine größere Freiheit, nämlich die der Herrschaft zu gewinnen. Es ist darauf aufmerksam gemacht worden, daß in jedem Tun neben dem besonderen, in der Sache liegenden Zweck oder Sinn der Reiz eines Machtgenusses liegt. So lange er – vor allem durch die Achtung für die Sache – gebändigt wird, ist dieser Reiz gut und ein beständiger Antrieb zum Wirken. Er kann aber auch überstark werden, sich selbständig machen und das Gebot der Sache verdrängen. Ja er kann sogar im Angehen gegen dieses Gebot einen besonderen Genuß finden: den des Herrschens im extremen Sinne, der Gewaltübung, der Grausamkeit. Solche Freiheit ist aber nur Schein. Ihr Trug macht die Vergeblichkeit der falschen Kultur, die Gefährlichkeit der falschen Askese und die Unfruchtbarkeit der Gewaltherrschaft aus[10].
Wirkliche Herrschaft wurzelt im Gehorsam gegen das Wesen der Dinge. Wahrhaft Herr ist Jener, der diesen Dienst, von

---

[9] Dazu Guardini, in »Unterscheidung des Christlichen« (1935) der Versuch »Vom Sinn der Schwermut« S. 497ff.
[10] Eine Frage für sich ist allerdings, wieweit der Zustand des gefallenen Menschenwesens selbst diese Unnatur begründet, so daß etwas von ihr in jede sittlich-religiöse Erziehungsarbeit gelangen muß. Der falsche Idealismus ist optimistisch und übersieht das. Die Folge ist, daß er die Wirklichkeit nicht in Bild und Griff bekommt und zuletzt versagt. Pascal hat in seinen »*Pensées*« über dieses Element des Daseins bittere, aber wahre Dinge gesagt. Vergleiche Guardini, Christliches Bewußtsein. Versuche über Pascal (1935), S. 121ff [Mainz/Paderborn ⁴1991, S 99-126].

höheren Zielen geleitet, in souveräner Form zu tun vermag. Ihn erkennt das Dasein an und ergibt sich ihm[11].

Diese Freiheit bleibt aber nur rein, wenn das Verhältnis zu den Dingen wie zum eigenen Körper im rechten Maß steht. Die Dinge haben eine sehr vordringliche Wirklichkeit; so kann es sein, daß der Mensch, der ihre Wesensgestalt fühlt und in sie eingeht, ihren Raum als den eigentlichen Daseinsbereich nimmt und darüber den Geist vergißt. Dann verfällt er ihnen, und ihre Weite verkehrt sich in einfangende Enge – ebenso wie die des Körpers, sobald der Mensch, von dessen Macht verführt, ihn als das Seiende und Lebendige einfachhin nimmt, wie das im Zusammenhang seiner Wiederentdeckung durch Gymnastik, Sport und Leibesbildung so vielfach geschehen ist. Daraus entsteht bei aller Gesundheit, Schönheit und Leistungskraft eine so dumpfe Verfangenheit, daß ihr gegenüber die Unbehilflichkeiten des ungebildeten Körpers unwesentlich werden.

Die Freiheit in der Verwirklichung der Werte

Dieser Freiheitserfahrung entspricht auf höherer Stufe jene, die sich in der Verwirklichung der »geistig« genannten, in Wahrheit recht eigentlich menschlichen Werte vollzieht.

So bedeutet zum Beispiel Erkenntnis zunächst, daß mir deutlich wird, wie die Wirklichkeit unter irgendeinem Gesichtspunkt beschaffen ist, wie sie sich verhält, wie sie mir nützen und schaden kann, und wie ich mit ihr umzugehen habe; eine Aufklärung also, welche die oben erörterte Sachgerechtigkeit des Handelns ermöglicht. Darüber hinaus bedeutet sie aber, daß ich das Wesen dieser Wirklichkeit verstehe und ihren Sinn erfasse. Darauf richtet sich die eigentliche Erkenntnis, und

---

[11] Das klassische Beispiel einer auf der Wahrheit des Seins ruhenden Ordnung des Tuns ist die Ethik des Thomas von Aquin, welche ihrerseits jene des Aristoteles und damit ein wichtiges Erbe der Antike verarbeitet hat.

diese kann, wenn sie richtig verstanden ist, weder um eines praktischen Zweckes, und sei es der dringlichste, noch um einer Steigerung des Lebens, und sei es die höchste, sondern nur um ihrer eigenen Geltungshoheit willen gewollt werden. Es war ja der verhängnisvolle, durch Nietzsche und den Pragmatismus vorbereitete Irrtum der vergangenen Zeit, zu glauben, der Sinn der Wahrheit bestehe in ihrer sichernden, stärkenden, steigernden Wirkung auf das Leben. Danach wäre wahr der Gedanke, der dem Leben nützt; unwahr, der diesem schadet. Dadurch wird die Wahrheit dem Leben untergeordnet und in ihrem Wesen zerstört. Die Wahrheit hat aber ihren Sinn rein in sich selbst, in ihrer inneren Gültigkeit und Hoheit. Wahr ist nicht, was nützt, sondern was wahr ist. Und ebendarin besteht der wirkliche »Nutzen«, den die Wahrheit dem Leben bringt. Denn es ist für dieses von schlechthin entscheidender Bedeutung, an etwas zu gelangen, das ihm nicht dient, sondern vor dem es sich beugen muß; sich beugen nicht seiner Gewalt, noch seiner Vorteile, sondern seiner Hoheit wegen. Tut der Erkennende so, dann gelangt er in den Raum der Wahrheit. So lange er nicht erkennt, ist das Seiende für ihn bloße Vorhandenheit, und der Sinnraum bleibt verschlossen. Noch schlimmer, wenn er Falsches für richtig hält, also irrt; dann ist das Seiende verworren, und der scheinbare Sinn trügt und führt ins Verkehrte. Sobald richtig erkannt wird, wird das Wirkliche in das Licht seines Wesens gestellt, und der Sinnraum der Wahrheit öffnet sich. Der Erkennende tritt ein, richtet sich auf, atmet und entfaltet sich. Dieses Sich-Aufrichten, Sich-Weiten und -Festigen, dieses Freiwerden des Geistes in der Wahrheit ist es, was die platonischen Schriften so mächtig erfüllt; vor allem die »Apologie«, in welcher Sokrates, vom Erlebnis des Erkennens getragen, sagen kann, der Tod sei kein Übel mehr, und den »Phaidon«, worin der gleiche Sokrates die kühne Aussage wagt, der Erkennende werde im Schauen der Wahrheit selbst »wahrheitsartig« und ewigkeitsfähig[12].

[12] 28bff. und 76d–77a. Dazu Guardini, Der Tod des Sokrates, 1944, S. 98ff und 234, 306ff [Mainz/Paderborn ⁵1987, S. 96; 200; 254f].

Entsprechendes geschieht in der Begegnung mit dem Kunstwerk. Dieses kann verschiedene Funktionen ausüben: es kann, etwa als Schmuck oder Vergnügen, der unmittelbaren Lebensbereicherung dienen; es kann, etwa als Zeremoniell, Bau oder Denkmal, soziale Zwecke erfüllen; kann in Unterricht und Erziehung pädagogische Wirkungen tun, oder im Kunsthandel ökonomische Bedeutung gewinnen. Sein eigentlicher Sinn aber besteht darin, daß es eine Welt bildet, in welcher sich das Wesen der Dinge und zugleich, mit ihm verwoben, das des gestaltenden Menschen selbst reiner und voller offenbart als in der Wirklichkeit – ebenso wie sich der dargestellte, zunächst bruchstückhafte Ausschnitt dieser Wirklichkeit zu einem Ganzen formt, das ein Symbol des Gesamtdaseins bildet. In diese wesensklare kleine Welt tritt der Schauende ein und ahnt das unmittelbar nie zu ergreifende Ganze. Er wird seines eigenen Wesens inniger gewiß und erfährt eine aus tieferer Wesentlichkeit kommende Formung. Auch darin liegt Freiheit: ein Weitwerden von Blick und Sein in einer Gestalt, welche das wachsende, ringende, bruchstückhafte Leben mit der Verheißung möglicher Vollkommenheit berührt.

Noch einmal Entsprechendes wäre vom Recht zu sagen. Zunächst stellt es eine Ordnung dar, welche den Ablauf des gesellschaftlichen Lebens regelt. Als Staatsrecht formt es unmittelbar das Gemeinwesen; als Strafrecht ahndet es die Vergehen; als Privatrecht regelt es die personellen und wirtschaftlichen Beziehungen; als Prozeßrecht begründet es das Gerichtsverfahren. Sein eigentlicher Sinn ist aber die Hoheit des Rechtes als solches. Hier zeigt sich ein nicht gleiches, aber doch ähnliches Verhältnis wie in dem oben besprochenen Phänomen der Wahrheit. Der Satz: »Recht ist, was dem Volke nützt«, ist ebenso falsch wie der andere: »Wahrheit ist, was das Leben fördert«. Gewiß soll die Rechtsordnung »nützen«, entscheidender Weise aber dadurch, daß sie das Recht als solches durchsetzt. Sobald die Gemeinschaft das Recht um seiner selbst willen über sich stellt, entsteht, eben dadurch, der eigentliche »Nutzen«. Einmal, sofern das Gesetz eine Unantastbarkeit gewinnt, die es auf keine andere Weise gewinnen kann. Dann aber und vor allem, sofern eben »Recht geschieht«, die Gemeinschaft im Licht des Rechtes lebt. Wenn der Mensch die Hoheit des Rechtes bejaht und, vielleicht unter Opfern, vollzieht, erfährt er ein besonderes Weit- und Freiwerden des Geistes. Es entsteht der Raum, in welchem der Mensch in Ehre existieren kann.

In dieser Weise wäre weiter von der Erziehung zu reden, von der Heilkunst und so fort. Allerdings darf dabei nicht vergessen werden, daß auch hier eine Gefahr besteht. Die Evidenz der Werte ist so groß, daß der empfängliche Geist versucht wird, sie als autonom zu nehmen und in ihnen – in der »Kultur« – den letzten Sinn des Daseins zu sehen. Dann entsteht der Kult der Kultur. Der Mensch sieht in der Welt der Werte das Höchste und Letzte; konkreter gesprochen, der Raum der Werte, der wesentlich nach Gott hin geöffnet sein soll, schließt sich, und das Dasein wird durch eine neue Unfreiheit gebunden[13].

Die Freiheit in der personalen Beziehung

In der Beziehung zum anderen Menschen wie auch zum eigenen Selbst entfaltet sich eine weitere Form der Freiheit, die personale[14]. Sie hat eine doppelte Form.
Einmal die der Gemeinschaft, dann erfahren, wenn ich zum anderen Menschen in das richtige, mir und ihm zugewiesene Verhältnis komme. Das Tier deckt sich mit seinem unmittelbar gegebenen Sein und überschreitet es nur, indem es wächst, bis seine Wesensgestalt vollendet ist, um dann abzusinken und zu sterben; der Mensch hingegen ist auf die Begegnung angelegt und verwirklicht sich im Hinüber zum Anderen. Begeg-

---

[13] Dazu unten S. 137f. – Auch Guardini, Welt und Person, 1940, S. 1ff [Mainz/Paderborn ⁶1988, S. 9ff].
[14] Guardini a.a.O., S. 104ff. [Mainz/Paderborn ⁶ 1988, S. 121-131].

nen ist mehr als das Zusammentreffen eines Dinges oder Lebewesens mit einem anderen, aus welchem die durch die jeweiligen Beziehungsgestalten bedingten Wechselwirkungen eintreten. Im Leben des Menschen ereignen sich solche Vorgänge des Zusammentreffens immerfort, vom Anstoßen und Hinfallen bis zu den kompliziertesten Vorgängen soziologischer Mechanik. Begegnung hingegen bedeutet, daß der Mensch einem Ding oder einem Lebewesen, vor allem aber einem anderen Menschen gegenübertritt, die Gestalt erblickt, ihre Wesensmacht empfindet, von ihrem Wertcharakter berührt wird. So kann ich dem Meere begegnen oder einem Baum, einem Menschen, der mir bis dahin unbekannt war oder auch einem, mit dem ich schon oft zusammengewesen bin. Dann werde ich »vom Strahl ihres Wesens getroffen«, von seiner Wirkung berührt. Voll wird die Beziehung, wenn der andere Mensch ebenfalls »begegnet«, und zwar mir. Dann geschieht das Betroffen- und Bestimmtwerden wechselseitig. So steht der Mensch nicht nur in Wechselwirkung zu anderen Seienden, sondern ist auf Begegnung angelegt und verwirklicht sich in deren Vollzug. Er existiert auf das Andere und den Anderen hin und wird, indem dieses Auf-hin sich vollzieht, immer neu und mehr Er-selbst. Von hier aus gesehen, wird das unmittelbare Selbstsein immer wieder zur Selbstverfangenheit. Der Vollzug der Begegnung sprengt es. Eine Ganzheit entsteht zwischen den einander Begegnenden, die mehr ist als die Summe der in ihr stehenden Einzelnen: die Kameradschaft, die Werkgenossenschaft, die Freundschaft, die Liebe, die Familie mit ihren verschiedenen Verhältnissen, der Bezug zwischen Erzieher und werdendem Menschen, zwischen Arzt und Kranken und so fort. Jede dieser Ganzheiten bildet eine besondere Wertgestalt. Indem das Selbst sie verwirklicht, wird es aus der Selbstverfangenheit und Vereinsamung frei. Indem es das »Du« vollzieht, in Gemeinschaft und Ganzheit eintritt, erwacht es zum eigentlichen »Ich« ... Die intensivste Form der personalen Freiheitserfahrung ist die Liebe. In ihr wird der Erfahrende der paradoxen Tatsache inne, daß er, als er seinen Mittelpunkt nur in sich

hatte und sich allein gehörte, noch nicht eigentlich Er-selbst war. Als er aber aus sich hinausging, und der Andere ihm wichtiger wurde als das Eigene, empfing er aus dessen Hand sein wirkliches Ich.
Allerdings wartet auch hier eine Gefahr: dem unmittelbaren Einfluß des Anderen zu verfallen; ihm nicht in der lebendigen Spannung von Person zu Person gegenüberzustehen, sondern als bloßes Element in seine Umwelt, in den Zusammenhang seiner Bedürfnisse und Zwecke eingefügt zu werden, und so das echte »Du« sowohl wie das echte »Ich« zu verlieren.

Demgegenüber die Freiheitsform der Einsamkeit. Auch sie ist wesentlich. Wenn die Gemeinschaft das ganze Leben bestimmt, wird der Mensch unmündig und uneigentlich. In der ausschließlichen Herrschaft der Ganzheiten erstickt das persönliche Leben; die vergangene Zeit hat es in erschreckender Weise gezeigt. Das ganze Dasein wird veröffentlicht, überall sehen und regieren die Behörden herein. Die Normung aller Lebensformen löscht die Initiative aus, weil für alles die Form bereit liegt. Der Mensch verlernt, in sich selbst zu stehen, und wird zum bloßen Element übergeordneter Mechanismen. Der Mensch braucht den Gegenpol der Gemeinschaft, das Alleinsein; darin »kommt er zu sich«. Das menschliche Ich ist nicht fertig wie die Konkretion des Tieres; es muß sich immer aufs neue seiner selbst vergewissern, es mit sich wagen, sich tun. Das geschieht in der Einsamkeit. Dies bedeutet nicht nur, daß außer mir keiner da ist, sondern auch die Möglichkeit, daß ich mich zu mir wende, zu mir komme, mir selbst standhalte, mich prüfe und verantworte, mich in Auftrag nehme. In der Einsamkeit erschließt sich die lebendige Mitte. Diese bildet ein eigentümliches Phänomen: man kann sie nicht lokalisieren, weder körperlich noch seelisch noch geistig, und doch empfindet man sie, weil überall konstruktive und funktionelle Sinnlinien auf sie zulaufen. Man kann nie sagen: da liegt sie, weil sie sofort anderswo ist, »zwischen« dem Blickenden und dem, worauf er blickt; aber sie ist da und bestimmt das Verhältnis des Blickens selbst. Sie scheint in verschiedenen Akten des Beziehens, Beherrschens, Ordnens zu bestehen, welche immer wieder die Einheit des Seelenlebens herstellen; aber diese können die Einheit, die sie herstellen wollen, auch – etwa durch die Scheinformen der Gewalt oder des Schemas – zerstören, wenn sie nicht bereits durch die lebendige Mitte regiert werden, die selbst jenseits ihrer liegt. Über das Phänomen der Mitte, seine Erhaltung und Vertiefung sowohl wie seine Gefährdung und Zerstörung wäre viel zu sagen; jedenfalls ist die Einsamkeit für es wesentlich. Sobald der Mensch immer mit anderen lebt, verliert sich seine Mitte, und er wird zum bloßen Element der Ganzheiten.

So wird die Einsamkeit, richtig gelebt, als personale Befreiung erfahren. Das Erlebnis wird um so mächtiger und wesenhafter, je größer der Mensch ist; und der Mensch bedarf seiner um so mehr, je stärker er seiner Veranlagung nach in die Aktion drängt. Das Leben bleibt nur gesund, wenn es immer neu die Einsamkeitserfahrung macht; in irgendeinem Maße durch Jeden; in repräsentativer Weise durch Einzelne für alle[15]. Im Alleinsein erwacht der in das Gewebe der Gemeinschaftsbezüge verflochtene Mensch zum Bewußtsein seiner Person. Er wird der eigenen Mitte inne, welche jeweils auch die Mitte der Welt ist – der eigentlichen Welt; nicht der bloßen Summe der vorhandenen Dinge, sondern des »Daseins«, worin die Dinge durch die jeweilige Person gelebt, erkannt und verantwortet werden. Damit setzt sich das, was oben von der individuellen Mitte gesagt wurde, in das Ganze der Existenz hin fort. Er erfährt die eigene Einmaligkeit, Unvertretbarkeit und Unverdrängbarkeit. Das hat weder mit Selbstsucht noch mit Selbstüberhebung etwas zu tun, sondern begründet das Wesen und die Würde des Menschen; des Einzelnen, der, als Person, niemals Mittel für etwas anderes sein kann, aber auch der Ganzheiten, die, als menschliche, nur von Personen getragen werden

---

[15] Hier liegt die bewahrende und heilende Bedeutung der in der Stille lebenden Orden wie auch jener Einzelnen, welche mit dem augustinischen »Gott und meine Seele, sonst gar nichts« Ernst machen.

können. Dieses Eingehen in die Einsamkeit, in den Raum des
»Ich-selbst mit mir-selbst«, ist Pflicht und oft sehr schwer,
denn der Mensch kommt dabei mit den Mächten und Spannungen seines Innern, mit den bedrängenden Forderungen des
Gewissens in Berührung. Und wieder mit der eigentümlichen
Leere, die den Umgang mit dem Selbst so mühsam, ja unerträglich macht, daß jede äußere Tätigkeit, die von ihm wegführt, willkommen erscheint. Nicht zu reden, von der Verführung durch das eigene Selbst zu alledem, was Überhebung,
Verblendung, Bannung, Einsaugung heißt, und wovon Pädagogik wie Psychiatrie zu sagen wissen.
Letztlich kann die echte Einsamkeit nur »vor Gott« verwirklicht werden. Sobald das vergessen wird, verwandelt sie sich in
die Haltung der Autonomie oder des All-Rausches und wird
zu einer neuen Verfallenheit.

Die sittliche Freiheit

Im Vorausgehenden hat sich bereits eine andere Form der inhaltlichen Freiheit angedeutet, die alle übrigen umfaßt und ihnen erst die letzte Bestimmung gibt, nämlich die sittliche. Das
ist immer dann geschehen, wenn in unseren Überlegungen
von dem die Rede war, was richtig und gefordert ist. Nun soll
sie besonders ins Auge gefaßt werden.
Das Sittliche ist der Inbegriff dessen, was getan werden soll, des
Guten. Damit ist vor allem gesagt, daß es getan werden »soll«,
nicht »muß«, also nur aus der Freiheit hervorgehen kann. Nun
wird zwar alles, was »inhaltliche Freiheit« heißt, durch die des
Aktes getragen, und sei es auch nur so, daß etwas zuerst instinktmäßig Getanes allmählich verstanden, oder etwas zuerst
Aufgenötigtes in den eigenen Willen aufgenommen, oder eine
Gewohnheit geprüft und bestätigt wird. Dabei gibt aber das
Moment der sachlichen Richtigkeit den Ausschlag, so daß es
der Freiheit des Aktes immer nur soweit bedarf, als nötig ist,

um die inneren Widerstände zu beseitigen, die Empfänglichkeit offen und die Kraft handlungsfähig zu machen. Die im eigentlichen Sinne sittliche Handlung hingegen kann überhaupt nur in der Form der Freiheit verwirklicht werden – wobei nicht vergessen werden darf, daß der Freiheitscharakter auch den Gewohnheiten eignet, sofern diese erworben, beziehungsweise nicht verhindert worden sind; ja sogar der unmittelbaren Anlage, sofern der Wille zu ihr Stellung nehmen, sie formen oder gehen lassen, entwickeln oder vernachlässigen kann.

Mit dem oben ausgesprochenen Satz ist weiter gesagt, daß das Gute nicht deshalb zu tun ist, weil anderes unangenehm oder schädlich wäre, sondern weil es in sich gilt. Es ist weder einem biologischen oder psychologischen Trieb noch einer kulturellen Schaffenskraft, sondern einer besonderen Ansprechbarkeit der Person, dem Gewissen zugeordnet. Die Weise, wie das Gute dieses Gewissen erfaßt, läßt sich nicht in die Worte übersetzen: »Wenn du das oder jenes erreichen willst, mußt du dieses oder jenes tun«, sondern: »Das und das sollst, dieses oder jenes darfst du nicht tun, einfachhin, ohne Wenn und Dann«. Der Anruf des Guten zeigt nicht Möglichkeiten, noch gibt er Rat, sondern verpflichtet. Pflicht aber ist jene Bindung, welche von der in sich selbst gründenden Gültigkeit des Bindenden ausgeht. Wohl sprechen dabei Zweckmäßigkeiten und Annehmlichkeiten mit, denn das Gute ist ja zugleich das jeweils Wesensgerechte und Richtige, als solches der Vernunft ersichtlich und dem natürlichen Gefühl erfreulich. Wesentlicher Weise bezieht sich aber die sittliche Bindung auf die Sinnmacht des Guten als solche. Letztlich soll der Mensch das Gute nicht deshalb tun, weil dadurch sein Wohlergehen gefördert, sein Leben gesteigert, seine Persönlichkeit entfaltet wird, sondern weil es gut ist. Die Hoheit des Guten selbst ist es, die fordert und bindet.

Was ist aber das Gute? Die erste und entscheidende Antwort lautet: Das Gute ist eine Urgegebenheit, die von keinem anderen Daseinsgehalt, von keinem anderen Wert her bestimmt werden kann, sondern sich durch sich selbst bezeugt und aus ihr selbst verstanden wird. Man könnte der Meinung sein, das Gute sei einfach das Wahre, sofern es zur Forderung, die Wesenswahrheit der Dinge und Beziehungen, Bedürfnisse und Kräfte, sofern sie zur Aufgabe des Handelns werden. Diese Auffassung würde aber etwas Zentrales im Phänomen übersehen: das Eigenwesen des Guten selbst. Sie würde diesen Eigeninhalt zu etwas Formalem machen, nämlich zur Weise, wie die Wahrheit des jeweiligen Seienden fordernd wird. Das Gute ist aber nicht nur eine Form, sondern ein Etwas – wie gleich zu sagen sein wird, von unendlicher Inhaltsfülle und absoluter Wertigkeit[16]. Dieses Eigenwesen des Guten kann nicht anderswo abgeleitet werden, sondern ist Es-selbst, in seiner eigenen Sinnhoheit begründet und durch seine eigene Gültigkeit verpflichtend.

Letztlich ist das Gute in Gott begründet. Es ist eine Eigenschaft Gottes; genauer, ein ursprünglicher Sinn-Aspekt seines lebendigen Seins, sowie eine Richtung seiner lebendigen Gesinnung. Gott ist der Gute, der sich selbst, das Gute, bejaht und liebt[17]. Diese Gutheit hat in ihm einen besonderen Charakter, den göttlichen; genauer gesagt, den seiner lebendigen Göttlichkeit, die kein Sonderfall einer allgemeinen Numinosität, sondern eben Er ist, von dem wir nur wissen, indem Er sich uns kund tut.. Dieser Charakter ist die Heiligkeit, das Wort wiederum im echten Sinn der Offenbarung gemeint. Was dem unmittelbaren sittlichen Bewußtsein als das Sittlich-Gute

---

[16] Es mit elementarer Kraft erfahren und mit unbeirrbarer Klarheit zu Gesicht gebracht zu haben, macht vielleicht die innerste Bedeutung der sokratisch-platonischen Philosophie aus. Das gleiche geschieht im christlichen Raum durch Augustinus. Nur von dieser Erfahrung her kann verstanden werden, was bei Platon der Eros und bei Augustinus die Liebe ist.

[17] Diesen Zusammenhang des Sittlich-Guten mit Gottes wesenhafter Gutheit hat Platon geahnt und Augustinus mit vollkommener Klarheit erkannt. Doch muß hinzugefügt werden, daß die verbreitete These, das »*summum bonum*« Augustins verlasse die christliche Offenbarung, das Phänomen vollkommen verfehlt. Es ist nicht gut, wenn aphilosophische Theologen über theologische Gedanken urteilen, deren Verständnis philosophischen Sinn voraussetzt.

entgegentritt, ist Gottes Heiligkeit, sofern sie im Gewissen durchdringt und sich zur Aufgabe des Handelns macht.

Daß der Mensch vom Sinn des Guten berührt und von seiner Gültigkeit verpflichtet wird, begründet seinen Charakter als Mensch. Auch diese Tatsache ist eine Urgegebenheit, die von etwas anderem weder abgeleitet werden kann noch soll. So ist es einfach Phänomenblindheit, die Verpflichtung durch das Gute aus psychologischen oder soziologischen Voraussetzungen zu erklären – von biologischen nicht zu reden. »Der Mensch« ist das Wesen, das vom Guten verpflichtet wird. Hier kann nichts mehr »erklärt« werden[18]. Daher hängt auch die Fähigkeit, auf das Gute anzusprechen, grundsätzlich nicht, wie bei den übrigen Werten, von Begabung und Bildung ab, sondern ist mit dem Wesen des Menschen als solchem gegeben. Es begründet dessen Sinn und Würde, und zwar einfachhin. Wenn er gegen das Gute gleichgültig wird oder es gar als solches ablehnt, dann bedeutet das nicht, daß ihm eine bestimmte Veranlagung fehlt, und er dafür andere hätte, sondern daß er seinen Grundcharakter verläßt[19].

Anderseits ist offenbar, daß das Gute auf das Sein und dessen Inhalt bezogen ist. Es bedarf ihrer, um sich zu entfalten –

---

[18] Wir fühlen uns sogar versucht, zu sagen, »das Gute« und »der Mensch« bildeten ein Ganzes, in welchem eines auf das andere hin bestimmt wird, und erst dieses Ganze stelle das eigentliche Urphänomen dar. Doch werden wir sofort gewarnt, denn »das Gute« ist eine absolute Größe, »der Mensch« hingegen nicht; und beide in eine Beziehung zu bringen, wie soeben angedeutet, würde das Wesen der Relativierung ausmachen, welche die Wesentlichkeiten zerstört. Trotzdem waltet hier eine Beziehung, die gesehen werden will – allein besteht sie nur dort, wo das verpflichtete Subjekt der Sinnhoheit des verpflichtenden Guten ebenbürtig ist, und das ist Gott. Bei Ihm liegt jene Ganzheit tatsächlich vor. Sie wird dadurch ausgedrückt, daß der Satz: Gott ist jenes Wesen, dessen Gesinnung das Gute vorbehaltlos und erschöpfend bejaht und dessen Sein es vollkommen verwirklicht – ebenso wahr ist wie der andere: das Gute ist jene Gültigkeit, die durch Gottes Gesinnung vorbehaltlos bejaht und durch sein Sein vollkommen verwirklicht wird. Anders ausgedrückt: Gottes reales Sein und Wollen und die Gültigkeit des Guten sind identisch. Das lebendige Gute – das ist Gott.
[19] Damit soll nicht geleugnet sein, daß es auch eine besondere ethische Begabung, eine besondere Fühligkeit für ethische Werte und Situationen und eine besondere Produktivität für die sittliche Gestaltung des Daseins gibt.

sowohl in der Wirklichkeit wie im Wort. Ohne die Fülle der Seinsinhalte bliebe das Gute gebunden und stumm[20]. Das wird deutlich, wenn wir nach seinem Verhältnis zur verwirklichenden Handlung fragen. Das Gute an sich ist unendlich an Inhalt und einfach in der Form. So hat es als solches keine unmittelbare Beziehung zum konkreten Urteilen und Handeln. Ich weiß immer, daß ich das Gute tun soll. Das Bewußtsein, vom Guten in Anspruch genommen und gedrängt zu werden, ist immer da. Es mag nach Charakter und Intensität wechseln, erheben oder bedrücken, ermutigen oder beunruhigen, deutlich oder verworren, stärker oder schwächer, offen oder verhüllt sein, nie fehlt es ganz[21]. Es bildet ein Grundelement des menschlichen Bewußtseins überhaupt und ist für dessen Gesundheit sowohl wie für dessen Einheit unentbehrlich[22]. Sobald ich aber frage, worin das Gute jeweils und konkret bestehe, bekomme ich ohne weiteres keine Antwort. Es ist einfach und muß daher aufgeschlossen, allbefassend und muß besondert werden, wenn es den Inhalt eines praktischen Urteilens und Handelns bilden soll. Das geschieht durch die Situation. Was mich aktuell verpflichtet, ist nicht das Gute überhaupt, sondern das jetzt dringliche Gute; näherhin das jetzt und hier Richtige, welches »Richtige« freilich nicht nur die nächsten praktischen Bedürfnisse, sondern auch die innere

---

[20] Auch diese Tatsache hat Platon gesehen und in einer genialen, wenn auch noch nicht endgültigen Weise dargestellt, wo er vom Verhältnis des Guten zu den das Seiende begründenden ewigen Wesensgestalten, den Ideen, handelt. Dazu Guardini, Der Tod des Sokrates (³1947, S. 261 ff [Mainz/Paderborn ⁵1987, S. 230-259]).
[21] Bei keinem Menschen, auch nicht beim verbrecherischen oder degenerierten, wenn es bei ihm auch die seltsamsten Formen annehmen kann. Vielleicht muß man sogar sagen, daß die schlimmsten Arten des Bösen aus pervertierten Impulsen des Guten hervorgehen.
[22] Eine wichtige Teilfrage ist, wie der ethische Grundbezug in jedem anderen Wertverhältnis, auch und gerade in der Erkenntnis zur Geltung kommt. Und nicht nur auf dem Umweg über charakterliche Momente, wie Fleiß oder Wahrheitsmut, sondern grundsätzlich, so daß gefragt werden kann, ob, im Entscheidenden und Ganzen, die Wahrheit ohne den Willen zum Guten überhaupt zur Gegebenheit gelange. Platon ebenso wie Augustinus haben unter bestimmten Gesichtspunkten die Frage gestellt und verneint.

Wahrheit der Dinge, den Menschen mit seinem vollen Wesen, und alles das vor der Hoheit des Heiligen Gottes bedeutet. Damit geht die Welt der Werte in die Gutheitsforderung ein. Insofern bedeutet, das Gute zu tun, soviel wie auch das zu tun, was das Dasein fruchtbar und reich macht. So ist das Gute das, was das Leben bewahrt und zur Erfüllung bringt; jedoch nur dann, wenn es um seiner selbst willen getan wird. Was oben über das Verhältnis der Wahrheit zum Leben gesagt worden ist, gilt in entsprechender Weise auch vom Guten. Der Pragmatismus hat gesagt, sittlich gut sei, was das Leben fördere. Damit wird das Gute diesem Leben untergeordnet. Ganz abgesehen von der Frage, woran denn gemessen werde, was das Leben fördert, worin also das eigentliche, wertvolle Leben bestehe, wird durch diese These der eigentliche Dienst unmöglich gemacht, den es dem Leben zu leisten vermag: über ihm die Sinnhoheit dessen aufzurichten, das dem Leben nicht untertan ist.

Das zu verstehen, anzuerkennen und zu tun, ist sittliches Verhalten. Aus ihm kommt die Erfahrung einer innersten Freiheit. Wenn ich einsehe, daß ich etwas soll, weil es in sich selbst gut ist[23]; wenn ich es wenigstens der letzten, sei es auch impliziten, Motivierung nach, nicht um eines Nutzens oder einer Annehmlichkeit, sondern um dieser seiner inneren Gutheit willen tue, werde ich ebendarin frei. Es ist eine besondere, eben die sittliche Freiheit, die sich im Weggehen vom unmittelbaren Selbst mit seinen Wünschen und im Hinübergehen zur reinen Forderung, oft durch Kampf, Selbstüberwindung und Opfer hindurch, verwirklicht.
Diese Freiheitserfahrung hat verschiedene Sinnschichten. Da ist einmal die Tatsache, daß durch die Erfüllung der Druck des Auferlegtseins abfällt. Dann die Überwindung innerer, oft bis ins Tiefste gehender Hemmungen und Bindungen, und das

---

[23] Diese Einsicht kann auch vermittelt sein, so etwa, wenn ich selbst den Sachverhalt nicht beurteilen kann, aber die Weisung eines Menschen annehme, den ich als urteilsfähig erkenne. Darauf ruht ein Teil der sittlichen Erziehung.

besondere, damit gegebene Sieg- und Herrschgefühl. Weiter das Bewußtsein, im Rechten, in der Ordnung, im Reich der Wesenheiten, in der Wahrheit zu stehen. Endlich aber jenes Besondere, welches im sittlichen Wert als solchem gegeben ist. Er ist das einfachhin Weite. Ihn vollbringen, heißt, in die Freiheit des letzten und eigentlichen »Ja«, in die Ur-Freiheit des Guten, das sich nur durch sich selbst definiert, eintreten. Sie wird um so größer, je vollkommener der Mensch die Forderung des Guten erkennt, je tiefer aus der Gesinnung heraus er sie bejaht, und je reiner sein Tun ins Sein übergeht, zur »Tugend« wird. Ihr Ziel, auf Erden nie erreicht, ist der Mensch, der nicht nur von Mal zu Mal in sittlicher Freiheit handelt, sondern sittlich frei ist, eine »sittliche Natur« errungen hat, deren Tun leicht und mit schöner Selbstverständlichkeit aus dem gereinigten Wesen hervorgeht – bis zu jener Vollendung im Lichte Gottes, welche die Theologie das *»non posse peccare«*, die Unmöglichkeit des Unrechttuns nennt; dadurch begründet, daß das Gute vollkommen offen geworden ist, das Wesen des Menschen sich mit ihm in reiner Übereinstimmung befindet, und kein auch nur scheinbarer Anlaß mehr besteht, Böses zu tun.

Für das unmittelbare Gefühl scheint die Freiheit oft in der Durchsetzung des eigenen Willens zu liegen. Zu tun, was gefällt und nützt, erscheint als Unabhängigkeit und ebendamit als Freiheit. Die sittliche Erfahrung zeigt aber, daß es in die Abhängigkeit vom eigenen verfangenen Selbst und von der Verkettung der Dinge führt. Darüber hinaus ins Verkehrte und damit in die eigentliche und wesentliche Unfreiheit. Das Verkehrte, Unwahre, Unrechte, Böse ist die Knechtung einfachhin; die Knechtung der Person, welche letztlich nur im Guten und Rechten atmen kann. Diese Konsequenzen sind unerbittlicher als die der Natur.

Allerdings gibt es auch die Entartung des Sittlichen: die verschiedenen Formen der Ängstlichkeit, Einseitigkeit, Unduldsamkeit, des Pharisäischen usw. Hinter der Bejahung des Guten wirken dann verborgene Motive triebmäßiger oder geistiger Art – Genußstreben, Geltungs- und Herrschansprüche, Unsicherheit, Furcht – die das Gute als Mittel brauchen. Oder ein besonderer Wert bindet den sittlichen Willen derart, daß der Mensch den Zusammenhang mit dem Ganzen der Gutheitswelt und dessen übrigen, ebenfalls verpflichtenden Forderungen verliert. Die sittliche Energie wirft sich in falsche Bahnen, und es entsteht eine Fehlform, die sich bis ins Unsinnige und Krankhafte steigern kann. Dann geht die Freiheit verloren, und die Weite des sittlichen Wertes verkehrt sich in eine immer drückendere und zerstörendere Knechtschaft.

Mit diesen Fehlformen rechtfertigt sich die Kritik am Sittlichen als solchem, die in der Geschichte der ethischen Theorien immer wieder auftaucht und ihre radikalste Form durch Nietzsche empfangen hat. Der ethisch beirrten und verdorbenen Zivilisation stellt sie ein naturhaft-ästhetisches Menschenbild entgegen, das nicht aus dem durch Gut und Böse bestimmten Gewissen, sondern aus den unmittelbaren Instinkten der Lebenssteigerung und der naturhaft-künstlerischen Schöpferschaft heraus handelt. Seine Gedanken sind im Deutschland der zwölf Jahre in einer Weise erprobt worden, deren Wirkung noch immer nicht ermessen werden kann.

Den gewissensfreien, amoralischen, in der »Unschuld des Werdens und Schaffens« lebenden Menschen gibt es nicht. Die im Gewissen erfahrene Bindung an das Gute begründet Wesen und Würde des Menschen. Daß aus dieser ethischen Bestimmtheit schwere Probleme erwachsen, und falsche Lösungen das ganze Dasein in Mitleidenschaft ziehen, ist sicher. Ebenso sicher ist aber auch, daß sie niemals gelöst werden können, indem man den Menschen zu einem Naturwesen macht, sondern daß sie auf der personal-ethischen Ebene selbst ausgetragen werden müssen. Bei allem Raffinement der psychologischen Analysen und kritischen Techniken ist das Menschenbild Nietzsches von einer letzten Primitivität, die selbst als Zeichen der Dekadenz, wenn nicht der Krankheit verstanden werden muß.

Die Freiheit im Religiösen

Eine andere Befreiung vollzieht sich endlich in der religiösen Erfahrung und im religiösen Akt. Das Wort »religiös« hat hier noch nicht die christliche Bedeutung, sondern bezeichnet jenes Erleben und Verhalten, welches des Göttlichen im allgemeinen Sinne – des »Numinosen«, wie die Religionswissenschaft seit Rudolf Otto es nennt – innewird und zu ihm Beziehung sucht[24]. Anlaß und Situation der religiösen Erfahrung können sehr verschieden sein. Sie kann in der Natur stattfinden, etwa unter dem nächtlichen Himmel oder in der Stille der Berge; vor Werken der Kultur, etwa beim Betreten einer Kathedrale, oder beim Hören eines Musikwerks; vor Menschen mit eigentümlich anrührender Wesensart; in erhebenden oder erschütternden geschichtlichen Ereignissen; aber auch in Geschehnissen des Alltags, ja schließlich ohne jeden besonderen Anlaß, irgendwann, von irgendwoher, einfachhin. Bei dieser Erfahrung wird eine innerste Tiefe des Menschen angerührt und empfindet etwas, das anders ist als das Irdisch-Welthafte; fremd und geheimnisvoll und doch wieder eigenst vertraut; in das Bekannte nicht einzuordnen und doch wirklich und mächtig, voll eines besonderen, für das persönliche Dasein wesentlichen und durch nichts anderes zu ersetzenden Sinnes.

Es hat eines langen Weges bedurft, um das Phänomen des Religiösen zu Gesicht zu bekommen – sagen wir richtiger, es wieder zu Gesicht zu bekommen, nachdem die Neuzeit es aus den Augen verloren hatte. Die Aufklärung meinte, das Wesen des Religiösen bestehe in vernünftiger Erkenntnis und sittlichem Tun. Der Positivismus des 19. Jahrhunderts faßte die Theorie historisch und sah im Religiösen die primitive Form des Daseinsverständnisses, welche dann zur philosophischen fortschreitet, um sich in der exakt-wissenschaftlichen zu vollenden. Nach der Ansicht des Materialismus ist die Religion Aberglaube, oder gar bewußter, sozialen und wirtschaftlichen

---

[24] Dazu Guardini, Die Offenbarung, ihr Wesen und ihre Formen, 1939, S. 7ff.

Zwecken dienender Betrug. Dem Rationalismus gegenüber versuchte schon Schleiermacher das Eigenwesen des Religiösen zu erweisen, und seine Einsichten wurden durch die Philosophie und Mythenforschung der Romantik vertieft. Empirismus und Relativismus der zweiten Jahrhunderthälfte verdrängten sie aber, und es bedurfte der Entdeckung Rudolf Ottos und der auf ihr weiterbauenden Arbeit der Phänomenologie, um die Ursprünglichkeit des Religiösen wieder vor Augen zu bringen. Von da an schreitet die Forderung rasch voran. Die Psychologie untersucht die Struktur des religiösen Erfahrens des Einzelnen wie der Gesamtheit, wobei besonders die Erforschung des Unbewußten und der Mythen wichtige Hilfe leistet. Die Philosophie sucht den Sinnkern des Phänomens zu erfassen und fragt nach seiner Bedeutung für das Dasein überhaupt wie für das Leben der Person. Die Theologie endlich sieht, daß sie über allzu einfache Formulierungen der Metaphysik und Fundamentaltheologie hinausgehen, das Verhältnis des Allgemein-Religiösen zu dem, was die christliche Botschaft Offenbarung und Glaube nennt, klären und die Problematik aufhellen muß, die in jenem Religiösen selbst liegt. Die Aufgaben sind noch groß. Der erfahrungsmäßige Sachverhalt muß weiter durchgearbeitet, der Sinn des Phänomens muß tiefer verstanden und die auf Schritt und Tritt durch die historische, psychologistische und idealistische Betrachtungsweise verursachten Verschiebungen und Verfälschungen müssen überwunden werden.

Die religiöse Erfahrung ist kein bloßer Erregungszustand, kein gegenstandsloses Fühlen, keine Funktion der Subjektivität, sondern ein echtes Auffassen, Inne- und Gewißwerden; ein »gegebener« Vorgang, durch den der Erfahrende ebenso um Bestimmtes weiß wie der Sehende um das beleuchtete Ding. Dieses Bestimmte ist wirklich. Es hat Beziehung zum Welthaft-Wirklichen, obwohl es selbst nicht welthaft ist. Die Beziehung kann in verschiedener Weise empfunden werden: als ein Hervorbringen, Gestalten, Durchwalten, Beherrschen; ein Erfüllen, Erregen, Befruchten, Reinigen, Beseligen, Verpflichten, Verwandeln, Verheißen; ein Zürnen, Bedrohen, Richten, Strafen, Verschlingen, Vernichten – immer aber so, daß sich darin ein eigentümlicher Sinn kund tut, der auch dem scheinbar Negativen noch Positivität verleiht. Selbst noch die numinöse Vernichtung ist als solche Ausdruck eines irgendwie Unantastbaren, das im Recht ist.

Das Gemeinte ist wirklich, mächtig, erhaben, groß, siegreich, zart, innig, wehrlos, individuell bis zur Ausschließlichkeit, wiederum allumfassend und fähig, die Mannigfaltigkeiten des Daseins zu großen Einheiten zusammenzunehmen. Es kann sich mit allen Werten verbinden, ist aber immer etwas anderes als sie. Jeder echte natürliche Wert kann es aufschließen, in das konkrete Dasein einführen, dem Leben zu eigen geben; dennoch bleibt es unergreifbar und unaussagbar. Es kann jedes Seiende zum Mittel des Selbstausdrucks und der Selbstauswirkung machen; indem es aber das betreffende Seiende erfüllt, entzieht es sich dessen Seins- und Sinngestalt, und indem es sich kundtut, tut es sich als das Unnennbare kund. Es läuft an jeder Grenze entlang, durch die ein Seiendes sich als es-selbst bestimmt und behauptet, bildet die Gewähr dieser Grenze und damit die Gewähr dieses Seins, so sehr, daß der Eindruck entstehen kann, als sei das Sein aus ihm gemacht; zugleich aber zieht es eben damit die absolute Grenze zwischen sich selbst und jedem Seienden, so daß es scheinen kann, als sei es das Überhaupt-Nichts.

Den besonderen Charakter und Sinn des Numinosen hat Rudolf Otto aus der Erfahrung und Sprache der Menschheit heraus mit dem Wort »das Heilige« bezeichnet. Es meint eine Urgegebenheit, die von nichts anderem abgeleitet werden kann. Sie ist sinnvoll in sich selbst und sinngebend für den Menschen, sobald er Anteil an ihr gewinnt. Die Anteilnahme ist »das Heil«.

Dieses Heilige wird vom Innern des Menschen – dem Gemüt, dem Herzen, dem Gewissen – unmittelbar erfahren. Sofort

aber versucht der Geist es mit Fragen aufzuschließen und mit Bildern auszudrücken[25]. So entstehen die verschiedenen religiösen Lehren und Ordnungen: Mythen, Kulte, Erziehungssysteme, religiöse Philosophien usw.
Auf die Frage, was das Heilige als Seiendes sei, antworten Erfahrung und Denken der Menschheit: Es ist das Göttliche. Was ist aber das Göttliche? Wie steht es als Seiendes zur Welt? Wir können dem nicht genauer nachgehen, sondern nur auf die Grundentscheidung hinweisen, zu welcher der fragende Geist schließlich gelangt.
Die eine Antwort lautet: Das Göttliche ist die Welt selbst; allerdings ihr Geheimnis, ihre »andere Seite«. Es ist das, was jedes Element der Welt zwar nicht unmittelbar, wohl aber eigentlich ist. Es kann am Anfang der Welt gesehen werden, als ihr Ursprung; an ihrem Ende, als Ziel und Erfüllung; in ihrer Innerlichkeit, als Grund – immer ist es die letzte Wesentlichkeit der Welt ... Die Antwort kann näherhin in verschiedener Weise gefaßt werden. Für den klassischen Pantheismus ist das Göttliche der Urgrund der Natur und die Urmacht der Geschichte; für den neueren Psychologismus der Inbegriff der inneren Bilder, Maße und Richtungen, welche die Persönlichkeit regieren und von deren Wahrung ihr Heil abhängt. Eine neue Antwort scheint heute unter dem Einfluß der Antike, Hölderlins, gewisser Richtungen der Existentialphilosophie und anderer zu entstehen. Danach ist das Göttliche die Weise, wie Dinge und Geschehnisse aufleuchten, sich in ihrer Eigentlichkeit öffnen, den Geist treffen und ihn eines letzten, zugleich deutlichen und unaussagbaren Sinnes vergewissern.

---

[25] Unsere Darstellung des religiösen Verhältnisses ist, wie bei den vorausgehenden Phänomenen, von der unmittelbaren Erfahrung ausgegangen, um erst nachher zur rationalen Frage überzugehen. Man könnte natürlich auch den umgekehrten Weg einschlagen und etwa von den Fragen nach Ursprung und Ziel, Sinn und Ordnung des Daseins usw. ausgehen. Diese wären aus sich zu erörtern und würden dann in der religiösen Erfahrung ihre – von der rationalen Metaphysik und Religionsphilosophie so lang vernachlässigte – lebendige Wirklichkeitsbasis finden.

Die andere Antwort kann durch den Menschen geahnt und vorbereitet werden, erfolgt aber in ihrer Klarheit erst von der Offenbarung her. Danach ist jenes Göttliche nicht sinnrein. In ihm geht es wohl um etwas Urgegebenes; das ist aber in eine Zweideutigkeit geraten, die aus ihm selbst heraus nicht überwunden werden kann. Dazu darf man nicht von der allgemeinen religiösen Erfahrung, sondern muß von Gott ausgehen, wie er sich in der Offenbarung kundtut und im Glauben aufgefaßt wird. Dieser Gott ist nicht die Welt, nicht der Mensch, nicht die Geschichte, nicht das Dasein. Er ist auch nicht die andere Seite von alledem, oder dessen Geheimnis, oder dessen aufleuchtende Eigentlichkeit. Gott ist nur und ganz Er-selbst. Er bedarf der Welt nicht, um zu sein, sondern wäre, auch wenn die Welt nicht wäre, und »es würde nichts fehlen«. Die Welt aber ist ganz und gar durch ihn: urgebildet, geschaffen, getragen und regiert. Und »das Göttliche« ist der Charakter, den sie daher hat, daß sie von Gott im Sinn begründet und im Sein geschaffen ist; daß Er sie aus dem Nichts heraushält und immerfort ihr selbst gibt. Es ist der Charakter, den sie daher hat, daß Gott in ihr ist, sie durchwaltet, sie auf sich bezogen hält, ob sie es nun weiß oder nicht; daß Er in ihr Geschichte führt, ein Werk vorantreibt, durch ihr Wollen oder Nicht-Wollen hin. Die Beziehung, in welcher das Seiende dadurch steht; die Sinnbestimmung, die daraus kommt, der Hauch, der sie durchweht; die Nähe, die in ihr fühlbar wird; die Innigkeit, die alles von dorther gewinnt und das Drohende, Entscheidung Fordernde, das sich daheraus bildet – das ist das Göttliche.
So ruht es nicht in sich selbst, sondern weist über sich hinaus, auf Gott hin. Es redet von Gott und führt zu Ihm. Es setzt den Erfahrenden in Beziehung zu dem, von dem es kommt und zu dem es zurückgeht. Hier beginnt aber die Zweideutigkeit. Der Mensch hat sich gegen Gott empört. Er will nicht gehorchen, sondern sein eigener Herr sein. Er will die Welt nicht von Gott zu Lehen haben, sondern sie als souveränes Eigentum besitzen. Nun ist aber die Welt geschaffen und hat überall jenen von Gott kommenden Charakter, von dem wir sprachen. So

muß der Mensch, der Gott nicht anerkennen will, mit dem Göttlichen anders fertig werden: er versucht, es gleichsam von Gott loszutrennen und zur Welt selbst zu schlagen. Er macht es zu einem Eigencharakter der Welt, wodurch, im Zwielicht der Zeitlichkeit, diese in sich selbst zu stehen und aus sich selbst heraus sinnerfüllt zu sein scheint. Ja die Numinosität der Welt ist überhaupt das, was der Mensch im Letzten sucht. Sie ist es, was deren Wert zum Wert macht. Platons Gedanke, daß die Dinge ihre Gültigkeitswurzel in den Ideen haben, diese aber durch das Gute – der platonische Name für Gott – ihren Charakter als Idee empfangen, ist eine der tiefsten Einsichten des menschlichen Geistes. Letztlich ist es nur das Göttliche, was »lohnt«. Die große Versuchung aber besteht darin, auf es Hand legen und nehmen zu wollen, was nur Gott schenken kann.

Das Echte, das im Göttlichen liegt, gibt dem Erfahrenden und daraufhin Existierenden all die Werte, von denen die Rede war: das Erlebnis des Heils. Darin vollzieht sich auch eine besondere, nur so mögliche Befreiung. Diese kann in verschiedenen Formen empfunden werden: als ein Nach-Hause-Kommen, eine Geborgenheit und Innigkeit; als ein Ausspannen der Flügel, ein Sich-Öffnen in die Weite und Aufsteigen zur Höhe; als ein Mitvollziehen von Unendlichkeit und Macht; als ein Innewerden von Güte und Huld; als Reinigung, Kräftigung und Erhebung. Wechseln können auch die Intensität, die Höhe, Breite und Tiefe, der Reichtum und die Klarheit des Erfahrens. Es kann ursprünglich sein, doch auch die Erfahrung anderer mit- und nachvollziehen. Immer ist es aber mit dem inneren Wissen verbunden, in den Bereich des Eigentlichen, allein Wirklichen und Erfüllenden, in den Bereich des Heils zu kommen.
Das Heil bedeutet Befreiung von der Eingeschlossenheit des Daseins, seiner Uneigentlichkeit und Vergänglichkeit, seinem Trug und Leiden, seiner Unwertigkeit und Schuld. Es ist ein Eingehen ins Offene, Lösende und Erfüllende. Die religiösen Texte der Völker sind von diesem Freiheitserlebnis erfüllt.

Die Zweideutigkeit aber im Verhältnis des Menschen zu Gott, von welcher die Rede war, bringt zugleich eine tiefe Verwirrung hervor. Im religiösen Leben, wie der Begriff hier verstanden wird, können alle, auch die bedenklichsten, gefährlichsten, ja bösesten Motive und Impulse zur Geltung kommen und die Freiheit von innen her zerstören.

Was die Erfahrung der religiösen Freiheit selbst angeht, so zeigen Geschichte und tägliche Beobachtung, daß sie oft mit Lösungserlebnissen anderer Art verwechselt werden: mit physiologischen Reizen, verkleideten psychischen Entspannungen, ja sogar, wie in gewissen Freiheitserlebnissen der Epilepsie und Paranoia, mit einfachhin pathologischen Erscheinungen. Dazu kommen schein-religiöse Höhen-, Überwindungs- oder Verwandlungserlebnisse, wie sie sich in den verschiedenen Formen der Dionysik und Ekstatik einstellen.

Noch tiefer ins Problem führt die Frage, wie weit selbst echte unmittelbar-religiöse Erfahrungen auf die Freiheit des Lebendigen Gottes vorbereiten, oder aber bei der inneren Verwirrung der existentiellen Motivierungen letztlich in die Welt hineinbinden. Jene Knechtschaft, welche die Offenbarung durch den Begriff der »Welt«, der in sich verschlossenen, Gott abwehrenden Endlichkeit ausdrückt (Joh 1,1-13 u.a.), ist ja zutiefst selbst religiöser Art. Sie kann sich zu Göttergestalten verdichten, welche die Frömmigkeit an die Natur binden; oder zu Begriffen des Allwesens, welche Gott in die Welt ziehen; oder auch zu der mit religiösen Kräften arbeitenden Leugnung und Zerstörung des Religiösen selbst. Immer enthält die unmittelbare religiöse Erfahrung die Möglichkeit, den Menschen ins Geschaffene hineinzubannen und so die Freiheit in ihr Gegenteil zu verkehren.

Zusammenfassung

Unsere Untersuchung hat das Phänomen der Freiheit durch die verschiedenen Bereiche des Daseins hin verfolgt und blickt nun noch einmal zurück.

In allen kehrt die gleiche Struktur des Phänomens wieder. Es ruht in zwei Sinnzentren. Das eine besteht in dem, was wir die Freiheit des Aktes genannt haben: seinem Wie, der Weise seines Vollzugs. Die freie Handlung geht nicht durch den Handelnden hindurch, wie die Vorgänge der leblosen Welt durch die Dinge; sie entspringt auch nicht so aus ihm, wie die Regungen der Pflanzen und Tiere aus ihren organischen und psychischen Anlagen, sondern hat in ihm ihren echten Anfang, so daß sie ihm gehört, und er in ihr sich selbst. Damit wird nichts von alledem übersehen, was innere Veranlagung und äußere Beeinflussung bewirken können; ebenso wenig die Tatsache, daß die Freiheit selbst für die Regel nur annäherungsweise verwirklicht wird. Hier geht es um das Phänomen als solches. Das besteht in der Fähigkeit des Menschen, eine Tat aus sich heraus zu beginnen und eben dadurch sie und in ihr sich selbst zu besitzen. Die Eigengehörigkeit der Tat kommt in der Weise zum Ausdruck, wie der Handelnde sie sich zuordnet, in der Verantwortung. Freiheit und Verantwortung begründen die wesenhafte Würde des Menschen ... Daß sie dem Denken schwere Fragen aufgeben, ist gewiß, und die Versuchung, sie sich durch irgendeinen Kurzschluß vom Hals zu schaffen, sehr groß. Letztlich kann die Tatsache der Freiheit logisch überhaupt nicht aufgelöst, sondern es kann nur gezeigt werden, daß sie einer richtig arbeitenden Logik nicht widerspricht, diese vielmehr fähig ist, die Freiheit in ihre Ordnungen aufzunehmen – ebenso wie die wirkliche Welt die Tatsache der Freiheit nicht nur verträgt, sondern sogar von ihren ersten Elementen an auf sie hingeordnet ist[26]. Die Freiheit ist lebendig,

---

[26] Siehe den Exkurs am Ende des Kapitels; auch Guardini »Freiheit und Unabänderlichkeit«, in dem Bande »Unterscheidung des Christlichen«, 1935, S. 130ff.

das heißt, sie muß, wie alles Lebendige, wachsen. Sie ist aber auch in eben dieser Lebendigkeit frei, das heißt, sie muß selbst gewollt werden und sich selbst bilden. So gibt es in ihr einen Fortschritt, der sich durch alles das vollzieht, was Übung, Überwindung, Entsagung heißt; aber auch die Möglichkeit, daß sie unentwickelt bleibt, verdirbt, in Trieb, Gewohnheit, Dumpfheit erstickt.

Das andere Sinnzentrum des Phänomens liegt im Gegenstand des freien Aktes. Das erste Zentrum wurde durch die Frage erfaßt, wie sich der in Rede stehende Akt vollzieht; das zweite durch die Frage, an welchen Inhalten das geschehe. Bis zu einem gewissen Grade kann man beide Seiten des Phänomens voneinander lösen: eine Handlung kann an einem beliebigen, beziehungsweise verkehrten Gegenstande vollzogen werden und doch hinsichtlich der formalen Selbstgehörigkeit frei sein. Darin bleibt aber das Phänomen nur halb, denn es besteht nicht nur in der Freiheit von etwas, nämlich der Nötigung, sondern auch in der zu etwas, nämlich dem, was jeweils aus der Wirklichkeit des Seins und der Gültigkeit der Werte heraus richtig ist. Platon würde sagen, »dem jeweils Gerechten« und damit die Gemäßheit zum Wesen des Seienden; Thomas von Aquin, »dem jeweils Wahren« und damit die Wahrheit des Seins meinen, wie sie im Gefüge der Situation zum Ausdruck kommt ... Diese Wahrheit wurde über ihre verschiedenen Stufen hin verfolgt und gezeigt, wie sie sich im Gefühl, im Bezug zu den Sachen und zum Körper, im Verhältnis zu den Werten, zur anderen Person, zur sittlichen Forderung und endlich zum Religiösen – also in allem, was persönliche und gegenständliche Kultur heißt, verwirklicht. Stets wird der Akt durch die psychologische Freiheit, die Initiative des verantwortlichen Handelns getragen; mehr oder weniger klar, mehr oder weniger bewußt und entscheidend, irgendwie aber immer, und sei es auch nur durch die grundsätzliche Möglichkeit des Nicht- und Andershandelns. Wenn etwas so getan wird, wie es der Wahrheit nach getan werden soll, öffnet sich ebendarin eine eigentümliche Räumigkeit. Der handelnde Mensch erfährt eine

Lösung, ein Weit-, Groß- und Hochwerden – ebenso wie umgekehrt alles, was wider die Forderung der Wahrheit geht, im Augenblick als Macht und Lebenssteigerung empfunden werden mag, schließlich aber doch ins Enge, Verquere, Verstrickende, das heißt, in die Unfreiheit mündet ... Auch diese Freiheit ist lebendig, soll wachsen und kann abnehmen. So bedarf auch sie der Bejahung und Bildung. Sie wird um so größer, je klarer die Wahrheit erkannt, je reiner das Rechte gewollt, je entschiedener und kraftvoller es vollzogen wird. Sie steigt um so höher, je wertvoller und edler ihr Gegenstand ist; je voller das Dasein in seiner Wesenhaftigkeit ergriffen wird.

Der Mensch mag noch so sehr bemüht sein, der Freiheit auszuweichen: er mag sie theoretisch bestreiten, praktisch tun, als ob sie nicht wäre, sich der Gewohnheit oder dem Trieb überlassen – sie wird sich ihm immer aufdrängen. Noch das Ausweichen vor ihr, noch der Verrat an ihr wird ihren Charakter in sich tragen, denn der Mensch ist nun einmal durch sie bestimmt und bleibt es, auch wenn er nicht will.
Daß aber ein solches Verhalten des Menschen gegen seine eigene Freiheit möglich ist, eröffnet eine Reihe weiterer Probleme: Wo liegen die wesentlichen Grenzen jener Anfangskraft, die wir Freiheit genannt haben? Wie hängen sie mit der Tatsache der Endlichkeit zusammen? Wie steht die Freiheit des Menschen zu jener Gottes? und anderes mehr. Daß sie wichtig sind, geht schon daraus hervor, wie leicht die Philosophie der Versuchung erliegt, die menschliche Freiheit mit absoluter Freiheit gleichzusetzen, denn die Erfahrung, in welcher der Mensch erlebt, daß er Herr seiner Initiative und, in ihr, Herr seiner selbst ist, kann ihn geradezu berauschen ...
Die Fehl- oder Erkrankungsformen von Lebensphänomenen verraten viel über ihre gesunden Formen: so ist es sehr lehrreich, zu sehen, wie die Deutung der Freiheit den beiden falschen Thesen des Determinismus und des Absolutismus verfallen kann: Jene leugnet, daß es Freiheit gebe, diese setzt sie mit vollkommener Selbstherrlichkeit gleich. Jene macht aus dem

Menschen ein Naturwesen, diese identifiziert ihn mit Gott. Das echte Phänomen trägt also einen komplexen Charakter, der nicht leicht zu bestimmen ist. Doch können wir ihm hier nicht weiter nachgehen.

Der Träger der Freiheit

An die bisherigen Überlegungen schließt sich die Frage: Was trägt die Freiheit? Was macht sie möglich? Worin ruht jene Mitte, aus welcher der Ur-Sprung der freien Tat erfolgt? Welches Seiende ist so, daß es Ich, Person sein und seine Personalität im freien Akt auswirken kann? Die Antwort kann nur heißen: der Geist. Nicht bloß »Geistiges« – denn das ist überall, enthält doch jedes Seiende Wesensgestalt und Sinnordnung – vielmehr konkret-individueller Geist als in sich stehende Wirklichkeit. Was führt zur Annahme dieser Wirklichkeit, und wie muß sie bestimmt werden?
Ich finde in mir selbst Verhaltensweisen vor, die – wie das Fallen meines Körpers, oder die einfache Arbeitsleistung meines Armes – in der äußeren Natur wiederkehren, und deren Wesen in der Mechanik der leblosen Dinge rein zur Darstellung gelangt. Ihr Träger ist jene Wirklichkeit, die wir als Materie oder physikalische Energie bezeichnen. Weiter finde ich in mir Verhaltensweisen, die – wie das Wachstum, die Vorgänge des Stoffwechsels, das Spiel der Instinkte – ebenfalls in der äußeren Natur, und zwar in der Welt des biopsychischen Lebens rein zur Darstellung gelangen. Ihr Träger ist jene Wirklichkeit, welche Leben heißt. Endlich finde ich in mir aber auch Verhaltensweisen, für welche die mich umgebende Natur keine Analogien hat: so die Erkenntnis, durch die ich das Wesen des Gegenstandes erfasse; die schaffende Tat, durch die ich eine mir vorschwebende Idee verwirkliche – und die freie Handlung, durch die ich aus Überlegung heraus entscheide und in der Welt tätig werde. Alle diese Akte gehen so vor sich,

daß ich aus dem unmittelbaren Zusammenhang meines Seins heraustrete, Abstand nehme, der gültigen Norm inne werde und von ihr her in die Wirklichkeit eingreife – auch dann, wenn es sich nicht um äußere Gegenstände, sondern um mich selbst handelt. Zur Begründung dieses Verhaltens genügt weder die materiell-mechanische, noch die biologische, sondern es bedarf einer besonderen Wirklichkeit: wir nennen sie den Geist.
Wir haben also nicht aus irgendwelchen metaphysischen Voraussetzungen einen Begriff des Geistes konstruiert, von dem wir dann fragen müßten, ob es ihn wirklich gebe, sondern haben auf einen Punkt in unserer Erfahrung hingedeutet: das, was dieses besondere Verhalten ermöglicht, trägt, leistet, nennen wir »den Geist«. Nicht nur »das Geistige«, Logische, Sinnhafte, das es in allem Seienden gibt, sondern den individuellen, als Person seiner selbst mächtigen Geist. Er allein kann vom eigenen Sein Abstand und zu ihm Stellung nehmen. Er kann urteilen und sich entschließen. Er kann die Handlung urheben; seine Handlung und sich selbst in ihr verantworten; auf die Frage: wer hat das getan? antworten: »Ich«.

Ohne in die Phänomenologie des Geistes tiefer einzugehen, können wir über seine Eigenschaften folgendes sagen.
Er ist anders als das Physikalische und das Biologisch-Psychologische, jedoch durchaus wirklich. So hat er Beziehung zur Physis, baut den Körper auf, regiert ihn, offenbart sich in ihm. Jedes Element des Körpers drückt den Geist aus, jedes wirkt seinerseits auf ihn zurück. Der Geist transzendiert aber den Körper, denn er ist immer mehr, als was dieser von ihm auswirkt und ausdrückt. Der Geist ist vom Körper abhängig in seinen Funktionen, nicht aber in seinem Wesen und Bestand, während umgekehrt der Menschenleib ohne den Geist zerfällt. Der Geist selbst ist unräumlich, weil schlechthin einfach; er hat aber durch den Körper seinen Ort im Raum und in der Zeit, seine Wirk- und Verantwortungsstelle in der Geschichte. Er steht in der Welt der Dinge; anderseits überschreitet er sie

und vermag sich ihr gegenüberzustellen. So steht er an ihrem Rande, auf ihrer Grenze, nach Innen oder Oben hin[27].
Von da aus bildet der Geist auch die Krisis der unmittelbaren Welt, der Natur. Er erkennt sie, bestätigt sie, dient ihr, macht sie zum Material seines Tuns und Schaffens, führt sie in die Geschichte über. Da sein Tun aber auf der Freiheit ruht und ebenso eine wahre wie eine falsche Entscheidung vollziehen kann, führt er sie zugleich in die absolute Gefahr. Vom Geiste kann der Aufbau der ersten zur zweiten, der unmittelbaren zur eigentlichen Welt vollzogen, aber auch versäumt, richtig vollzogen oder verfehlt werden.

Wenn wir sagen, der Träger der Freiheit sei der Geist, dann ist damit nur das kritische Element im Freiheitsträger genannt, das ihn von anderen Aktträgern unterscheidet; vollständig muß es heißen: der Mensch. Dieser ist nicht nur Geist, sondern Geist im Körper – es kann auch heißen: Körper im Geist[28]. Dabei wird aus beiden Momenten etwas anderes: aus dem Körper der Leib, aus dem Geiste die Seele. Beides aber, Seele und Leib, sind zwei Seiten des Menschen. Er ist jenes Wesen, in welchem der Geist nach der genannten Weise in der Wirklichkeit steht; dadurch gehört auch er zur Welt und transzendiert sie zugleich, steht auf der Grenze der Welt und bildet ihre Krisis.
Freiheit gibt es nur, wenn es den individuellen Geist, genauer, den geistig-leiblichen Menschen gibt. Er allein ist der Freiheit fähig – und, müssen wir hinzufügen, zur Freiheit gezwungen. Sie ist ihm als Größe gewährt, aber auch als unentrinnbare Bestimmung auferlegt. Er ist und bleibt frei, auch wenn er es nicht sein will; auch wenn er überzeugt zu sein glaubt, er sei es nicht; auch wenn in ihm die Empfindungen des Beeinflußt- und Getragenseins noch so stark und die Haltung des Sichlassens und Einfügens noch so entwickelt sind. Noch die Leugnung der Freiheit setzt sie voraus und trägt ihren Charakter.

---

[27] Dazu Guardini, Welt und Person, S. 28 ff [Mainz/Paderborn ⁶1988, S. 45–70].
[28] Guardini, Das Auge und die religiöse Erkenntnis, »Schildgenossen«, Jahrgang 20 (1941), Heft 3, erweiterter Privatdruck, Berlin 1941.

Die christliche Freiheit

Das Gnadenerlebnis des Apostels Paulus

Bis jetzt war von der Freiheit die Rede, wie sie in der unmittelbaren menschlichen Erfahrung deutlich wird. Wir haben nun zu fragen, wie die Offenbarung von ihr spricht. Gibt es eine Freiheit, die erst aus Gott heraus möglich wird und im genauen Sinne christlich genannt werden muß?
Im Neuen Testament begegnet uns eine Persönlichkeit, die geradezu als Verkünderin der neuen Freiheit erscheint, Paulus. Nach dem, was die Apostelgeschichte und seine eigenen Briefe sagen, wird er als ein Mensch von starkem Erleben und mächtiger Willenskraft vorgestellt werden müssen, dessen Inneres aber durch Widersprüche gequält und durch Hemmungen gebunden war. Er verlangt leidenschaftlich nach Gerechtigkeit; er wollte gut und im Guten frei werden und führte darum einen Kampf, in welchem er sich die härtesten Überwindungen zumutete. Es muß aber so gegangen sein, daß er nicht ins Klare und Freie gelangte, sondern sich immer tiefer und auswegloser verstrickte. Wahrscheinlich war in seiner sittlichen Bemühung selbst der Eigenwille am Werk und erzeugte jene Verkrampfung, die wir Pharisäismus nennen. Er sah wohl nicht, daß das Böse nicht nur bekämpft, sondern auch mit Weisheit und Geduld gelöst werden muß; statt dessen tat er dem Triebleben nur Gewalt an, so daß es sich in sich selbst vergiftete. Von alledem spricht er nicht unmittelbar; in dem Augenblick aber, da er erscheint, tritt sein Zustand in die äußerste Krise, und die Art, wie diese Krise sich entwickelt, und wie er später, rückblickend, über sich selbst spricht, läßt vermuten, daß die Dinge wohl so gegangen sein müssen.
Die Apostelgeschichte erzählt, wie er auf die junge Christengemeinschaft trifft. Er sieht das von geheimnisvoller Geisteskraft getragene Leben der Gläubigen, ihre Liebe untereinander, ihre

Freiheit und Freude (7,58 ff). Er erlebt den Prozeß des Diakons Stephanus mit und schaut an ihm jenen Geistesglanz, von welchem der Text sagt: »Und da sie alle, die in Hohem Rat saßen, auf ihn blickten, sahen sie sein Angesicht wie eines Engels Angesicht« (6,15). Aus alledem offenbart sich ihm ein Dasein, das ganz auf Gott ausgerichtet ist, aber nichts von jener Mühsal der Gesetzeserfüllung, von jenem qualvollen Ringen um das Vollbringen des Guten aus eigener Kraft, von jener Vergeblichkeit und Auswegslosigkeit verrät, die er erfahren hat. Das weckt in dem verzweifelten Manne einen glühenden Haß. Er hilft bei der Steinigung des Stephanus und bei der Zerstörung der jungen Jerusalemer Gemeinde. Dann läßt er sich Vollmacht geben, anderswo das gleiche zu tun und reist nach Damaskus. Doch auf dem Weg dorthin trifft ihn die große Erfahrung seines Lebens. Die Apostelgeschichte berichtet:
»Saulus aber, noch Drohung und Mord gegen die Jünger des Herrn schnaubend, trat vor den Hohenpriester und verlangte von ihm Briefe nach Damaskus an die Synagogen, um, wenn er Leute fände, die zu der Lehre hielten, Männer und Frauen, sie gebunden nach Jerusalem zu bringen. Als er so dahinzog, geschah es, daß er in die Nähe von Damaskus kam, und plötzlich umstrahlte ihn ein Licht vom Himmel, und er fiel zur Erde und hörte, wie eine Stimme zu ihm sagte: ›Saul, Saul, warum verfolgst du mich?‹ Er sprach: ›Wer bist du, Herr?‹ Jener aber: ›Ich bin Jesus, den du verfolgst. Doch steh auf und geh in die Stadt, und es wird dir gesagt werden, was du tun sollst.‹ Die Männer, die mit ihm unterwegs waren, standen sprachlos, da sie zwar die Stimme hörten, jedoch niemand erblickten. Saulus aber erhob sich von der Erde, und da er seine Augen öffnete, sah er nichts. So führten sie ihn an der Hand und führten ihn nach Damaskus. Und er war drei Tage lang blind und aß nicht und trank nicht.
Nun war ein Jünger in Damaskus mit Namen Ananias, und der Herr sprach zu ihm im Gesicht: ›Ananias!‹ Er aber sprach: ›Hier bin ich, Herr!‹ Der Herr aber sprach zu ihm: ›Steh auf und geh in die Gasse, welche die gerade heißt, und suche im

Hause des Judas einen namens Paulus von Tarsus; denn siehe, er betet und hat geschaut, wie ein Mann namens Ananias eintrat und ihm die Hände auflegte, damit er sein Gesicht wieder bekomme ...‹ Ananias ging also fort und trat in das Haus, und legte ihm die Hände auf und sagte: ›Bruder Saul, der Herr hat mich gesandt, Jesus, der dir erschienen ist auf dem Weg, auf dem du hergekommen bist, daß du wieder sehen könntest und voll heiligen Geistes werdest.‹ Und alsbald fiel es ihm von den Augen wie Schuppen, und er ward sehend, und stand auf, und ließ sich taufen; und er nahm Nahrung zu sich und kam zu Kräften.
Er war aber bei den Jüngern in Damaskus einige Tage, und verkündete alsbald Jesus in den Synagogen, [und bezeugte], daß er der Sohn Gottes sei« (9,1-12; 17-20).
Was geschieht hier? Paulus erfährt die Wirklichkeit Christi: daß Er, den die Machthaber für tot und beseitigt halten, in geheimnisvoller Weise lebt; daß Er von Gott bestätigt ist, Herrschaft und Herrlichkeit hat. Paulus öffnet sich dieser Offenbarung und glaubt. Darin geht mit ihm selbst etwas Umstürzendes vor sich: er erfährt die Möglichkeit eines Gut-, Gerecht- und Heilig-Werdens, einer letzten Sinnerfüllung und Freiheit, die es von der Erde her und aus eigenen Kräften nicht gibt. Das aber nicht nur so, daß ihm ein neues ethisches Ideal aufginge, oder ein bis dahin unbekannter Weg religiöser Selbsterziehung deutlich würde, sondern in Christus tritt der Lebendige Gott an ihn heran und nimmt ihn in Sein Handeln auf. Nun steht Paulus in einem ganz neuen Lebensbezug – in jenem, den er später durch die immer wiederkehrenden Worte ausdrücken wird: »ich in Christus; Christus in mir.« Das bedeutet nicht, daß er aufhörte, sich selbst zu bemühen; seine Briefe beweisen das Gegenteil. Die ganze Kraft seines mächtigen Wollens und Erlebens kommt nun überhaupt erst richtig zur Auswirkung, aber in einer anderen Weise als vorher. Es geschieht »aus Glauben«; so, daß er dem in Christus herkommenden Gott vertraut, Ihm Raum gibt, sich von Ihm formen läßt.

Das meint vor allem, daß Gott selbst frei wird. Das Wort klingt töricht, trifft aber zu. In der allgemeinen religiösen Erfahrung ist Gott nicht frei. Wer ehrlich in sich selbst, in die Menschen um sich her und in die Geschichte blickt, nimmt wahr, daß der Eigenwille des Menschen, die beirrenden und niederziehenden Kräfte seines Innern, Unwahrhaftigkeit und Gewaltsamkeit nirgends so verhängnisvoll am Werke sind, wie in jenem Zusammenhang, den man gemeinhin »religiöse Erfahrung« und »religiöses Leben« nennt. Gewiß geht es darum letztlich um Gott; Sein Bild und Seine Forderung werden aber vom Menschen in den Dienst seines Eigenwillens gestellt. Was Kundwerdung des Göttlichen scheint, ist im Letzten oft nur eine Weise, wie der Mensch sich selbst bestätigt; was Gestalt des Göttlichen zu sein beansprucht, oft nur die Übersetzung des eigenen Wesens ins Absolute. Das scheint unmöglich, da Gott doch der Allvermögende ist, bildet aber die Konsequenz seines Willens, der Mensch solle eigene Initiative haben. Soll also Gott wirklich offenbar werden, dann muß er als objektive Gestalt hertreten und dastehen und mit einer Eindeutigkeit reden können, die von der tiefen Illoyalität des Menschen nicht in Frage gestellt werden kann. Das geschieht in Christus. Im Raum seiner Persönlichkeit und seines Lebens offenbart Gott sich so, daß gesagt werden kann, wer ihn sehe, sehe »die Herrlichkeit des Einziggeborenen vom Vater« und »den Vater« selbst (Joh 1,14; 14,9). Christus ist die leibhaftige Epiphanie Gottes; in ihm steht der verborgene Gott offen in der Geschichte[29]. Was Paulus widerfahren ist und sich immer neu vollzieht, sooft Einer glaubt, bedeutet, daß der Lebendige Gott – durch die Selbstsucht und Unredlichkeit der menschlichen Natur wenigstens nicht grundsätzlich niedergehalten – im Raum eines Menschendaseins aufleuchtet.

---

[29] Inwiefern auch die Offenbarung Gottes in Christus vom Eigenwillen des Menschen niedergehalten oder verzerrt werden kann, Er also einer Ordnung bedarf, welche seine Gestalt frei hält, nämlich der Kirche, ist eine Frage, die zu erörtern hier zu weit führen würde. Vergleiche Guardini, Die Offenbarung, 1940, S. 118 ff.

Akt und Inhalt der christlichen Freiheit

Hierdurch wird für den glaubenden Menschen selbst eine Freiheit neuer und endgültiger Art begründet. Wie im Voraufgehenden gezeigt wurde, besteht die aus dem Inhalt des Tuns kommende Freiheit darin, daß der Mensch in das rechte Verhältnis zum Seienden tritt, die Wahrheitskraft seiner Wesensgestalt erfährt, der Sinnmacht seines Wertes gerecht wird, ihm Raum im eigenen Leben gibt. Durch die Offenbarung nun gelangt der Mensch vor die Wesensfülle und Wertmacht, die Wahrheit und Heiligkeit Gottes. Sie kann vom Menschen durch eigene Kraft nicht erreicht werden, gibt sich ihm aber in der Offenbarung als Inhalt des Lebens. Sie wird aufgenommen durch die christlichen Urakte, die Paulus im dreizehnten Kapitel des ersten Korintherbriefes nebeneinanderstellt, »den Glauben, die Hoffnung und die Liebe«. Über sie reden alle jene Aussagen, welche von der Teilhabe am göttlichen Leben sprechen: die Botschaft vom Reiche Gottes, vom neuen Menschen und der neuen Welt, vom ewigen Leben, vom himmlischen Gastmahl und dem ewigen Lobgesang, von der Liebe, die nie vergeht, und so fort. Sie verkündet die Überwindung alles »Alten« in einem unendlich «Neuen«; Untergang und Wiedergeburt, Offen- und Fähigwerden für die heilige Fülle Gottes. Dadurch vollzieht sich auch die Befreiung schlechthin; das Eingehen in eine Weite, die von den oben besprochenen Räumen des Daseins her nicht erreicht, vielmehr von Gott selbst geöffnet werden muß und trotzdem allein jenes Ungenügen erfüllt, das, wie Augustinus sagt, der Schöpfer in den Menschen gelegt hat: »Zu Dir hin hast Du uns geschaffen, o Gott, und unser Herz ist unruhig, bis es Ruhe findet in Dir« (Conf. 1,1,1).
Paulus redet im Epheserbrief mit starken Worten von dieser Freiheit, wenn er vom Ratschluß der Erlösung spricht, der in Christus erfüllt ist, und von der »Zuversicht«, dem »Zutritt im Vertrauen«, den wir haben »durch den Glauben an Ihn«. Dann fährt er fort:

»Deshalb beuge ich meine Knie vor dem Vater ... daß er euch
geben wolle nach dem Reichtum seiner Herrlichkeit,
mit Kraft gestärkt zu werden durch seinen Geist am inneren
Menschen,
auf daß Christus durch den Glauben in euren Herzen wohne,
und ihr in der Liebe eingewurzelt und gegründet seiet,
damit ihr fähig werdet, mit allen Heiligen zu begreifen,
welches da sei die Breite und die Länge und die Höhe und die
Tiefe,
und zu erkennen die alle Erkenntnis übersteigende Liebe des
Christus,
auf daß ihr erfüllt werdet zu aller Fülle Gottes.«
(Eph 3,14.16-19).
Nicht nur die in dem Text ausgesprochenen Gedanken, sondern auch der mächtige Bogen des einzigen Satzes und das ihn durchwehende »Brausen des Geistes« lassen die gewaltige Räumigkeit und die alles endliche Maß übersteigende Wertfülle der heiligen Freiheit empfinden.
Die Offenbarung dieses Eigentlichen und Endgültigen enthüllt den Zustand, in welchem sich Mensch und Welt befinden, die Sünde. Diese bedeutet den Widerspruch gegen den heiligen Gott und dadurch das Eingeschlossensein in eine letzte Unwahrheit und ein letztes Unrecht. Wenn auch alle innerweltliche Wahrheit und alle irdisch-menschlichen Werte bestehen bleiben, so werden sie doch durch die Sünde in eine endgültige Unordnung gezogen, welche das Dasein in sich selbst verschließt und mitsamt allen Befreiungsmöglichkeiten, von denen die Rede war, in eine endgültige Knechtschaft versiegelt. Von ihr befreit erst die Offenbarung der Wahrheit und der Liebe Gottes in Christus, und in dieser eigentlichen Lösung bekommen alle vorletzten Befreiungen ihren rechten Ort. Wenn Augustinus in dem angeführten Satz von »Ruhe« redet, meint er die Sinnvollendung, die Endgültigkeit und den Frieden der Freiheit in Gott. Sie kann aber auch in der Form des Überflutens und Ausbrechens und des grenzenlosen Jubels erfahren werden; das angeführte Stück aus dem Epheserbrief,

ein aus dem Pneuma geborener Hymnus, legt davon Zeugnis ab.

So weit die zweite Seite der christlichen Freiheit, die vom Inhalt des Lebens bestimmte – wie steht es aber mit der des selbstgehörigen Aktes? Vor allem geschieht durch die Offenbarung und ihre Annahme im Glauben eines; es wird der Schein zerstört, als ob die Anfangskraft des Menschen dem, worum es hier geht, gewachsen wäre; als ob sie sich aus Eigenem zu ihm entschließen, zu ihm durchdringen und es erringen könnte. Indem der Glaubende Christus erkennt, erkennt er auch die eigene Ohnmacht. Damit löst sich der Trug des Anspruchs, der göttlichen Forderung aus eigener Kraft genügen zu können, und der Krampf des Willens, das Geforderte selbst leisten zu müssen. Das ist aber bereits Freiheit. Als Paulus das erkannte und annahm, muß es wie ein unendliches Aufatmen durch sein Wesen gegangen sein.

Bedeutet das aber nicht zugleich absolute Hoffnungslosigkeit? Das wäre der Fall, wenn der göttliche Lebensinhalt nur in der Form eines Sich-Zeigens und Forderns erschiene. In Wahrheit schenkt er aber, sobald er sich zeigt, auch die Fähigkeit der Aneignung; sobald er fordert, die Kraft der Erfüllung. Indem Gott sich offenbart, gibt Er auch das Auge, welches seine Wahrheit sieht; den Mut, der es mit Ihm wagt; die Liebe, die zu Ihm hinübergeht. Das hat Paulus in einer Weise erlebt, die ihn zum Propheten dieses Geheimnisses gemacht hat. Er hat erfahren, daß da etwas waltet, was Christus erkennbar macht; Ihn in die Seele trägt; den innersten Willen des Menschen mit Ihm verbindet. Die Macht, die das vollbringt, ist der Heilige Geist; sein Walten ist die Gnade. Der Geist bewirkt, daß Christus dem Glaubenden inne wird, und der Glaubende dem Herrn; und inne nicht nur im Sinne eines Erkennens und Liebens, sondern eines Lebens und Seins. Die Botschaft vom christlichen »In« kehrt bei Paulus immer wieder. Es ist seine letzte Formel für die erlöste Existenz. Den vielleicht vollkommensten Ausdruck davon enthält der Galaterbrief, wo er sagt: »Ich lebe, doch nicht mehr ich, sondern es lebt in mir Christus« (2,20).

Das bedeutet nicht, im christlichen Dasein würde das menschliche »Ich« ausgestrichen, und Christus träte an dessen Stelle, sondern ebendarin, daß Christus in mir lebt, werde ich überhaupt erst wirklich Ich-selbst – jenes Ich-selbst, das Gott gemeint hat, als er mich schuf – und es erwacht in mir die eigentliche Kraft des Anhebens, der Entscheidung und Selbstverwirklichung. Es ist ein Bezug, dessen Geheimnis bei Johannes noch deutlicher wird, wo Christus sagt: »Das Wasser, das ich [dem Glaubenden] geben werde, wird in ihm ein Quell werden jenes Wassers, das hervorquillt zu ewigem Leben« (4,14). Das Wirken des Geistes ist nicht so, daß er die göttliche Flut über den Menschen ergösse, und dessen Ich darin unterginge, sondern durch das heiligende Ergießen öffnet sich im Menschen selbst ein Quell, der ganz geschenkt, ganz Quell des Gotteslebens ist, aber im Menschen entspringt und so ihm gehört. Es ist das Geheimnis heiliger Anfangskraft, welches Gabe Gottes ist, aber ebendadurch das Eigenste des Menschen bildet. Damit geht das Phänomen der Freiheit in das der Begnadung über, denn Gnade ist eben Jenes, das Gott schenkt; das aber dem Beschenkten tiefer zu eigen wird als alles, was zu seiner ersten Natur gehört[30].

Wie steht also im christlichen Dasein die menschliche Initiative zur göttlichen? Die Frage taucht in der Geschichte des christlichen Denkens immer wieder auf. Sie hat vielerörterte Antworten erhalten. So die pelagianische, welche den Schwerpunkt des Verhältnisses ganz in der menschlichen Initiative sieht. Die Gnade hat dann nur die Funktion, diese zu befreien, zu klären und zu stärken. Dieser Antwort steht im scharfen Widerspruch die reformatorische gegenüber, wonach die menschliche Initiative durch die Sünde vollkommen verdorben ist und zum Heiligen in gar keinem Verhältnis mehr steht, so daß alles bei der göttlichen Initiative liegt, die menschliche aber nichts tun kann, als in einem radikalen Glauben sich

---

[30] Dazu weiter unten S. 124–133.

Gott ausgeliefert zu wissen ... Der Gegensatz wirkt sich aber auch in einer maßvolleren, den lebendigen Zusammenhang aufrecht erhaltenden Form aus, so in den durch Jahrhunderte gehenden Auseinandersetzungen zwischen Molinismus und Thomismus. Beide halten daran fest, daß im Entstehen sowohl wie im Bestehen und Sich-Entfalten des Glaubensverhältnisses Gottes Initiative alles trägt, doch der Mensch selbst und als solcher ebenfalls tätig ist, indem er sich dem Glauben nähert, sich vor ihm entscheidet, in ihm lebt, ausharrt und handelt. Innerhalb dieser Einheit bestimmen aber die beiden Schulen Art und Maß des Zusammenwirkens in verschiedener Weise, so zwar, daß die erste mehr um die Eigentätigkeit des Menschen, die zweite um die Allwirksamkeit der Gnade besorgt ist. Diese Diskussionen fördern Wichtiges zu Tage; nehmen aber, um zur Frage zu gelangen, wieviel der einen oder anderen an Wirkraum und Leistung zukomme, die göttliche und die menschliche Initiative zu sehr als gesonderte Momente.

Bedenkt man das Ganze der Lehre Jesu, dazu die Art, wie er die Menschen anruft, sie verantwortlich macht, zur Demut mahnt und wieder ermutigt, dann besteht kein Zweifel, daß alles, was zum Heil gehört, Gnade ist, Gabe und Wirksamkeit des erlösenden Gottes; ebensowenig aber, daß die Menschen mit der ganzen Freiheit und Leistungskraft ihres Eigenwesens in diesem Verhältnis zum allwirkenden Gott stehen. Hier kann man nicht trennen noch messen, vielmehr liegt, wie noch ausführlich gezeigt werden soll, das Eigentümliche des Verhältnisses ja gerade darin, daß der Mensch durch das Walten Gottes zu sich selbst kommt und frei wird; daß umgekehrt Gottes Wirken die Bereitschaft des Menschen voraussetzt und sich in dem Maße entfaltet, als dieser sich öffnet und mitgeht.

Jesus sagt den Hörern, daß Gott ruft, wen Er will, und begabt, wie Er will (Mt 20,1-16); mit der gleichen Selbstverständlichkeit macht er aber auch das Heil von ihrer Entscheidung abhängig (Mk 16,16), richtet an sie die ungeheuren Forderungen der Bergpredigt (Mt 5-7) und läßt in der Gerichtsrede das Urteil des Richters über den ewigen Sinn eines Menschen-

lebens sich auf Grund der Frage vollziehen, ob dieser Mensch Barmherzigkeit geübt habe (Mt 25,31-46); wie es denn auch ganz in seinem Sinne ist, wenn gesagt wird, er habe »ihres Unglaubens wegen« keine Wunder tun »können« (Mt 13,58; Mk 6,5). Beides ist wahr und richtet sich auf die unlösliche Einheit des Verhältnisses, worin die Initiative Gottes alles ist, durch sie aber die des Menschen ganz frei und mächtig wird. Der Mensch ist aufgefordert, sich vor der Erlösungsbotschaft zu entscheiden. Daß die Botschaft erfolgt ist, daß er sie gehört und sie ihn berührt hat, war Gnade, und Gnade ist es, wenn er sich öffnet und glaubt – diese Entscheidung bildet aber zugleich seine eigenste Tat und Verantwortung, so daß Jesus sagen kann: »Jerusalem, Jerusalem ... wie oft habe ich deine Kinder um mich sammeln wollen, wie eine Henne ihre Küchlein unter ihre Flügel sammelt, ihr aber habt nicht gewollt!« (Mt 23,37). Und beides nicht nebeneinander, als äußere Kooperation, sondern ineinander, in der unlöslichen Einheit eines einzigen existentiellen Vorgangs. Ebenso ist der Mensch aufgefordert, im Glauben zu leben, in Jesu Nachfolge die Metanoia der Gesinnung und des Denkens sowohl wie der Umformung der ganzen Lebens- und Seinsgestalt zu vollziehen. Alles das kann nur durch die Kraft der Erlösung geschehen, wie Jesus ausdrücklich sagt: »Ohne mich könnt ihr nichts tun« (Joh 15,5); zugleich ist aber auch die ganze Eigenkraft des Menschen aufgerufen, und er soll durch Übung, Überwindung und Loslösung zu immer größerer und reinerer Realisation der christlichen Forderungen aufsteigen.
Diese Realisation enthält auch das Wachstum in der Freiheit des Geistes und Herzens. Darauf deutet unter einer bestimmten Rücksicht Paulus hin, wenn er mahnt: »Die Zeit drängt, und hinfort gilt es, daß jene, die Frauen haben, seien, als hätten sie keine; jene, die weinen, als weinten sie nicht; die sich freuen, als freuten sie sich nicht; die kaufen, als besäßen sie nicht« (1 Kor 7,29f). Es ist der Zustand, in welchem der Glaubende durch Gottes Gnade, aber auch durch Großmut, Zucht und Opfer von allem Geschaffenen unabhängig, für Gottes

Wahrheit und Wertfülle ganz offen und Herr seiner ganzen Anfangskraft ist[31].

Der eschatologische Charakter der christlichen Freiheit

Christliche Freiheit bedeutet also, daß der Mensch Christus zu Gesicht bekommt und in Ihm den bis dahin verborgenen Le-

---

[31] Auch die geistlichen Meister sprechen von dieser Freiheit mit hohen Worten. An Stelle der bekannten mag hier ein Stück aus einem wenig gelesenen Schriftsteller folgen. Es ist das achte Kapitel der Selbstgespräche des Gerlach Petri (1378-1411), übersetzt von N. Casseder, Frankfurt a.M., 1824, S. 22-24.
»1. Ist es euch unbekannt, spricht die gottförmige Braut im Geiste der Wahrheit, daß es mir gegeben ward durch die Gnade, mich, da ich entlediget war aller Bilder und Vorstellungen, ganz reinen und entblößten Gemüthes zu stellen vor das Angesicht der ewigen und unveränderlichen Wahrheit, des immer sich gleichen Wesens, das immer ist, was Es ist, das allein wahrhaftig ausgehet in Alles, und ewig doch und immer in sich ganz bleibet?
2. Und nicht allein das vermag sie, die gottförmige Seele, sie erhebet sich auch über alle Gestalten der Dinge und durchbricht sie, denn sie schauet in jedem Geschaffenen das, was göttlich in ihm und übernatürlich ist; sie wird nicht gehindert durch die zeitliche Gestalt der geschaffenen Dinge; sie bleibt immer rein und ihrer ledig; sie erblicket in dem Vergänglichen nicht das Vergängliche, nicht dessen Nichtigkeit, vielmehr sieht und findet sie in allem und jedem Gott, in dem Kleinsten wie in dem Größten; und so kann nicht leicht etwas ihr Inneres beschädigen, oder sonst zu ihrem Nachteile vergestalten ...
3. Und das ist die heilige und wahre Freiheit des Gemüthes, und zwar erstens, weil sie nichts liebet in dieser Welt, nichts suchet, nicht Ehre, nicht Achtung, nicht eigenen Vorteil noch Gewinn, weder zeitlichen noch ewigen, weil das, was sie Pflicht und Noth halber thuet und thuen muß, nicht ihr eigentliches Leben ist, weil sie nicht zur Ungebühr hanget an irgendeinem Dinge, noch es verlanget und darnach trachtet, denn entbehren könnte sie ohne Schmerz Alles und Jeden, was sie gegenwärtig scheinbar besitzet, die Wahrheit bedarf keines Dinges, und nichts schmälert oder verfinstert ihr Licht. Zweitens weil ihr nichts schwer ist, sie weiß nichts vom Ungemach, sie fürchtet es nicht, sie zittert nicht vor Mühe und Schmerzen.
Und sind diese nicht wirklich vorhanden, oder schon vorübergegangen, so denket sie nicht weiter daran, sie fürchtet eben so wenig die etwa kommenden, noch weniger erträumet sie sich dergleichen; tadele sie, beschimpfe, verkleinere sie, sie wird nicht berührt, sie weiß nichts von leerer unnötiger Scham, von allen diesen Begegnissen nimmt sie nur soviel für sich auf, wie viel dessen ihr die Wahrheit befiehlt, oder selbst ihr zeiget, und nicht mehr.«

bendigen Gott erkennt; daß er den Anruf vernimmt, glaubend in den Raum Christi hinübergeht und dort der Wahrheit und des Lebens Gottes teilhaftig wird; daß er das alles aus der Gnade des Heiligen Geistes tut, sich vom eigenen Anspruch löst, ebendamit aber ganz er selbst wird. Im übrigen geht das irdische Leben mit allem, was dazu gehört, weiter. Christliche Freiheit bedeutet nichts Magisches oder Übersteigertes, sondern ist durchaus realistisch. Alle Tatsachen der natürlichen Wirklichkeit bleiben; in ihnen wird aber eine neue Realität wirksam, und eine neue Möglichkeit öffnet sich und bleibt offen. Alles Irdische kann zum Hinüberschritt werden, so daß »denen, die Gott lieben, alles zum Besten gereicht« (Röm 8,28). Das alles ist ganz nüchtern, übersieht nichts von den Unzulänglichkeiten, Verworrenheiten und Beengungen des Daseins, hofft aber auf die Erfüllung und hat die Geduld, auszuharren.

So ist es auf die Zukunft ausgerichtet; eine Zukunft, die nicht aus der Geschichte selbst hervorgeht, sondern von dem gleichen Christus kommt, der die Offenbarung gebracht hat. Im Letzten reicht auch die Freiheit – wie das ganze christliche Dasein – ins Eschatologische. Christliche Freiheit ist nichts Fertiges, sondern werdend. Schon von der natürlichen Freiheit mußte betont werden, daß sie kein fertiger Apparat, sondern etwas Lebendiges ist und also im beständigen Tun, Bilden und Überwinden verwirklicht werden muß. Das gleiche gilt, und in neuer Weise, von der christlichen. Auf sie trifft alles zu, was Paulus vom neuen Menschen sagt, der in der beständigen Überwindung des alten heranwächst; in einer fortwährenden Realisation der Wiedergeburt, welche durch Glaube und Taufe grundgelegt worden ist. Durch das alte Dasein, durch Sünde, Trug und Verworrenheit wird die neue Freiheit aber immer wieder verdeckt, verleugnet, gehemmt, gestört. Das bedeutet durchaus nicht, wie der extreme Eschatologismus meint, auf Erden und in der Zeit bleibe alles im Alten, und das Neue könne nur in einem paradoxen Glauben an einen ganz andersartigen Endzustand erhofft werden. Die neue Freiheit ist schon jetzt da; sie ist in der Taufe erwacht und wächst im täglichen christlichen Leben. Aber sie ist unvollkommen und schwach. Über ihr liegt die Hülle des Widerspruchs, und auch für sie muß die endgültige Offenbarung und Vollendung kommen. Das geschieht durch Christus. Wenn Er wiederkommt, der Geschichte ein Ende zu setzen und sie zu richten, wird sich die eigentliche Befreiung vollziehen: die Befreiung des Menschen, und durch den Menschen die aller Dinge.

Dann wird die Freiheit, jetzt verhüllt und verleugnet, offenbar, und die ganze Welt wird in sie hineingezogen werden. Darüber wäre vieles zu sagen, vor allem durch eine Interpretation der Apokalypse. Unsere Untersuchung soll aber bei Paulus bleiben und mit den Worten des Römerbriefes schließen, welche, wie so manche paulinischen Worte, bereits im Keim enthalten, was dann bei Johannes voll zu Tage tritt[32].

»Denn ich halte dafür, daß die Leiden dieser Zeit nichts wiegen gegen die Herrlichkeit, die sich einst an uns offenbaren soll. Wartet doch das Harren der Schöpfung auf die Offenbarung der Söhne Gottes. Denn die Schöpfung war der Nichtigkeit unterworfen – nicht durch ihren eigenen Willen, sondern durch den Willen Dessen, der sie unterworfen hat. [Das war der Fluch, der auf die Sünde folgte; doch war dieser Fluch mit einer Hoffnung verbunden; und zwar lebte die Schöpfung] auf die Hoffnung hin, daß auch sie, die Schöpfung, vom Dienste der Verwesung befreit werden solle zur [einstigen] Freiheit der Herrlichkeit der Kinder Gottes. Wissen wir doch, daß die ganze Schöpfung mit [uns] seufzt und mit [uns] in Wehen liegt bis zur Stunde. Ja es ist nicht nur so, sondern wir selbst, die wir die Anfangsgabe des Geistes haben, [sind nicht vollendet, sondern] seufzen in uns selber, wartend auf [den Eintritt in] unsere Sohnesrechte, auf die Erlösung unseres Leibes. Denn vorerst sind wir nur in Hoffnung gerettet; Hoffnung aber [deren Erfüllung] gesehen werden kann, ist keine Hoffnung.

---

[32] Das in Klammern Stehende sind interpretierende Zusätze des Verfassers.

Denn was man [schon] sieht, wozu soll man [noch] darauf hoffen? Wenn wir aber wirklich hoffen, auf das, was wir nicht sehen, so wollen wir harren in Geduld« (Röm 8,18-25).

Die Beziehung der christlichen Freiheit zur natürlichen

Im Zusammenhang mit den soeben geführten Überlegungen wäre nun noch die Frage zu stellen, welchen Einfluß die christliche Freiheitshaltung auf die natürliche habe, was sie für die Entfaltung der Persönlichkeit wie für die Förderung des Menschenwerkes bedeute. Das kann hier nicht in ausführlicher Weise geschehen, weil es den Rahmen unserer Schrift überschreiten würde. Wir beschränken uns daher auf einige Überlegungen und Hinweise[33].

Daß Freiheitswille und Freiheitskraft durch ein in Ernst und Überzeugung geführtes christliches Leben entwickelt werden, ist nicht zweifelhaft. Die Beziehung auf den Lebendigen Gott gibt der Existenz einen beständig wirksamen Stützpunkt, von dem aus sie sich selbst über sich hinausheben kann. Sie löst den Bann des unmittelbaren Daseins: der Natur mit ihren Mächten, der menschlichen Gemeinschaft mit ihrer Gewalttätigkeit, des geistig-kulturellen Lebens mit der Tyrannei seiner Wertungen. Die Hemmungen im eigenen Innern lockern sich, die Dinge erscheinen in ihrem wahren Wesen und Gewicht, die Kraft der Überwindung wächst.

---

[33] Systematisch entwickelt, würde daraus der zweite Teil jener Untersuchungen entstehen, deren ersten Teil man mit dem Namen der »natürlichen Theologie« zu bezeichnen pflegt. Letztere fragt nach jenen Momenten, die in der Natur der Welt und des Menschen auf das hinweisen, was über der Welt und über dem Menschen ist, nämlich Gott und die Möglichkeit seines Handelns. Der angedeutete zweite Teil würde von der im Glauben aufgefaßten Offenbarung ausgehen und fragen, was diese für das unmittelbare Dasein der Welt und des Menschen, für sein Verständnis und seine Klärung bedeuten.

Ja, was Freiheit letztlich bedeutet, nämlich in der Herrschaft über die eigene Handlung sich selbst zu gehören, wird in Wahrheit erst vor Gott verwirklicht, denn der Mensch ist endlich, endliches Sein bedeutet aber Sein vor Gott. Sobald der Mensch nicht bereit ist, vor Gott zu existieren, verfällt er entweder der Verführung der Natur und verzichtet auf seine Personalität, um im Leben der Gattung beziehungsweise im Zusammenhang des Weltganzen aufzugehen, wie das der Naturalismus in all seinen Formen tut – oder er behauptet wohl seine Freiheit, übersteigert sie aber ins Absolute und setzt sich Gott gleich, wie das im Pantheismus des Mittelalters und in der neuzeitlichen Philosophie, besonders im Idealismus immer wieder geschehen ist.
Damit wird aber die echte Freiheitshaltung zerstört, denn sie enthält einerseits den Mut zum wirklichen Freisein mit allem, was es an Verpflichtung und Gefahr mit sich bringt, anderseits die Bescheidung in die Endlichkeit, welche nur unter Gott und vor Gott rein möglich ist.

Die neuzeitliche Ethik behauptet, wenn der Mensch dem Gebote Gottes gehorche, werde er heteronom, fremdhörig; das Wesen der Freiheit aber bestehe in der Autonomie, der reinen Eigengehörigkeit. Diese Behauptung bestimmt Freiheit als absolute Freiheit; setzt also die menschliche Freiheit mit der göttlichen gleich. Träfe das zu, dann würde der Gehorsam gegen Gott allerdings die Freiheit des Menschen aufheben. In Wahrheit ist aber Gott allein Gott, der Mensch hingegen Sein Geschöpf. Die Freiheit des Menschen ist geschaffen; so verwirklicht sie sich grundlegenderweise vor Gott und im Gehorsam gegen Ihn – um so mehr, als Er ja nicht nur der Schöpfer des Seins, sondern auch der Grund der Wahrheit und die Wurzel des Guten ist, so daß der Gehorsam gegen Ihn nicht Unterwürfigkeit gegen die überlegene Macht, sondern Tun des einfachhin Rechten bedeutet.
Was näherhin die angebliche Heteronomie angeht, so ruht ihre Behauptung auf einem tiefen Irrtum über Gott, nur möglich,

wenn der Mensch des Umganges mit Ihm entwöhnt ist. Und zwar besteht der Irrtum in der Meinung, Gott sei ein ἕτερος, »ein Anderer«. Bei jedem Wesen sonst trifft zu, daß es, da es nicht ich, ebendamit ein Anderes ist, so daß ich, wenn ich ihm gehorche, einem Anderen gehorche. Bei Gott ist es nicht so, bei Ihm allein nicht, und diese Tatsache bestimmt geradezu Sein Wesen. Ganz gewiß ist Gott nicht ich; das zu behaupten, bildet den Irrtum des Monismus. Was aber zu diesem Irrtum führt, ist das Mißverständnis einer Wahrheit: daß er nämlich nicht »ein Anderer«, sondern Jener ist, in welchem meine Existenz begründet, meine Wahrheit urgebildet, der Sinn meines Daseins enthalten ist. Wenn ich erkennend, liebend und handelnd zu Ihm komme, finde ich in Ihm mich selbst. So bedeutet Gott gegenüber Gehorchen zunächst die Anerkenntnis, daß ich nicht im absoluten Sinn Herr meiner selbst bin, vielmehr die letzte Instanz meines Handelns in Ihm liegt; es bedeutet aber auch die Überwindung meiner Uneigentlichkeit, weil ich, gehorchend, meinem wahren Wesen gemäß handle, also, richtig verstanden, Gott gehorchend recht eigentlich in mir selbst stehe[34].

Oben wurde gesagt, die Freiheit entfalte sich im rechten Verhältnis zur Wirklichkeit, in der Realisation der Wahrheit und des Guten – was bedeuten dafür Offenbarung und Glaube? Helfen sie dem Menschen, an das Wesen der Dinge heranzukommen? Geben sie ihm Kraft und Sicherheit zu jenem Herrentum, das ihm zugleich gewährt und auferlegt ist? Zunächst wird an eine geschichtliche Tatsache erinnert werden müssen, die in der Diskussion über die Kulturbedeutung des Christentums oft übersehen wird: daß erst das Christentum den ungeheuren Vorstoß des abendländischen Menschen zur Herrschaft über die Welt möglich gemacht hat. Die Behauptung klingt ungewohnt, denn es ist fast zum Dogma geworden, der Mensch sei erst in dem Maße, als er sich von den Bindungen

---

[34] Dazu Guardini, Welt und Person, 1940, S. 20ff [Mainz/Paderborn ⁶1988, S. 24-36].

des Christentums gelöst habe, zur Freiheit des Erkennens und Handelns gelangt. In gewissen Schichten des historischen Vorgangs trifft das auch zu, denn jener Vorstoß ist größtenteils im Widerstand gegen die christlich-kirchliche Tradition oder abseits von ihr vollzogen worden. Dabei hat er aber eben diese Tradition vorausgesetzt. Erst die Botschaft und das Werk Christi hatten dem Glaubenden einen Standort gegeben, der einerseits nicht in die Welt eingefangen, anderseits in ihr wirksam war, und damit eine Freiheit, die vorher nicht hätte verwirklicht werden können. Diese war zunächst religiöser Art, wirkte aber in das ganze seelisch-geistige Leben hinein. Durch sie gewann der Mensch jene innere Unabhängigkeit von der Natur, jene Möglichkeit des Wagens und Zugreifens, aus denen die wissenschaftliche, künstlerische, technische Kultur der Neuzeit hervorgegangen ist.

Der Mensch, der den Glauben verlassen hatte, blieb zunächst noch durch die im christlichen Dasein gewonnenen Kräfte und Haltungen behütet. Es ist aber eine schwere Frage, was aus dem Unternehmen der Neuzeit und der vor uns liegenden, noch nicht benannten, geschichtlichen Epoche wird, wenn der Halt des gläubigen Standortes und die Hut der christlichen Lebensordnungen immer mehr verloren gehen. Der neuzeitliche Mensch denkt in Dingen des Lebens oft erschreckend primitiv. Wirkliche Freiheit ist etwas sehr Komplexes; Ergebnis von Initiative und Bindung, Augenblick und Tradition, Selbstbehauptung und Verzicht. Sie setzt Ordnung voraus, äußere und vor allem innere, existentielle – steht aber der neuzeitliche Mensch in einer solchen? Wie, wenn er bisher immer noch aus der Nachwirkung der alten Ordnungen gelebt hätte, in dem Maße aber, als diese verschwinden, auf ein Chaos zuginge, das nicht nur in Mängeln der Organisation, sondern in einer Verwirrung der Grundelemente des Daseins bestünde?

Der frühere – antike wie mittelalterliche – Mensch war in die unmittelbare Ordnung der Dinge eingefügt. Seine Macht über die Natur ging nicht wesentlich über die unmittelbaren Möglichkeiten seiner körperlich-geistigen Organe hinaus. Die

Strukturen der Natur wurden von ihm nicht wesentlich geändert, und das ist es, was der alten Kultur ihren eigentümlichen »natürlichen« und »humanen« Charakter gibt. Diese Natur- und Menschengemäßheit ging verloren, als er lernte, auf Grund exakter Einsichten und Methoden die Strukturen der Natur aufzulösen und ihre Stoffe und Energien für beliebige Ziele verfügbar zu machen. Nun trat eine andere Seite seines Wesens heraus, der »inhumane« Mensch, welcher der Natur nicht ehrfürchtig-gehorchend, sondern rücksichtslos-beherrschend gegenübersteht, und die alte Welt zerfiel[35].
Damit hat er die bisherige Daseinsbasis verlassen und sich ins Beliebige und Ungeschützte gewagt. Er löst auf, setzt zusammen, verwendet, konstruiert, vom Willen geleitet, absoluter Herr seiner selbst und der Welt zu sein und ein Werk aufzubauen, welches nicht mehr, wie das frühere, die ursprünglichen Strukturen der Natur fortsetzt oder umformt, sondern eine autonome Gestaltung seines Geistes bildet. Derselbe Mensch hat sich auch von der Offenbarung gelöst. Ihre Wahrheit ist ihm nicht mehr Norm seines Lebens. Wenn er aber seit einiger Zeit begonnen hat, unter Berufung auf die Frömmigkeit vor- und außerchristlicher Kulturen wieder von »Göttern« zu sprechen und nach einer Religion des bloß irdischen Daseins zu suchen, dann vergißt er, daß alle Götter, die wir kennen, die alte, weder wissenschaftlich noch technisch aufgebrochene Natur und das entsprechende Verhältnis zu ihr

---

[35] Das macht jede Zerstörung eines alten Kulturwerkes zu einem so wesentlichen Verlust. Es ist Ausdruck und Lebensraum des humanen Menschen und kann vom späteren nicht mehr hervorgebracht werden. Der humane Mensch gehört aber zur menschlichen Ganzheit und muß, wenn sie nicht zerbrechen soll, ermutigt werden. In ihm liegen die erhaltenden und heilenden Kräfte des Menschenwesens; auf ihn bezieht sich die Sehnsucht des Verlorenhabens und die Hoffnung des Wiedergewinnens. Dieser Mensch bedarf der alten Werke und Gestalten. Sie erinnern ihn an sich selbst. Sie helfen ihm, zu sich zu kommen. Wenn sie zu Grunde gehen, ist das kein bloß ästhetischer oder antiquarischer, sondern ein existentieller Verlust. Sehr tief und richtig hat Rilke in der neunten Duineser Elegie von diesen Dingen gesprochen. (Vergleiche auch Guardini, Zu Rainer Maria Rilkes Deutung des Daseins, 1941, S. 131f.

voraussetzen. Gibt es aber andere? Ich vermute, nachdem einmal der Mensch, durch die Freiheit der Erlösung befähigt, die volle Herrschaft über die Natur angetreten hat, sind keine Götter mehr möglich[36]. Was bleibt, ist nur die Wahl zwischen dem Lebendigen Gott der Offenbarung und der Selbstvergottung des mit sich und der Welt alleinstehenden Menschen – falls nicht auch das nur ein Zwischenstadium ist und in Wahrheit alles auf einen nackten Empirismus hinausläuft[37]. Wenn es aber den Schöpfer und Herrn der Welt wirklich gibt, und seine Geschöpfe der Herrschaft des Menschen letztlich nur gehorchen, solange er selbst seinen Herrn erkennt? Wenn all die scheinbare Herrschaft im Letzten Willkür ist? Müssen sich dann nicht die Natur der Dinge sowohl wie seine eigene Natur auf eine furchtbare Art am Menschen rächen und ihn, während er ihr Herr zu sein glaubt, zum Knecht, vielleicht zum Spielball ihres Hohnes machen?

Das sind Fragen, welche durch das Dogma von der Selbstherrlichkeit des Menschen niedergehalten werden; das Innere fühlt sie aber, und die Sachwalter des Lebens, Erzieher und Ärzte, beginnen zu mahnen, man könne nicht tun, als sei das Dasein in Ordnung, wenn es das in Wahrheit nicht ist. Der Mensch

---

[36] Nur ursprüngliche Daseinsphänomene scheinen das Welthaft-Numinose aufnehmen zu können. Es gibt die Gottheit der Sonne, aber nicht der elektrischen Birne; die der Frucht, aber nicht des Nährmittels; die des Flusses, aber nicht der chemischen Verbindung H_2O. »Götter« halten die Rationalisierung und Technisierung nicht aus; das kann nur – und es soll in Ehrfurcht gesagt sein – der Lebendige Gott, welcher Herr und Richter auch der Vernunft und der Technik ist ... Oder soll man sagen, in der technisierten Welt, in autonomer Wissenschaft, Maschine und Planung könne sich wohl eine Numinosität offenbaren, aber die der absoluten Dämonie? Während die Numina der alten Welt im Advent standen, und die Möglichkeit hatten, der Offenbarung des Lebendigen Gottes zu dienen, müsse ein solches Numen eine Empörung gegen den Herrn der Welt bedeuten, die sich jeder Bekehrung verschließt?

[37] Dessen Gefahr bestünde dann nicht nur im Mangel an religiösen Sinngebungen und Lebensordnungen, sondern auch darin, daß die zum Wesen des Menschen gehörigen religiösen Kräfte und die nun einmal vorhandene religiöse Valenz der Welt keinen Ort mehr fänden. Die Diktatur des Menschen über die Welt würde dann bedeuten, daß neben einer alles ergreifenden Rationalität und Technik eine ortlose Numinosität ihr Wesen triebe, deren Wirkungen nicht abzusehen wären.

hat die volle Herrschaft über die Welt nur antreten können, weil die christliche Freiheit ihn dazu befähigt hat. Daß er das getan, war in Ordnung; es entsprach dem Auftrag, der der neuen Epoche gestellt war. Diesen Auftrag kann er aber nur dann richtig durchführen, wenn er jene Freiheit, die Sicherheit ihres Standortes und die Wahrheit ihres Seinsverhältnisses behält.

Die Realisation der Werte, die Eroberung der Wirklichkeit, die Schaffung des Werkes geschieht nicht einfachhin, so, daß der Mensch als fertiger, aktionsbereiter Apparat an das Objekt angesetzt würde und dann eben arbeitete, sondern in jenem Denken, Erobern und Schaffen lebt er, mit Trieb und Herz, mit Geist und Gewissen, geht er von einer Konsequenzen bringenden Entscheidung zur anderen, »existiert« er. Das heißt aber, daß jenes Denken, Erobern und Schaffen selbst in einem Maße, von welchem die Primitivität des Fortschrittsglaubens nichts ahnt, durch die verborgenen Tendenzen dieses Existierens gelenkt wird. Welcher Art sind die Tendenzen? Wie ist das Innerste des Menschen gesinnt?

Die unabdingbare Voraussetzung alles geistbestimmten Lebens ist der Gehorsam gegen die Wahrheit, der Wille zur Wesensgerechtigkeit. Nur daheraus blickt das Auge richtig, steht das Handeln in der Ordnung, und wird das Werk so geschaffen, wie es sein soll. Fehlt diese Voraussetzung, dann wird im Letzten alles schief. Etwas im Menschen will aber nicht Gehorsam, sondern Herrschaft; und nicht jene, die selbst im Gehorsam gegen den Herrn der Schöpfung steht, sondern die absolute Gewalt über die Welt, die Diktatur. Dieser Wille wirkt in alles hinein; daher kann es geschehen, daß sich eine unabsehliche Menge von Wissen, Können und Leisten, eine Werkgestalt von ungeheuren Maßen auftürmt, und das Ganze doch im Innersten verkehrt wird. Und so ist es auch. Der neuzeitliche Mensch fühlt – der wache bewußt, der unreflektierte in der Form einer tiefen Unzufriedenheit –, daß er Schaden leidet an allem, am Leibe, an der Seele, am Herzen, am Geiste. Er fühlt, daß die rechtfertigenden Sinngebungen fehlen, die Beziehungen von Mensch zu Mensch unzuverlässig sind, die Worte leer werden, das Werk nicht stimmt. Er fühlt eine wachsende Heillosigkeit.

Das ist weder Kulturpessimismus noch Romantik, sondern einfache Wahrheit, und es wäre sehr töricht, zu tun, als müsse es so sein. Der Mensch kann nicht mehr einfach »weitermachen«, ohne nach den Voraussetzungen des rechten Lebens zu fragen. Der Weltzustand seit dem ersten Weltkriege ist dadurch charakterisiert, daß das Feld des menschlichen Daseins sich geschlossen hat, übersehbar geworden ist, überall die Planung fordert. »Planung« aber bedeutet nicht nur, daß die politischen, wirtschaftlichen, soziologischen Möglichkeiten richtig festgestellt und verwendet werden, sondern auch, daß man nach den Voraussetzungen aller Richtigkeit fragt. Deren erste besteht in der Urwahrheit, daß der Mensch wohl, als Ebenbild Gottes, fähig ist, über die Welt zu herrschen (Gen 1,26), aber im Gehorsam gegen den Herrn alles Geschaffenen. Der Autonomismus der Neuzeit hingegen sagt: Was vorher als Vorrecht des höchsten Wesens verehrt wurde, die Herrschaft über die Welt, die Vorsehung, das Richten über Gut und Böse, die Begründung der Werte – das alles geht jetzt an den Menschen, an die Welt, an die Erde über. »Gott« war einmal nötig, weil der Mensch nicht reif war. Er war die Form, in welcher der noch kindliche Mensch seine eigene Macht anschaute, weil er sie anders nicht hätte ertragen können. Jetzt ist der Mensch mündig geworden; so bildet »Gott« für ihn das Hindernis schlechthin auf dem Wege zur vollen Selbstwerdung[38]. Wie aber, wenn das Unwahrheit und Hybris ist? Wenn Gott Gott bleibt und der Mensch Mensch?

In alledem handelt es sich nicht um irgendeine Metaphysik, welche das wirkliche Dasein nichts anginge, sondern um die letzten Bedingungen eben dieses wirklichen Menschendaseins,

---

[38] Der Gedanke wird im Zusammenhang des Schicksalsproblems noch einmal aufgenommen, siehe S. 231-238.

die in alles hineinwirken, bis in die einfachsten Weisen, wie der Alltag geordnet wird. Von hier aus fällt die Entscheidung über die letzte Richtigkeit oder Verkehrtheit von Allem; über Heil oder Unheil im umfassendsten Sinne des Wortes. Damit ist aber wieder eine Antwort auf die oben gestellte Frage gegeben. Offenbarung ist jener Vorgang, in welchem Gott sich selbst und damit den Zustand der Welt enthüllt. Sie ist Gericht und zugleich Gnade und Neubeginn. So bildet die Stellungnahme zu ihr die Entscheidung einfachhin, auch über die Möglichkeit echter Freiheit. Diese verkehrt sich in Unfreiheit, sobald die Herrschaft über die Welt selbst nicht in der rechten Ordnung steht.

Man kann die Aufgabe des Lebens so formulieren, daß man sagt, sie bestehe in der Verwirklichung der Werte. Das Wort ist nicht idealistisch, sondern als Ausdruck für den Sinngehalt des Daseins gemeint. »Wert« ist das, was ein Seiendes würdig macht, zu sein, und eine Handlung würdig, getan zu werden. Der Wert liegt im Seienden selbst, als dessen Wesens- und Sinngehalt; er steht aber auch über ihm, als die Norm, an welcher es gemessen wird. Letztlich meint »Wert« den das Wesen und den Sinn des Seienden begründenden schöpferischen Gedanken Gottes. Von den Werten zu reden, bildet also eine verkürzte Form, von der Eigentlichkeit des Seins zu reden.
Jeder echte Wert trägt seine Sinnmitte in sich selbst. »Stärke« ist eben Stärke und, weil ein Urphänomen, von nichts anderem abzuleiten. So kann der Mensch sie nur aus ihr selbst heraus verwirklichen, indem er »stark« handelt und wird. Zugleich besteht aber die Tatsache, daß der Mensch im wesensgerechten Sinne nur dann stark bleibt, wenn er zugleich gerecht ist. Gerechtigkeit ist etwas anderes als Kraft, hat ihr eigenes Sinnzentrum und kann nur von dorther verwirklicht werden; sobald aber der Mensch Kraft will ohne Gerechtigkeit, verändert sie sich. Sie wird zur Gewalttätigkeit, zur Brutalität, und in ihr bildet sich ein Hohlraum von Schwäche. Ebenso wie umgekehrt die echte Gerechtigkeit nur dann ihr

Wesen wahrt, wenn sie vom Starkmut getragen wird, andernfalls sie sich in Unsicherheit und Willenlosigkeit verkehrt ... Nützlichkeit ist eben Nützlichkeit und bedeutet, daß eine Handlung auf einen im Zusammenhang des menschlichen Daseins begründeten vernünftigen Zweck hingeordnet sei. Sie wird aber unfruchtbar, langweilig und im Letzten widervernünftig, wenn sie nicht auch auf das zweckfreie Spiel des Lebens, auf das reine Blühen, auf die Fröhlichkeit des Seins bezogen ist. Ebenso wie umgekehrt diese Wertgruppe ins Unernste, Spielerische, Vergeuderische gerät, wenn sie nicht den Zusammenhang mit der vernünftigen Ordnung der Zwecke wahrt ... Eine aufmerksame Analyse der Weisheit wird finden, daß sie der Beziehung auf das Irrationale, extrem gesprochen »Törichte«, bedarf, weil sie sich sonst in Pedanterie verwandelt und neben die Wirklichkeit gerät; daß die Schönheit leichtfertig, ja zerstörerisch wird, wenn sie sich nicht unter den Ernst des Sittlichen stellt; daß die Gerechtigkeit ohne das frei strömende Erbarmen sich in Ungerechtigkeit verkehrt, und so fort. Die Freiheit entsteht in der reinen Hingabe an den Wert; wenn dieser aber nicht auf seine Komplemente bezogen bleibt, schließt er sich gleichsam in sich selbst zu und wird zum Kerker.

Jeder Wert ist als Urphänomen in sich begründet. Zugleich ist er aber auch auf andere Werte bezogen, und diese Beziehung hütet sein Wesen. Diese sind ihrerseits auf weitere hingeordnet, und so entsteht ein Gefüge, das in allem Tun zur Geltung kommt. Das Rechte, als Ausdruck dessen, was jeweils gewollt und getan werden soll, ist immer etwas Komplexes und Schwebendes. Es ist ein Gleichgewicht – welches seinerseits immer wieder in der Lebendigkeit des Durchbruchs aufgehoben werden muß, wenn nicht das Ganze erstarren soll ... Das gleiche gilt für die verschiedenen Wertebenen oder Rangstufen innerhalb des Ganzen. Die Wertschicht des Lebendigen zum Beispiel setzt jene des Leblosen voraus: so ruht der Mensch als biologisches Wesen überall auf dem Bereich des Anorganischen. Umgekehrt zeigt sich aber auch, daß die letzten Konsequenzen des Leblosen erst im Bereich des Lebendigen gezogen werden: so erreicht etwa der Mechanismus seine letzten Möglichkeiten erst im Bereich des Organismus, der selbst etwas Höheres und Anderes ist. Entsprechend steht das Geistige in Wechselbedingung zum Vitalen; so setzt das sittliche Verhalten überall die biologischen Möglichkeiten voraus. Umgekehrt hat die Gesundheit des Menschen – welche etwas ganz anderes ist als die des Tieres – ihre letzte Gewähr im Sittlichen, als der Verantwortung für das Dasein ... Aus solchen Einsichten entsteht die Anschauung eines Ganzen, eines Wertreiches als Inbegriff des Sinngehaltes der Welt, aus dem allein erst der einzelne Wert seine Wahrheit erhält. Vermag aber dieses Wertganze seine Einheit aus sich selbst zu begründen?

Die Welt, die sich im Menschen zusammenfaßt, ist auf Gott bezogen. Einer der größten Durchschauer der Wirklichkeit hat gesagt: »Der Mensch übersteigt den Menschen um ein Unendliches«[39]. Das meint, der Mensch sei über sich hinausgebaut und verwirklicht sich erst in der Begegnung mit Dem, auf welchen er von Wesen hinbezogen ist, mit Gott. In gewissem Sinne gilt das aber auch von der Welt. Die sich selbst genügende Welt des neuzeitlichen Autonomismus gibt es nicht; sie ist ein Postulat der Empörung. Was es gibt, ist die durch den Menschen auf Gott bezogene Welt. Darum ist der Mensch, wie das für alle Zeiten Augustinus definiert hat, von Wesen ein Suchender, und im Menschen ist suchend auch die Welt. Nur jene Wertverwirklichung führt in die Freiheit, welche das erkennt und anerkennt. Das Suchen findet aber aus sich allein sein Ziel nicht, denn es steht – wie noch dargelegt werden soll – mitsamt dem Menschendasein in der Verworrenheit. Darum bedarf es der Offenbarung und Erlösung und findet seinen Weg erst im Glauben. Erst die Offenbarung, welche aus der Freiheit Gottes kommt, zeigt, wohin endgültigerweise alle Werte hingerichtet sind und bildet so die letzte Gewähr für die Freiheit des Menschen.

[39] Pascal, Pensées, Ausgabe Brunschwicg (1912) Fragment 434 (S. 531).

Exkurs: Die logische Problematik des freien Aktes

Aus dem, was über die freie Handlung gesagt worden ist, ergeben sich schwierige logische Probleme. Wir können sie hier nicht im einzelnen erörtern, doch soll wenigstens auf ihren Kern hingewiesen sein, und zwar auf die Frage, wie die behauptete Freiheit zum Gesetz der Kausalität stehe.

Der Kausalitätssatz sagt: Jedes Geschehen hat eine hinreichende Ursache dafür, daß es geschieht, und daß es so geschieht. Die eben beschriebene Erfahrung behauptet nun, die freie Handlung vollziehe sich deshalb, weil die innere Anfangskraft eine bestimmte, in der konkreten Situation liegende Möglichkeit aktiviere; dieser Aktivierungsakt selbst aber bedürfe keiner außerhalb seiner liegenden und ihn in Gang bringenden Ursache, sondern sei echter Anfang, entspringe aus sich selbst. Wird dadurch nicht das Axiom der Kausalität aufgehoben und behauptet, hier vollziehe sich ein Vorgang ohne hinreichende Ursache?

Antwort: Das ist nur dann der Fall, wenn das Axiom auf eine bestimmte Deutung festgelegt wird, nämlich die, daß die Ursache eines Vorgangs immer außerhalb des ihn tragenden Energiezentrums liegen müsse; das heißt, daß alles Geschehen einen durchgehenden Gesamtprozeß darstelle. Dieser würde sich wohl jeweils in den Dingen konkretisieren, doch nur so, daß letztere die Umsetzungsstellen des Gesamtvorganges bildeten. In Wahrheit erfahre ich aber, daß der freie Akt nicht durch mich hindurchgeht, sondern in mir entsteht. Die Selbstbewegung des Geistes, der wählende Wille ist selbst die Ursache.

Neuer Einwand: Die angeführte Erfahrung mißversteht die Sachlage. Auch für jene Initiative, welche das Subjekt in sich vorzufinden glaubt, gibt es Ursachen, die nicht in ihr selbst liegen. Jedes Handeln hat nämlich ein Motiv: es geschieht aus einem Grund. Ebendas ist aber seine Ursache. Was die Erfahrung »Freiheit« nennt, ist nichts weiter als der Umstand, daß

der Akt der angeblichen Initiative nicht durch mechanische oder biologische Anstöße, sondern durch seelisch-geistige Motive in Gang gebracht wird.
Antwort: Der Einwand nimmt abermals eine unberechtigte Deutung des Kausalitätsprinzips vor. Wohl hat die freie Wahl ihre Ursache; auch stützt sich diese Verursachung auf das Motiv. Unvermerkt schiebt aber der Einwand dem Begriff »Ursache« den der »zwingenden Ursache« unter und läßt diesen Zwang vom Motiv ausgehen ... Wäre das so, dann müßte allerdings die Wirkung notwendig eintreten, und zwar könnte sie aus den Motiven abgeleitet werden. Dieses Bild widerspricht aber der Erfahrung. Die Erfahrung sagt: Gewiß hat jede freie Handlung ihre Motive; sie geschieht »aus diesem oder jenem Grunde«. Die Tatsache der Motivation ist es ja, welche macht, daß es sich um Freiheit, nicht um Willkür handelt. Sie begründet die »Vernünftigkeit« der Handlung; den Sinngehalt, welcher jenes Abstandnehmen und Auswählen, von welchem oben die Rede war, leitet. Das Motiv erzwingt aber den Initiativakt nicht, sondern begründet ihn nur, gibt ihm seinen Sinn. Er als solcher entspringt aus sich selbst. Auf die Frage: Warum gehe ich diesen Weg statt jenen? lautet die Antwort: weil er kürzer ist, und ich rascher ankommen will. Hier ist also das Motiv der Zeitersparnis am Werk. Auf die weitere Frage: Warum will ich rascher ankommen? lautet sie: weil am Ziel etwas Dringliches zu tun ist. Wieder ein Motiv, nämlich der gerade zu erreichende Zweck, und so fort. In dieser Linie geht es immer weiter, da das Dasein ein Ganzes bildet, in welchem jedes Element sich an benachbarte Elemente anschließt. Es gibt aber noch eine andere Frage, die nicht in dieser Linie liegt, nämlich: Warum lasse ich das Motiv des Rasch-gehen-wollens, des Dorthin-kommen-wollens entscheidend werden? Warum verwirkliche ich es? Darauf lautet die Antwort: weil ich will. Das heißt aber: der reine Anfang springt vor. Man kann natürlich auch hier Motivbegründungen dazwischenfügen: etwa, ich will das, weil ich meine Pflicht erfüllen, oder weil ich sinnvoll handeln, oder weil ich überhaupt handeln will und so wei-

ter. Doch wird dadurch jenes letzte »weil ich will«, worin sich die Tatsache der Initiative ausdrückt, nur hinausgeschoben. Einmal muß es zum Vorschein kommen. Ja in Wahrheit läuft es von vornherein neben jedem möglichen Motiv her. Denn es bedeutet nichts anderes als die Weise, wie das Motiv, welches es auch sei, von der Initiativkraft zur Verwirklichung gebracht wird; und das unaufhebbare Anzeichen dieser Verwirklichungsweise ist das Bewußtsein der Verantwortung.
In dem beschriebenen Zusammenhang tut sich das Wesen der »frei« genannten Aktform kund. Sie steht zwar in den Seins- und Wertordnungen des Daseins, das heißt, sie »hat einen Sinn«, der in den Motiven und Gründen zum Ausdruck kommt; in dem, was der Mensch auf die Frage: warum tust Du das? antwortet. Diesen Sinn realisiert sie aber nicht in der Form des durchgehenden Prozesses oder des durch Motive ausgeübten inneren Zwanges, sondern in der des spontanen Anfangens.

Zu fragen, ob eine solche Verursachungsform möglich sei, ist gegenstandslos, denn sie ist wirklich, und jeder Erörterung des Problems geht die Anerkennung der Tatsache voraus. Aus dieser folgt, daß die Kausalität zwei Vollzugsformen hat: jene der Nötigung und jene der Freiheit. Immer ist Kausalität da; immer ist der Vorgang hinreichend begründet; immer kann auf die Frage, warum das Geschehende geschieht, Antwort gegeben werden[40]. Die Art aber, wie die Verursachung sich vollzieht, ist verschieden. Sie kann die der durchgehenden Notwendigkeit sein, aber auch die des Ursprungs aus dem inneren

---

[40] Das muß einer eigentümlichen Redeweise gegenüber betont werden, der man vielerorts begegnet, und von der man nicht weiß, ob sie nur Ungenauigkeit des Sprechens oder etwas Schlimmeres, nämlich eine Lockerung des Denkens bedeutet: daß das Kausalitätsgesetz nicht mehr ausnahmslos gelte. Wenn es nicht ausnahmslos gilt, »gilt« überhaupt nicht, und das heißt Chaos. Das Kausalitätsgesetz gilt aber, notwendig und immer. Es ist beunruhigend, daß auf einen starren Determinismus, der die vor Augen liegende Tatsache der Freiheit wegdekretiert, die Bereitschaft folgt, das Kausalitätsgesetz selbst preiszugeben.

Anfang, der wohl Motive hat, aber von ihnen nicht erzwungen noch aus ihnen abgeleitet werden kann, vielmehr entgegengenommen werden muß.
Hierin, in diesem Entgegennehmen des aus der Initiative der Freiheit Hervorgehenden, wurzelt die Ehrfurchtshaltung vor der Person. Die Notwendigkeit kann man kontrollieren; man kann das in ihr Geschehende voraussagen, berechnen, durch entsprechende Anordnung der Faktoren erzwingen. Hier hingegen muß man achten, vertrauen und entgegennehmen. Die Welt aber ist so, daß diese beiden Formen des Geschehens und, entsprechend, diese beiden Formen des Begegnens da sind. Es mag unbequem sein, das anzuerkennen, und der Mensch tut denn auch tatsächlich immer wieder, was er kann, um die Unbequemlichkeit auszuräumen: theoretisch, indem er die Freiheit leugnet; praktisch, indem er die Menschen an ihrer Ausübung hindert und sie körperlich und seelisch zwingt. Dadurch wird aber das Phänomen selbst nicht aus der Welt geschafft, sondern verdichtet sich von Mal zu Mal in Unheil bringenden Krisen der individuellen und allgemeinen Existenz.

Kommt aber dadurch nicht der Zusammenhang der Welt in Gefahr? Hier verrät sich ein entscheidendes Motiv der Freiheitsleugnung. Es liegt in einem Lebensgefühl, das sich nur sicher weiß, wenn alles in zwangsmäßiger, ja berechenbarer Form vor sich geht. Im Innersten ist es Angst und, damit eng verbunden, Wille zum Herrschen, genauer gesagt, zur Gewalt. Das Ergebnis ist das mechanische Weltbild. In ihm wäre eine freie Handlung sinnlos und unmöglich.
Die Welt ist aber kein Mechanismus, kein starres System durchgehender Prozesse, sondern trägt überall die Initiativpunkte der Freiheit in sich. Durch deren sich selbst aktivierenden Akt wird die Ordnung des Ganzen nicht gestört, denn diese nimmt den Effekt des freien Aktes sofort in ihr Gefüge auf. Ja sie ist auf diese Aktform hin angelegt und vollendet sich in ihr. Anders ausgedrückt: Die Welt als Natur ist auf die Welt als Geschichte hingeordnet.

Damit ist ein Sachverhalt ausgesprochen, den der Idealismus zu umgehen sucht. Er leugnet nicht die Freiheit, aber er will sie so konstruieren, daß sie der Notwendigkeit nicht ins Gehege kommt – eine Anwendung des allgemeineren Prinzips, wonach man den Geist, das Sittliche, das Religiöse und so weiter so konstruieren müsse, daß sie mit der empirischen, materiellen Wirklichkeit nicht zusammenstoßen. Daher behauptet der Idealismus zwei Welten: die der Natur und der logisch begründeten Erkenntnis, in der es nur Notwendigkeiten gibt, und die des Geistes, in der es die Freiheit gibt. Sie schneiden sich irgendwo, in einem nur zu postulierenden Einheitspunkt des Selbst beziehungsweise des Absoluten. So ist es aber nicht. Und wenn wir genau zusehen, merken wir sogar am Gang der Geschichte, welches Unheil daraus entsteht, daß der Geist in eine eigene Sphäre, sei es der Innerlichkeit oder der reinen Idealität, eingeschlossen, die Wirklichkeit aber sich selbst, und das heißt dann praktisch der Gewalt, überlassen wird.
Es gibt nur eine Welt. Wohl verschiedene Bereiche in ihr, wohl verschiedene Abwandlungen ihrer Grundprinzipien, alle aber in der einen einzigen Welt. Freilich muß diese dann auch so gedacht werden, daß sie die ganze Wirklichkeit zu umfassen vermag. Also nicht von einem Teilprinzip her, mechanistisch, vom Leblosen, oder biologistisch, vom Vitalen, sondern aus dem Ganzen heraus. Und wenn sich dann dafür kein Universalprinzip mehr ergibt, dann ist das in Ordnung. Was »Welt«, Allheit des Daseins heißt, muß ja doch für ein einzelnes Prinzip zu groß sein.

Es wurde bereits gesagt, daß die Welt durch die freie Handlung durchaus nicht gesprengt oder auch nur gestört wird, sondern daß sie fähig ist, diese aufzunehmen. Vielleicht kann noch mehr gesagt werden: nämlich daß die Welt Erwartungsstellen für die Freiheit, Vorentwürfe auf sie hin enthält. Auf einige von ihnen soll in der Form der Frage hingewiesen werden. Zwei liegen im Gebiet der Natur:
Ist das Hervorgehen der biologischen Arten aus der Deszen-

denzreihe ableitbar? Entsteht eine neue Art so, daß man in der voraufgehenden und dazu in der umgebenden Natur zwingende Ursachen dafür findet? Was bedeutet für die Logik die Mutation, das heißt das plötzliche, nicht zwingend begründbare Hervortreten einer neuen Art aus der Spontaneität des Lebens?

Wenn ich recht verstehe, kann man für die Bewegungen eines einzelnen Atoms im Raum keine Gründe angeben. Man kann wohl in der Form absoluter Gesetze sagen, wie sich eine Masse von Atomen bewegt, nicht aber ein einzelnes. Daher die These, das Verhalten des Atoms sei nicht »kausal«, sondern nur statistisch faßbar. Bedeutet das aber vielleicht die logisch noch nicht zu Ende gedachte Feststellung der Tatsache, daß schon hier das Phänomen der nicht umsetzenden, sondern urhebenden Kausalität beginnt?

Zwei andere Phänomene gehören dem naturphilosophischen Gebiet an:

Kann die Individualität des biologischen Einzelwesens – also nicht nur die typische Struktur, oder erworbene Eigenschaften, sondern der individuelle Charakter als solcher – aus Eltern, Vorfahren, Umgebung und so weiter abgeleitet werden? Gestalt, Haltung, Bewegung, besondere Note, welche macht, daß zum Beispiel ein Schäfer unter Hunderten von Schafen gleicher Art und Zucht jedes einzelne unverwechselbar erkennt?

Ist überhaupt das, was man »Qualität« nennt, aus Ursachen abzuleiten, die außerhalb ihrer liegen? Nehmen wir das Phänomen »Rot« in seiner ganzen Breite: die Lichtschwingung mit ihrer Formel, den Empfindungswert im Auge, den seelischen Gehalt im Erlebnis, die geistige Bedeutung für die Vernunft: kann dieses Ganze abgeleitet werden, oder stellt es ein Urgegebenes dar, das entgegengenommen werden muß? ... Gilt das gleiche nicht auch für jede echte Gestalt: »Berg-Kristall«, »Eiche« und so weiter?

Schließlich eine ganz grundsätzliche Erwägung: Kann das endliche Sein als solches, die Welt in ihrer zwar ungeheuerlichen,

aber doch endlichen Größe, ihrer zwar unabschätzbar reichen, aber doch charakteristisch definierten Eigenart als notwendig begriffen werden? Offenbar nicht. Notwendig, das heißt so, daß man einsähe, sie könne nicht nicht sein, wäre nur eine unendlich-absolute Welt. Die gibt es aber nicht. Was es gibt, ist die so und so gemessene, so und so qualifizierte, gebaute, bewegte endliche Welt. Von ihr kann nicht eingesehen werden, daß sie sein müsse, sondern nur erfahren, daß sie ist. Sie ist in der Form eines Faktums, nicht einer Notwendigkeit gegeben. Sie kann nicht abgeleitet, sondern muß entgegengenommen werden. Liegt hierin nicht der erste Vorentwurf und Erwartungsgrund für die Freiheit im eigentlichen Sinne?
Sind die aufgezählten Tatsachen nicht untereinander verwandt? Stehen sie nicht unter einer Form der Verursachung, die anderer Art ist als die der Notwendigkeit?

DIE GNADE

Die Frage

Das voraufgehende Kapitel hat das Phänomen der Freiheit durch die verschiedenen Bereiche des Daseins hin verfolgt. Am Ende ist es in das der Gnade ausgemündet, und der letzte Abschnitt hat fast ebensoviel von dieser wie von der Freiheit selbst gehandelt. Blickt man von hier aus zurück, dann sieht man aber, daß die Gnade nicht nur im Bereich des neuen, durch die Erlösung ermöglichten Lebens die Vorbedingung der Freiheit bildet, sondern daß auch sonst, wenn Freiheit sich entfalten soll, ein Element von besonderer Art erfordert ist, das man als gnadenartig bezeichnen muß: eine Großmut des Daseins gleichsam, die auf die Großmut seines Schöpfers hinweist.
Dabei wird, wie schon die Wortbildung anzeigt, der Begriff in einem uneigentlichen Sinne genommen, der noch deutlicher entwickelt werden soll. Die Offenbarung steht zum unmittelbaren Dasein in einem eigentümlichen Verhältnis. Was durch sie zum Menschen gelangt, kommt aus der reinen Vorbehaltenheit Gottes. Es bildet weder eine höhere Stufe, noch eine tiefere Verinnerlichung der Weltmöglichkeiten, sondern unterscheidet sich von allem, was von diesen her gedacht werden kann. Es ist, um das etwas unbestimmte Wort zu brauchen, »übernatürlich«. Der Gott der Offenbarung ist aber der gleiche wie jener, der auch die Welt geschaffen hat; so besteht zwischen Offenbarung und Welt keine bloße Unterschiedenheit. Der Schöpfer hat die Welt auf die Offenbarung hingeordnet, und diese Grundtatsache des Daseins ist auch durch die Sünde nicht aufgehoben worden. Überall finden sich in der Welt Vorentwürfe, aus denen, wenn sie für sich bleiben, gewiß kein einziger Inhalt der Offenbarung abgeleitet werden kann; wenn diese aber erfolgt, dann kommt, wie Johannes sagt, der Logos,

»durch den alles geschaffen wurde, was geschaffen ist«, »in sein Eigentum«; und das Geschaffene bleibt sein Eigentum, auch wenn es sich durch die Sünde wider ihn stellt und »die Seinen ihn nicht aufnehmen« (Joh 1,3.11). So fällt von der Offenbarung her auch ein Licht auf die Dinge der Welt; ja es gilt der scheinbar paradoxe Satz, daß das entscheidende Wort über die Wahrheit der letzteren nicht aus ihnen selbst, sondern erst aus der Offenbarung heraus gesprochen wird. Anders ausgedrückt: die Wesens- und Wertgehalte des unmittelbaren Weltdaseins gewinnen ihre letzte Klarheit und Verwirklichung erst in jener Hut, welche die Erlösung über sie wölbt... Das Wort »Gnade« hat also an sich eine genaue Bedeutung, die nicht verwaschen werden darf, wenn die Offenbarung sich nicht in eine fragwürdige Philosophie auflösen soll. Trotzdem ist wahr, daß sich überall in der Welt Erwartungsstellen, Entsprechungserscheinungen, Vorentwürfe auf die eigentliche Gnade hin finden, die freilich erst durch die positive Offenbarung selbst aufgehellt und entfaltet werden. Sie sollen in den nachfolgenden Darlegungen als »das Gnadenhafte« bezeichnet werden.

Die Erörterung wird zuerst jene Stelle aufsuchen, wo innerhalb der Welt das Element des Gnadenhaften am greifbarsten hervortritt und von da zu schwerer faßlichen Erscheinungen übergehen, um schließlich zu fragen, ob ein solches Element nicht im Dasein überhaupt liegen müsse. Dann wird von der Gnade im eigentlichen Sinne die Rede sein. Sie wird sich von allem Voraufgehenden als etwas Verschiedenes, Heilig-Eigentliches abheben, zugleich aber das, was Gott in der Welt auf sie hin angelegt hat, in Dienst nehmen und zu seinem letzten Sinn führen.

Das Gnadenhafte
als Element des unmittelbaren Daseins

Das Gnadenhafte in den Autoritätsbeziehungen

Was das Gnadenhafte im innerweltlichen Sinn bedeutet, wird wohl am deutlichsten im rechtlich-staatlichen Bereich. »Staat« ist die Weise, wie ein Volk fähig wird, als solches handelnd in der Geschichte zu stehen. Ohne Staatlichkeit in irgendeinem Sinne entbehrt es der Form und Handlungsfähigkeit. Der Staat ruht auf zwei Elementen: der durch Recht bestimmten Ordnung und der menschlich-sachlichen Macht. Wenn die Ordnung rechtens ist, gilt sie, aber die Macht muß sie verwirklichen. Die Macht ist unmittelbar wirklich, aber die Ordnung muß sie rechtfertigen.
Die Ordnung des Staates ist das geltende Recht, das Gesetz. Sobald es Geltung erlangt hat, muß es durchgeführt werden. Der Träger der Hoheit, das Oberhaupt des Staates – je nach der Verfassung der König, oder der Präsident, oder welches die staatsrechtliche Form des Amtes sein mag – ist für die Durchführung verantwortlich. Er hat aber auch die Möglichkeit zu einer besonderen Art des Verhaltens; er kann unmittelbar, aus seiner Vollmacht heraus, etwas tun, was nicht im Gesetz selbst enthalten ist, also etwa einen Vorzug gewähren, oder eine Auswirkung des Gesetzes, die an sich eintreten müßte, zum Beispiel eine Strafe, aufheben. Das ist der Gnadenakt, der etwas zugesteht, was der Empfänger weder durch Recht beanspruchen, noch durch Gewalt erzwingen kann. Er entspringt aus der freien Initiative des Hoheitsträgers und hat den Sinn, über der Ordnung des Rechtes einen Bereich des Außergewöhnlichen zu schaffen, welcher der Unvorsehbarkeit des Lebens Genüge tut. Dieser Gnadenakt geht über das Gesetz hinaus, hebt es im Einzelfall sogar auf, ist aber von ihm selbst vorgesehen und bildet in einem letzten Sinne dessen Gewähr. An ihm wird

nämlich offenbar, daß das Gesetz nicht zu jener Ordnung gehört, nach welcher die Natur funktioniert, sondern daß es sich auf das personale Dasein und dessen Freiheit bezieht. Denn wie die Gnadenhaltung nur aus der Initiative der höchsten Autorität hervorgehen kann, so kann sie auch nur von der Freiheit des ihm Unterstellten entgegengenommen werden. Ein Tier kann ebensowenig »Begnadigung« empfangen, wie eine Naturmacht sie zu gewähren vermag.

In abgeschwächter Form kehrt die Gnadenhandlung in allen Autoritätsbeziehungen wieder: der Eltern gegenüber den Kindern, des Vorgesetzten gegenüber den ihm Untergebenen und so weiter. Auch diese Verhältnisse sind durch ein »Gesetz«, will sagen, eine aus dem Sinn der betreffenden Beziehung kommende Ordnung geregelt; sie enthalten aber zugleich einen Raum freier Initiative, durch welche der Autoritätsträger dem in keiner Ordnung ganz aufgehenden Leben gerecht zu werden vermag.

Einen neuen Charakter gewinnt das Phänomen in Über- und Unterordnungsbeziehungen, die nicht auf dem Recht, sondern auf dem Sein, nicht auf Amt oder Befugnis, sondern auf der unmittelbaren Kraft- und Sinnfülle des Wesens beruhen: etwa im Verhältnis des Stärkeren gegenüber dem Schwächeren, des Begüterten gegenüber dem Ärmeren, des vital, geistig oder charakterlich höher Stehenden gegenüber dem Geringeren. Auch hier gibt es das Gnädigsein, die Großmut, das Schenken und Retten. Allerdings ist die Situation hier komplizierter; denn da das Moment des Rechtes fehlt, besteht die Gefahr, daß der Empfänger solcher »Gnaden« sich in seiner Würde bedroht fühle. Innerhalb der Rechtsordnung ist das nicht der Fall. Wer da »begnadigt«, ist wohl der Autoritätsträger, das heißt eine bestimmte Person, aber als Träger eben dieser Autorität. Das Recht zur Gnadenhandlung ist die andere, außerordentliche Seite der gleichen Amtsbefugnis, deren erste, ordentliche Seite die Wahrung der Rechtsnorm bildet. Dadurch wird das Allzupersönliche aufgehoben und die Würde des Begnadigten geschont. In den soeben genannten Fällen ist das anders. Hier ist keine Rechtsordnung, sondern ein bloßes Verhältnis der Machtüberlegenheit, das für die Person des Unterlegenen ein Problem enthält. Soll er dem Überlegenen das Recht zugestehen, »gnädig« zu sein, dann muß dieser durch seine Haltung das eigene Selbst aus dem Akt wegtun und nichts sein wollen, als der Verwalter der wunderbaren Möglichkeit, die Macht zur Gnade zu machen – womit vielleicht eine Definition der echten Vornehmheit ausgesprochen ist.

Das Schöpferische: Eingebung und Gelingen

Im soeben Gesagten wurde das Gnadenhafte als der Charakter jenes Tuns bestimmt, das weder erzwungen noch gefordert werden kann, vielmehr aus der freien Initiative hervorgeht. Dieser Charakter kehrt in der Weise wieder, wie schöpferisches Werk und schöpferische Tat zustande kommen. Dadurch entsteht eine ähnliche Gegenüberstellung: die schöpferische Tätigkeit unterscheidet sich von der Arbeit in einer ähnlichen Weise, wie der Gnadenakt von der Rechtsfolge.
Die Arbeit geht aus Überlegung und Anstrengung hervor und kann – innerhalb der durch äußere Verhältnisse und innere Kraft gesetzten Grenzen – jederzeit vollzogen werden. Anders das, was den Charakter des Produktiven hat: es entspringt aus der Eingebung und bedarf der guten Stunde. Daß der Einfall kommt, die Idee aufleuchtet, die Gestalt geboren wird, die Bedingungen des Gelingens sich zusammenfügen, und die inneren Kräfte richtig ineinanderspielen, kann weder berechnet noch erzwungen werden, sondern es geschieht, »wann es will« und verlangt die Haltung der Absichtslosigkeit. Damit ist nicht gesagt, die großen Werke und Taten gerieten von selbst; sie setzen vielmehr unablässige Arbeit, große Konzentration und viel Entsagung voraus. Doch kann das alles den grundlegenden produktiven Vorgang, nämlich die Eingebung, nur

vorbereiten, sichern und entfalten; ihn selbst aber kann es nicht erzwingen. Ebensowenig den zweiten, das Gelingen: jenes Ineinander günstiger Fügungen, das die Wirklichkeit für den gestaltenden Griff empfänglich macht und die Vollendung ermöglicht. Auch das kann nicht erzwungen werden; ja Rechnung, Beeinflussung, Nötigung hindern es sogar. Der Raum entsteht dann nicht, in welchem die Gestalt auftaucht, die Elemente sich zur Einheit zusammenschließen, die Formung gerät. Gewiß gibt es Mittel, um den produktiven Vorgang zu unterstützen, Hilfsweisen oft sehr seltsamer Art. Doch sind sie nur innerhalb enger Grenzen wirksam, und auch da nicht ohne Gefahr; man braucht nur an die Rolle zu denken, welche Reiz- und Rauschmittel im Leben großer Künstler spielen, oder an die Art, wie der Schlaf in den Dienst des Schaffens gestellt werden kann – und anderseits wieder an die Bedeutung der Vorzeichen, der Konstellationen, überhaupt des »Aberglaubens« im Leben schöpferischer Persönlichkeiten. In alledem liegen Momente einer Technik des Hervorbringens. Wesentlicherweise aber kann der Schaffende nur für die Vorbedingungen sorgen, bereit sein, und im übrigen den Preis zahlen, der gefordert ist.
Woher die Eingebung kommt, kann man nicht sagen. Die Arbeit ist ein Prozeß, der aus Einsicht und Willensentschluß hervorgeht und sich in einer durchsichtigen Logik von Anstrengung und Ertrag vollzieht. Er kann so durchrationalisiert werden, daß es gleichgültig ist, wer ihn trägt – bis zu jenen äußersten Graden der Entpersönlichung, in denen der Arbeitende weiter nichts ist als der Aufseher der Maschine. Die Eingebung hingegen geht aus einem Ursprungspunkt hervor, den man nicht bestimmen kann. Wenn man vom individuellen Schöpfungszentrum spricht, dessen stärkste Form Genialität heißt, so ist das nur ein Name. Der Mensch erfährt dieses Zentrum als sein Eigenstes. Im Schaffen hat er ein intensives Gefühl des Selbst-seins, das sich bis zur Überhebung, ja zur Hybris steigern kann. Wer schafft, ist er-selbst im lebendigsten Sinn des Wortes. Anderseits empfindet er jenen Ursprungs-

punkt aber auch als etwas, was außerhalb seiner Persönlichkeit liegt, über ihr oder unter ihr, oder ihren konkreten Bestand nach innen hin überschreitend; jedenfalls seinem Eigenwillen gegenüber souverän, so sehr, daß es dessen Initiative aufheben und die stärksten Lebenswünsche durchkreuzen kann. Diese Souveränität der Eingebungsmacht drückt sich, an antike Vorstellungen anknüpfend, im Worte »Genius« aus. Ihr Ausgangspunkt wird so empfunden, als ob er nach der Mitte des Daseinsganzen hin liege; daher denn das Verhalten des großen Schöpfers, des Genies, zuweilen einen Charakter gewinnt, den man nur mit Welthaftigkeit bezeichnen kann. Wenn Dante oder Shakespeare reden, scheint der Weltgrund selbst in Bewegung zu sein[1].

Was das Gelingen angeht, so liegt dessen lenkende Instanz von vornherein nicht im schaffenden Einzelnen selbst, sondern im Ganzen des Daseins. Es handelt sich um das Ineinanderspielen unabsehlich vieler Faktoren, die zu organisieren weder der bewußte noch der mächtigere und sicherere unbewußte Wille imstande ist. Hier sprechen wir von der fruchtbaren Situation, von der Gunst der Stunde, von der geschichtlichen Fügung und so weiter. Wie verwoben und anspruchsvoll diese Instanz ist, wird deutlich, wenn man etwa bedenkt, welch eine Unzahl

---

[1] Die psychologische Interpretation erfolgt wohl am besten auf Grund der Theorie vom Nichtbewußten. Damit sind einmal verborgene Impulse und Regulierungen oder abgesunkene Ergebnisse der individuellen Vergangenheit gemeint, das Unterbewußte. Dann aber Schichten der Persönlichkeit, die mit dem Leben der Ganzheiten, der Familie, des Volkes, der Menschheit, schließlich der Welt überhaupt zusammenhängen, also das Unbewußte im eigentlichen Sinne. Diese Elemente sind dem bewußten Denken und Wollen mehr oder weniger weit entzogen, und ihre Motive und Gestaltungen treten wie von anderswoher in jenes ein. Anderseits sind sie aber doch in der betreffenden Persönlichkeit individuiert, bilden einen Teil von deren Lebenssubstanz und werden daher von ihr als ihr selbst zugehörig empfunden. (Vergleiche C.G. Jung, Das Unbewußte im normalen und kranken Seelenleben, 1929, S. 93 ff.; derselbe in C.G. Jung und K. Kerényi, Einführung in das Wesen der Mythologie, 1941, S. 105 ff). Die Analyse dieser Momente vermag über die Vollzugsformen des schöpferischen Vorganges viel zu sagen; wenn man sich aber von allem Psychologismus freihält, das heißt die Grundfragen des »Was« und »Wie« sauber scheidet, sieht man, daß über das Wesen der Sache selbst nicht viel mehr zu Tage tritt, als die Bilder vom Genie und vom Genius ausdrücken.

von Bedingungen zum Teil seltenster Art zusammenkommen mußten, um das Werden der Göttlichen Komödie oder der Dramen Shakespeares zu ermöglichen. Einen besonderen Charakter gewinnt das Moment der objektiven Gunst bei der großen Tat, nämlich den des Glücks. In dessen Erfahrung gehen die Momente der Macht und der Unberechenbarkeit, des Gefeitseins und der beständigen Gefahr seltsam ineinander[2]. Die Geschichte zeigt denn auch, wie stark das Gefühl dafür bei handelnden Persönlichkeiten immer gewesen ist. Das Phänomen mündet seinerseits in den Bereich des Schicksals ein, von welchem das nächste Kapitel handeln soll.
Noch mag darauf hingewiesen werden, daß Eingebung und Gelingen, inneres Aufleuchten und Gunst der Stunde nicht zusammenzugehen brauchen. Es ist wunderbar, wenn sie das tun, und die Fügung der individuellen wie allgemeinen Verhältnisse sich dem Werk und Tatwillen zur Verfügung stellen. Es kann aber auch anders sein und dann entsteht die Tragik des glücklosen Schöpfers oder Helden[3].
An solchen Erscheinungen zeigt sich der gnadenhafte Charakter des Schaffens. Es wäre sehr wohlfeil, zu sagen, in Wahrheit sei alles doch verursacht und laufe in lückenlosen Zusammenhängen; daher sei der Eindruck der Gnadenhaftigkeit eine – wenn auch irgendwie sinnbedingte – Täuschung. In einer nur nach mechanischen Kausalitäten sich bewegenden Welt gibt es ein Schaffen ebensowenig wie eine Freiheit, vielmehr nur den zwangsweisen Ablauf von Prozessen. Die Vorstellung einer solchen ist aber falsch und zuinnerst unwürdig. Die Mechanismen bilden das Gerüst der Welt, das System der sie sichernden Funktionen; zugleich enthält sie aber auch ein anderes Element – eben jenes, aus welchem die echte Schöpfung hervorgeht.

---

[2] Ausgedrückt in den Bildern der rollenden Kugel, des zerbrechlichen Glases, der launischen oder blinden Fortuna.
[3] Eine erschütternde Schilderung des Letzteren gibt, ohne alle psychologischen Absichten, die altisländische Saga vom starken Grettir (Herausgegeben von P. Herrmann, 1913).

Begegnung und Fügung

Der gleiche Charakter zeigt sich in den Beziehungen der Menschen zu einander. Jede echte Ich-Du-Beziehung bildet zunächst die Summe dessen, was der Eine und was der Andere ist; darüber hinaus aber ein Größeres, das weder durch einen der beiden Beteiligten allein hervorgebracht, noch aus Beiden zusammengefügt werden kann, vielmehr als ursprüngliches Ganzes, als Sinngestalt in ihrer Beziehung auftaucht: die Freundschaft, die Werkgemeinschaft, die Liebe, genauer gesagt, diese Freundschaft, diese Werkgemeinschaft, diese Liebe. Damit das geschehen könne, ist etwas Besonderes erforderlich, nämlich die Begegnung. Diese aber kann nicht erzwungen werden.

Der Einzelne kann sich den Anderen, der zu ihm gehört und mit ihm zusammen den die Sinngestalt verwirklichenden Bezug bilden soll, nicht beschaffen. Er kann nicht machen, daß er dem Richtigen begegne. Bis zu einem gewissen Grade kann er nach ihm suchen, aber es ist nicht sicher, ob Absicht die Wahrscheinlichkeit der Begegnung erhöht. Sie ist am Platz, wo es sich um Zwecke handelt; und auch da nicht durchaus, denn auch bei diesen kommt es auf ein Gelingen an, welches eine das Unbewußte freigebende Gelöstheit voraussetzt. Wo es vollends um die Verwirklichung geistigen Sinnes geht, schadet sie, denn sie engt ein und verfestigt. Was hier zur Erfüllung führt, ist die Haltung der Absichtslosigkeit und Bereitschaft. Darin wirkt die Macht des Seinsrufes, der etwas ganz anderes bedeutet als Rechnung und Planung. Von letzterer her gesehen, bildet die echte Begegnung immer einen »Zufall«. Ein Zug verspätet sich, und ich treffe den Menschen nicht – ich habe irgendetwas versehen, und gerade dieses Versehen bringt mich mit ihm zusammen. Dieser Zufall hat aber einen besonderen Charakter, denn sobald er sich ausgewirkt hat, und die Beziehung zustande gekommen ist, stellt sich das Gefühl ein: es »hat nicht anders sein können«, wir »mußten« einander treffen, wir waren einander zubeschieden – bis zu solchen metaphysischen Empfindungen, wie sie Aristophanes in Platons Gastmahl ausdrückt, wenn er von den ewigen menschlichen Ganzheiten redet, die auf Erden in Geschlechter zerspalten sind und einander suchen müssen (193c-d). Auch hier ist »Gnade«. Etwas kommt zustande, das weder beansprucht, noch errechnet, noch erzwungen werden kann und dennoch eine unabweisbare Sinn-Evidenz enthält. Es ist einem oder mehreren Menschen zur Erfüllung ihres Lebenssinnes notwendig und hängt doch vom Wirken einer »Stelle« ab, über die sie schlechterdings nichts vermögen.

Wo diese Stelle liegt, kann man wieder nicht sagen. Wir empfinden eine Art Konvergenz der Geschehnislinien, welche auf einen Ausgangspunkt hinweisen, den wir selbst nicht fassen können. Damit gelangen wir wieder in den Sinnzusammenhang des Schicksals und müssen das Weitere dem nächsten Kapitel überlassen. Es wird aber doch deutlich, daß jene »Stelle« weder in der Einzelexistenz noch in einem größeren Teilbereich liegen kann, sondern dem Dasein als Ganzem zugehören muß; und daß die Antwort nach seinem Wesen davon abhängt, ob wir in diesem Dasein eine einheitlich-sinnvolle Lenkung annehmen dürfen oder nicht.

Verwandt mit der Gnadenhaftigkeit der Begegnung ist die der lösenden und helfenden Fügung: wenn durch ein Geschehnis, das weder zu berechnen noch herbeizuzwingen war, eine drückende Not behoben, oder eine ausweglose Situation geöffnet, oder sonstwie dem Leben vorangeholfen wird. Der Eindruck des Gnadenhaften stammt daher, daß die Ursachen eines solchen Geschehens außerhalb der Sicht und Kraft des Einzelnen liegen, aber in dessen Lebenswelt eine hilfreiche Wirkung tun. So ist diese Wirkung denn auch überwertig. Sie hat einen Existentialsinn, der über die bloße physische oder psychische Wirkung hinausgeht. Sie besteht nicht nur in den faktischen Änderungen und Verbesserungen des Lebenszustandes, sondern vor allem darin, daß sie die Zuversicht in das Wohlwollen des Daseins stärkt und den Lebenswillen bekräftigt.

Dabei muß auf etwas hingewiesen werden, was schon in den früher beschriebenen Formen der Gnadenhaftigkeit enthalten war. Daß jene Geschehnisse und Zustände weder durch das Recht noch die Kraft des Einzelnen erfaßt werden können, weist auf eine andere, noch über der Ganzheit des empirischen Daseins liegende, absolute Selbstherrlichkeit hin, nämlich die göttliche. Dieser Hinweis wird durch das religiöse Organ erfahren und macht das Wesentliche im Phänomen der Gnadenhaftigkeit aus. Weiter unten soll er eigens behandelt werden. Im übrigen führt auch er zu dem des Schicksals hinüber.

Die Euphorie und das Vollkommene

Eine andere Form des Gnadenhaften bildet das, was man die reine Stunde nennen kann. Wir verstehen darunter keinen Vorgang, sondern einen Zustand – jenen, worin das Leben sich reich, erfüllt, ruhig und frei fühlt. Man weiß, nun ist alles gut. Nichts bleibt zu wünschen. Das Dasein ist vollkommen. Weder an den Dingen noch am eigenen Sein hat sich etwas Angebbares geändert, sondern ein Gleichgewicht ist eingetreten. Die das Leben tragenden Spannungen sind nicht aufgehoben – woraus ja nur Langeweile und Überdruß entstehen könnte –, sondern in einen Zustand eingegangen, der voll von Sinn, zugleich schwebend leicht ist und Endgültiges verheißt. Er hat ein Symbol im Nachmittagslicht ganz klarer Tage. Darin scheinen die Dinge ihrer innersten Wesensgestalt mächtig und zugleich für ein Letzt-Eigentliches durchscheinend zu werden. Ein Unnennbares wird gegenwärtig und beglückt. Hölderlins Dichtungen reden von diesem Zustand in schöner und reiner Weise[4]. Ähnliches – aber um einen Ton gefährli-

---

[4] Der Rhein, 12 und 13; Quell der Donau 3; Hyperion, Bd. I, Buch 2, Brief 2 u.a.

cher – verbindet Nietzsche mit der Stille des heißen Mittags[5].
Psychologisch gesehen ist es die Euphorie. Auf normaler Stufe bedeutet sie eine Gipfelung und zugleich innerste Beruhigung des Lebens; einen Augenblick also, in welchem dieses Leben sich seiner Möglichkeiten und Hoffnungen gewiß wird, um dann wieder in die Verworrenheiten des Alltags zurückzufallen. Sie kann sich aber ins Gefährliche steigern. Hocheuphorische Zustände hängen mit Krankheit zusammen, und es dürfte wohl nicht zweifelhaft sein, daß die Schilderungen kosmischer Euphorie, wie sie sich im »Zarathustra« – aber auch an manchen Stellen in Hölderlins Hymnen – finden, auf die kommende Zerstörung hindeuten.
Der beschriebene Zustand ist ebenfalls unerzwingbar. Er darf nicht mit jenem ruhigen Gleichmaß verwechselt werden, das aus einer gesunden Lebensführung, oder aus lang geübter Selbstbeherrschung hervorgeht. Letzteres steht zur echten »reinen Stunde« wie die Planung zur Begegnung, die Arbeit zum Schaffen, die Rechtsfolge zum Gnadenakt. Zwar kann man den Eintritt der Euphorie – ebenso wie den der schöpferischen Erregung – bis zu einem gewissen Grade willentlich fördern. Alle Völker und Zeiten kennen Mittel dafür; materieller Art in alkoholhaltigen Getränken oder in ausgesprochenen Rausch- und Verzückungsgiften; psychologischer Art in suggestiven Techniken der Lösung oder Selbst-Steigerung. Die Ergebnisse sind aber unecht und die Methoden gefährlich. Sie beeinträchtigen, was das Leben meistert und verantwortet: den Charakter, die Kräfte der Redlichkeit, Ordnung, Ehre und Treue. Die echte »reine Stunde« kann nur von selbst als Huld und Gabe kommen.
Auf die Frage freilich, woher sie komme, ist eine Antwort ebenso schwer zu geben, wie auf die nach dem Ursprung der vorgenannten Formen des gnadenhaften Geschehens. Es bieten sich Begriffe an wie die der Lebensmitte oder des inneren

---

[5] »Also sprach Zarathustra«, dritter Teil, »Mittags«. – Hierher gehört auch der Begriff des Halkyonischen.

Maßes – nicht umsonst hat Nietzsche, der soviel von der Euphorie und ihrem Gegenteil wußte, in so geheimnisberührtem Ton von »Mitte und Maß« gesprochen. Das Wort erklärt zwar nichts, weist aber dem Gefühl eine Richtung.

An den geschilderten Eindruck der Gnadenhaftigkeit schließt sich jene eigentümliche Empfindung, welche zuweilen vor einem vollendeten Naturgebilde erwacht, genauer, vor einem Naturgebilde, dessen Maße mit unserem persönlichen Lebensgefühl in einem harmonischen Verhältnis stehen, es also weder ins Ungeheure, noch ins Erhabene, noch ins Abgründige überschreiten. Vor einem riesigen Berge, oder vor einem Meer in Aufruhr stellt sie sich nicht ein, wohl aber vor einem vollkommen schönen Baum, wie ihn Mörikes Gedicht von der »schönen Buche«, oder vor einem edlen Tier, wie es Franz Marcs frühe Rehbilder dargestellt haben. Hier liegt das Gnadenhafte darin, daß es diese Gestalten überhaupt gibt. Das Dasein ist dem Werden des Vollkommenen nicht günstig; hier ist es »geglückt«. Das bedeutet für unser Gefühl nicht nur, daß wir etwas Schönes und Seltenes sehen, sondern auch, daß das zerrissene Dasein an dieser Stelle zum Einklang gelangt ist: einen Augenblick des Friedens also im beständigen Kampf und eine Verheißung beseligender Möglichkeiten im Überdruß des Alltags.

Den gleichen Charakter haben gewisse Kunstwerke. Wiederum nicht die gewaltigsten, oder erhabensten, oder tiefsinnigsten, sondern jene, die zu reiner Leichtigkeit geraten sind. Bilder Matthias Grünewalds oder Plastiken Michelangelos haben ihn nicht; Mörike offenbart ihn aber, wenn er von der Lampe spricht, die im verlassenen Gemache hängt, und am Schluß sagt, was da so beglückend herleuchte, sei »das Schöne«, welches »selig ist in ihm selbst«. Manche griechischen Vasen haben diesen Adel des Rein-Geglückten und Geschenkten und wieder manche Malereien Raffaels und Kompositionen Mozarts. Er setzt Kraft voraus und bedeutet, daß sie, die ja in der Tiefe entspringt, sich zur freien Anmut, zur lichten Holdseligkeit geläutert hat, wie denn auch das griechische Wort für Gnade, »*charis*«, ursprünglich eben diese gelöste Anmut bedeutet. (Das italienische »*grazia*« und das französische »*grâce*« desgleichen.)

Endlich mag noch darauf hingewiesen werden, daß es Menschen gibt, deren Dasein selbst als gnadenhaft empfunden wird. Auch bei ihnen fällt der Charakter nicht mit dem der Größe zusammen, weil diese – schöpferische oder herrscherliche oder welche Größe immer – das Verhältnis zwischen uns und ihr aufhebt. Das Gnadenhafte steht vielmehr in Gemäßheit zu uns, hat etwas Lösendes und glücklich Schenkendes. Im Wesen solcher Menschen, in ihrer Art zu sprechen oder die Dinge anzufassen, wird das Dasein leicht. Sie geben Zeugnis, daß es in dieser Welt der Verworrenheit und Gewalt die Reinheit und den Adel gibt – denken wir etwa an Goethes Begriff der »schönen Seele«... Der Eindruck kann sich bis zu dem des Unirdischen steigern. Vor einem solchen Menschen entsteht dann das Gefühl, er komme anderswoher, bringe aber die Botschaft mit, daß »man« es mit uns gut meint, und verbürgt diese Botschaft, gegen den Widerspruch der täglichen Wirklichkeit, mit seinem Wesen. Novalis scheint ein solcher Mensch gewesen zu sein. Auch hier ist aber das Maß erfordert, denn sobald sich der Eindruck steigert, hört der Eindruck des Gnadenhaften auf, und an seine Stelle tritt der von etwas anderem, das Ehrfurcht, ja Scheu erregt. Vielleicht war Hölderlin von dieser Art.

Das Element des Gnadenhaften im Dasein

Alles Gesagte weist darauf hin, daß es im Dasein überhaupt ein Element gibt, welches gnadenhaften Charakter trägt. Was damit gemeint ist, wird klarer, wenn wir die Frage stellen, die bereits in Bezug auf die Freiheit gestellt wurde: in welcher Welt es etwas Derartiges nicht geben könne?

Die Antwort lautet: in einer, die so gebaut wäre, wie die mechanistische Naturwissenschaft sie denkt. Wenn alles in mathematische, biologische, psychologische Notwendigkeiten aufgelöst werden könnte, wären Phänomene wie die genannten nicht möglich. Alles hätte den Charakter einer durchgehenden Zwangsläufigkeit und könnte, wenn auch auf komplizierten Wegen, vorausgesehen und berechnet werden. Es wäre eine gnadenlose Welt. Nirgendwo gäbe es das Beschenktwerden durch eine Huld, das Aufblühen eines Neuen, das beglückende Geraten eines Vollkommenen, das freie Sich-Öffnen des Herzens. Wo sich aber das Gefühl solcher gnadenhafter Momente einstellte, würde es eine Täuschung sein. Entweder eine aus Mangel an Einsicht und Urteilsfähigkeit, oder aber eine konstitutive, deren die Natur bedürfte, um das Individuum lebensfähig und lebenswillig zu erhalten. Der bewußt Gewordene würde die Zusammenhänge durchschauen, stünde freilich eben damit am Rande der Lebensmöglichkeit.

Es gibt auch menschliche Atmosphären, welche das Gnadenhafte erschweren, ja ersticken. Mit »Atmosphäre« ist jenes Ganze gemeint, das durch geltende Vorbilder, anerkannte Wertordnungen, bestehende Lebensformen, unwillkürlich sich einstellende Sympathien und Antipathien, Erwartungen und Befürchtungen gebildet ist und auf der Vorherrschaft bestimmter menschlicher Typen ruht. Bestimmte Atmosphären ermutigen das gnadenhafte Element des Daseins. Individuell gesehen etwa die eines warmen gütigen Menschen; sozial die künstlerisch gerichteter Gruppen; historisch die der großen schöpferischen Perioden. Hier wird das Ursprüngliche und Produktive als wertvoll empfunden; die allgemeine Haltung ist mit ihm vertraut; so bejahen, bestätigen, fördern sie einander gegenseitig. Andere Atmosphären entwerten, entmutigen, schwächen es: die puritanisch-fanatische, die autoritär-bürokratische, die nüchtern-rechnerische und, am hoffnungslosesten, die der rationalisierten Gewalt, der mechanisierten Unmenschlichkeit, wie sie in der Nachneuzeit zu Tage getreten ist. Freiheit, Großmut, Aufschwung des Herzens, Humor, Ur-

sprünglichkeit der Eingebung und vertrauendes Wagnis, alles das wird als fremd, unsympathisch, störend, ja gefährlich empfunden. Eine geheime Angst ist am Werk, die sich durch das Gnadenhafte gefährdet fühlt und es zu ersticken sucht.
Die wirkliche Welt enthält aber nicht nur den durchgehenden Zusammenhang, sondern auch den Ursprung und das, was aus ihm hervortritt; nicht nur das Rational-Durchschaubare, sondern auch das Nicht-Vorherzusehende und Schöpferische. Diese Momente stören die Welt nicht, sondern bauen sie mit auf. Sie begründen ihre Potentialität, die Möglichkeit des »Neuen« – welch Letzteres nicht nur das bedeutet, was zum ersten Mal zustande gekommen ist, sondern einen Charakter des Seins, wie er schon jeder echt aus dem Inneren kommenden Gebärde eignet.
Das gleiche Element kehrt in der Welt der menschlichen Handlungen und Schicksale wieder. Es drückt sich in dem aus, was Fügung heißt: im Zugehen der Geschehnisse auf das persönliche Dasein, in ihrem Sich-Darbieten und Sich-Schenken – freilich auch im Sich-Verschließen und Sich-Verweigern, in der Unhuld. Darüber wird das dritte Kapitel noch einiges zu sagen haben.
In der Welt der Werte ist es die Tatsache, daß gewisse Werte – die des Edlen und Hohen – sich überhaupt nur aus der Absichtslosigkeit heraus verwirklichen können. Ihnen gegenüber hilft kein Planen noch Machen, sie müssen gegeben und empfangen werden. Das Dasein ist diesen Werten wenig günstig; wenn sie aufleuchten, geschieht es nicht in der Form einer »Leistung«, sondern eines »Dennoch«, eines »Sieges«. Was da aber siegt, ist weder Überlegung noch Anstrengung, sondern die Huld, die freilich nur schwer gewährt wird. Einen vollkommenen Ausdruck der Tatsache, daß die edelsten Werte nur in der Form gnadenhafter Leichtigkeit erscheinen, bildet Dantes Beatrice. Ihr Lächeln ist die Macht, welche mühelos das Gewaltigste bewirkt[6].

[6] Dazu in Guardini, Unterscheidung des Christlichen, 1935, die Abhandlung »Seinsordnung und Aufstiegsbewegung in Dantes Göttlicher Komödie« S. 445.

Daß es im Dasein dieses Element gibt, drückt sich in Empfindungen aus, die anders nicht erklärt werden könnten, nämlich der Verwunderung und dem Dank – in der Verwunderung, nicht im bloßen Noch-Nicht-Verstehen; im Dank, nicht in der bloßen Befriedigung. In Empfindungen also, die nicht nur einen Erfolg bestätigen, sondern auf einen Charakter des Daseins antworten; darauf, daß dieses Dasein nicht selbstverständlich ist. Alles rational und mechanisch Notwendige ist selbstverständlich und wäre es noch so gewaltig; daher denn jedes bloße Verstandesergebnis, jede technisch-industrielle Leistung sofort nach ihrer Realisation auch schon »alt« und gleichgültig wird, und es keinen törichteren Mißbrauch des Wortes gibt, als von »Wundern der Technik« zu reden. Technik und Verstandesleistung sind das genaue Gegenteil des Wunders und erzeugen weder echte Verwunderung noch wirklichen Dank.
Nach der gleichen Richtung weist auch das Gefühl des Glücks. Wiederum: nicht des befriedigten Bedürfnisses, oder des Behagens, sondern des echten Glücks, das sich bewußt ist, über Anspruch und Vermögen hinaus beschenkt zu sein.

Alles das hängt eng mit der Freiheit zusammen. Einmal ontologisch. Man ist versucht zu sagen, es bilde die Freiheit des Seins. In diesen Erscheinungen löst sich seine Bedrängnis und lockert sich seine Verschlossenheit. Hölderlin hat dafür den wunderbaren Ausdruck: das Dasein »blüht«. Ein rein mechanisches Dasein wäre in sich selbst gefesselt. Dann aber auch von der Haltung des Menschen her: Er muß den Sinn und Willen zur Freiheit haben, um jene Momente auffassen zu können. Seine Augen müssen sich öffnen; sein Herz muß sich lösen; er muß Freude haben an dem, was sich aus sich selbst heraus entfaltet. Das tut die Großmut, die das Sein freigibt, und der Humor, der den Sinn auch noch im Sonderbaren und Widrigen erkennt.
Einen Versuch, dieses Moment ganz rein herauszustellen, bilden die Märchen. In ihnen erscheint das Dasein so, daß das Gnaden- und Huldhafte triumphiert. Darum sind sie den Kin-

dern, deren Welt so gebaut ist, selbstverständlich. In einem tieferen Sinne sind sie aber auch wahr für den Erwachsenen, denn sie vergewissern ihn eines Elements, das er leicht vergißt; bedeutet doch »Altwerden« – das schlimme Altwerden im Unterschied zum guten, welches Weisheit und Ewigkeitsnähe ist –, daß der Sinn für das Gnadenhafte abnimmt, das Gemüt verknöchert. Dagegen sind die Märchen eine Arznei, vorausgesetzt freilich, daß das Gemüt sie noch aufnehmen könne.

Das Gnadenhafte im Religiösen

Sehr stark entwickelt ist das Moment des Gnadenhaften im religiösen Leben – das Wort zunächst wieder im allgemeinen Sinne genommen. Man kann sogar sagen, daß es für das Wesen des Religiösen grundlegend ist. Das Numinose oder Göttliche kann sich in der intensivsten und folgenschwersten Weise zur Geltung bringen, immer aber steht es »auf der anderen Seite«. Sein Bereich ist für die im Welthaften laufende Bewegung unzugänglich und wird nur »im Überschritt« erreicht. Es hat auch eine eigene Initiative, die nie direkt gefaßt, gedrängt, gar gezwungen werden kann, sondern sich nur aus sich selbst heraus öffnet. Das Göttliche wird tätig, wann und wie »es will«. Was es gibt oder tut, ist Gewährung aus unerzwingbarer Huld – ebenso wie das Versagen, Zürnen, Unheil-Wirken aus der unzugänglichen Wurzel der Unhuld kommt.
Die religiöse Erfahrung empfindet das unmittelbar. Grundlegende Formen des religiösen Aktes oder Erfaßtseins, wie Staunen, Erschütterung, Furcht, Bitte, Beseligung, Dank, bezeugen, daß das von ihnen Gemeinte durch keine dem Menschen zur Verfügung stehende Bindungskraft herbeigezogen werden kann, vielmehr aus einer sich selbst vorbehaltenden Freiheit kommt, das heißt aber, Gnadencharakter trägt. Es gibt auch religiöse Affekte, die sich ausdrücklich auf das Gnadenmoment als solches beziehen, so das Bewußtsein der Unverdientheit

und die Haltung der Demut; das Gefühl, auserwählt zu sein; die Bitte um Vergebung und Entsühnung, ja überhaupt jede Bitte, sofern sie in religiös reiner Form geschieht.

Immer wieder machen der Rationalismus und die aus ihm kommenden Formen der Wohlfahrtspflege und Sozialerziehung den Versuch, das Religiöse mitsamt der Gnadenhaftigkeit seines Verhaltens wegzuschaffen und das Dasein nur auf die Durchschaubarkeiten der Vernunft, der Psychologie und der sozialen Ordnung aufzubauen – allenfalls es als eine nach Maß und Wirkung kontrollierte Feierlichkeit zur Unterstützung der eigentlichen Faktoren hinzunehmen. Darauf ist zunächst zu sagen, daß durch eine solche Einfügung in Rationalität und Technik das Wesen des Religiösen zerstört wird. Es kann nur im Charakter der Gnadenhaftigkeit bestehen. Was aber den Versuch angeht, es überhaupt auszuschalten, so geht es hier um die Frage, ob das Religiöse ein Urphänomen ist, das zum Wesen des Daseins gehört, oder etwas Sekundäres, das entbehrt beziehungsweise umgebaut werden kann. Die bisherige Erfahrung der Menschheit antwortet im ersten Sinne und stimmt darin mit der unvoreingenommenen theoretischen Analyse überein. Ist es so, dann kann das Religiöse auch nicht beseitigt werden; der Versuch aber muß zu dem führen, wozu jeder Versuch führt, seelisch Wesentliches zu beseitigen: zur psychischen Erkrankung des Einzelnen wie der Gesamtheit. Die Geschichte der letzten Jahrzehnte hat nach dieser Richtung erschütternde Belehrung gegeben, und die der kommenden Zeit wird sie fortsetzen – für jeden, der fähig und willens ist, die Lehre zu verstehen.

Im Religiösen findet sich aber auch ein Moment, das zum Gesagten im Widerspruch zu stehen scheint. Sobald eine Religion ins Leben eines Volkes eingegangen ist und Tradition geschaffen hat, sind Lebensordnungen entstanden, welche die ihnen Zugehörigen verpflichten. Diese Verpflichtung erzeugt bei dem, der sie einhält, das Bewußtsein eines Rechtes gegenüber der religiösen Hoheit, welche das Gesetz gegeben hat, oder in deren Namen es gegeben worden ist. Damit wird auf die Initiative des Numens eine Bindung gelegt und so die Gnadenhaftigkeit seines Gewährens beeinträchtigt.

Der Vorstellung eines solchen Rechtsanspruches tritt vielfach die einer Macht zur Seite, welche auf das Numen ausgeübt werden kann. Ihre massivste Form bildet die Magie. Sie ruht auf der Voraussetzung, daß die göttlichen Wesenheiten und Mächte zur gleichen Allwirklichkeit wie der an sie Glaubende gehören und zugleich mit ihm durch ein gemeinsames Gesetz des Verhaltens gebunden werden. Wenn der Mensch dieses Gesetz kennt, kann er das Numen zwingen. Die einfachste Form ist die Kenntnis des Namens der göttlichen Wesenheit und dessen Aussprache mit dem Willen, sie zu nötigen, Bannung also und Beschwörung. Komplizierter sind kultische Handlungen, die das Gewünschte symbolisch ausdrücken und glauben, so seine Verwirklichung erzwingen zu können und so weiter. Auch solche Maßnahmen zielen darauf hin, die Gnadenhaftigkeit des göttlichen Verhaltens einzuschränken.

Zwischen Recht und magischem Zwang steht die Art, wie oft Askese und Kontemplation Einfluß zu üben suchen. Der Religiöse bringt sich durch Reinigung, Entsagung, Konzentration in einen Zustand, der durch seine Gottgefälligkeit oder Gottgemäßheit einen Anspruch gegenüber dem Numen bildet. Auch sammelt und steigert sich in diesem Zustand die religiöse Eigenpotenz des Menschen und erzeugt das Gefühl, über jenes Numen, auf welches der Asket sich richtet, Macht zu haben. Alle diese Verhaltungsweisen nehmen einen um so breiteren Raum ein, je tiefer die religiösen Vorstellungen und Gesinnungen im Range sinken. Sie können derart überhandnehmen, daß sie den eigentlichen Charakter der Religiosität zerstören und das ganze Verhältnis zu einer bloßen Praktik machen.

Die Gnade im christlichen Sinne

Die Erschaffung der Welt und die Gnade

Wir haben nun zu fragen, was die Offenbarung über die Gnade sagt, um so zu deren eigentlichem Begriff zu gelangen. Und zwar beginnen wir mit einer Tatsache, die leicht übersehen wird.

Die Offenbarung lehrt, Gott habe die Welt in der Souveränität seines Willens aus Nichts erschaffen; damit ist aber auch gesagt, daß die Welt nicht sein muß. Einen Hinweis auf diese Tatsache bildet schon der zu den existentiellen Grunderfahrungen gehörende Drang, für das, was man hat und was einem geschieht, ja dafür, daß man überhaupt ist und lebt, zu danken – oder aber gegen das, was man ist, und daß man ist, zu protestieren. Dank wie Protest richten sich nicht auf diese oder jene glückliche oder unglückliche Einzelheit, sondern auf das Dasein überhaupt[7]. Solche Affekte könnten aber nicht entstehen, wenn die Welt notwendig wäre. Darüber vermögen keine lyrischen oder pseudoreligiösen Reden hinwegzutäuschen. Für das, was sein muß, kann man nicht danken, ebensowenig, als man dagegen protestieren kann – wobei nicht übersehen werden darf, daß jene Notwendigkeit ja auch den Menschen selbst umfassen würde. Sein ganzes Empfinden und Sichverhalten würde ebenfalls einen Teil der Allnotwendigkeit bilden; eine dankende oder protestierende Stellungnahme wäre daher bei ihm ebensowenig denkbar wie bei einem Tier.

Sobald die Welt da ist, gibt es innerhalb ihrer auch die Notwendigkeit mit all ihren Formen; nicht aber ist notwendig, daß diese Welt selbst, so wie sie ist, aufgebaut aus diesen Stoffen oder Energien, geformt nach diesen Wesensgestalten und

---

[7] Große künstlerische Gestaltungen dieser Affekte finden sich zum Beispiel in Dostojewskijs Roman »Die Brüder Karamasoff«: im Staretz Sossima, für den die Schöpfung ein einziger Anlaß zum Dank ist, und in Iwan Karamasoff, der »sie nicht annimmt«.

bestimmt durch diese Werte, da sein müsse. Notwendig sind die Wesens- und Wertgestalten in ihrem Sinn, weil sie den endlichen Ausdruck der ewigen Wahrheit Gottes bilden; nicht aber ist notwendig, daß die Dinge und Bezüge, an denen sie sich realisieren, wirklich bestehen. Deren Inbegriff, die Welt, könnte auch auf Grund anderer Wesensgestalten gebaut, ja sie könnte überhaupt nicht sein. Die Aussage, welche behauptet, die Welt müsse sein, ruht auf einem bestimmten existentiellen Grundwillen, nämlich dem, sie absolut zu machen. Dieser Wille ist in der Neuzeit überall am Werk und schafft den Maßbegriff der »Natur«. Damit meint er ein Letztes, hinter das nicht zurückgegriffen und von dem nicht an Höheres appelliert werden kann. Alles verläuft dann in der Natur, und alles findet in ihr seinen Sinn. Sie ist »natürlich«, das heißt, durch sich verständlich, weil in sich begründet, sich selbst genügend und in sich erfüllt. Dieser Begriff ist aber kein Ergebnis echter Einsicht, sondern ein Postulat, Ausdruck und Werkzeug zugleich der Selbstablösung von Gott. In dem Maße er das Denken – und, unter dem Denken, das Empfinden – bestimmt, werden ihm die Offenbarung, ihr Bild von Gott und vom Menschen, ihre Gesinnung und Redeweise fremd[8]. Im Raum der Offenbarung ist die Welt nicht »Natur«, sondern Schöpfung, »Werk«. Sie ruht nicht in sich, sondern geht aus Gottes Tat hervor; so ist sie kein Notwendig-Seiendes, sondern ein Getanes, ein »Faktum«, eine »Tat-Sache«. Diese Aussage der Offenbarung meint etwas ganz anderes, als wenn die Mythen sagen, die Welt sei durch göttliche Wesen aus dem Ur-Chaos geformt; oder sie habe sich, von Urmächten gelenkt, aus ihm entfaltet. Sie meint vielmehr, die Welt sei im reinen und entschiedenen Sinne des Wortes ins Sein gerufen; ganz und durchaus, bis in ihre letzten stofflichen und ideellen Voraussetzungen. Und nicht durch ein »Es«, eine »Macht«, sondern durch einen »Jemand«, einen »Er« – den »Er« schlechthin, der sei-

---

[8] Den vielleicht vollkommensten Ausdruck findet diese Denkweise in dem Fragment Goethes »Die Natur« (Journal von Tiefurt 1782 in: Goethes Naturwissenschaftliche Schriften, Insel-Verlag, Bd. I, S. 9ff). Zum Ganzen Guardini, Welt und Person, 1940, S. 1ff [Mainz/Paderborn ⁶1988, S. 15-36].

nerseits nicht nur von der Welt, sondern auch von jeder Vorgegebenheit sonst absolut unabhängig ist, den personalen Gott. Er ist »Herr« von Wesen, sofern Er sich selbst genug, in sich frei und erfüllt ist. Er ist Herr auch in seinem Schaffen, sofern dieses nicht durch Wesen bedingt und dadurch wieder notwendig ist, etwa so, daß es aus dem Drang käme, seinen inneren Reichtum zu ergießen, oder die Form darstellte, wie Er sich selbst verwirklichte, oder den Weg, auf dem Er seiner selbst bewußt würde, wie das von den verschiedenen Arten des Pantheismus von Plotin bis zum späten Max Scheler behauptet worden ist. Gottes Schaffen bildet in keiner Weise eine Funktion seines Wesens. Es ist kein »Wirken«, sondern ein »Tun«; dieses Tun aber wurde vollzogen, weil Gott es gewollt hat, das heißt aus absoluter Freiheit. Gott wäre Er-selbst, erfüllt und sich genügend, und damit wäre überhaupt alles erfüllt und genügend, einfachhin, auch wenn keine Welt wäre.

So trägt die Welt letztlich nicht den Charakter der »Natur«, sondern der »Geschichte«. Innerhalb der Welt gibt es Natur: nach bestimmten Wesensgesetzen gebaute, unbewußt-unfreie Wirklichkeit, welche sich diesen Gesetzen entsprechend verhalten muß. Die Welt als Ganzes hingegen kann mit dem Begriff der Natur nicht gedacht werden. Ebensowenig freilich mit dem Begriff, welchen der Idealismus dem der Natur gegenübergestellt hat: eines mit ihr ringenden und ebendarin von ihr abhängigen Weltgeistes oder Weltbewußtseins oder Weltwillens. Ein solcher »Geist« wäre letztlich, wenn auch auf höherer Ebene, selbst wiederum »Natur«[9].

---

[9] Die neuzeitliche Vorstellung von der Natur als des allerfüllenden und selbstgenügsamen Inbegriffs scheint sich aber aufzulösen. Die Erfahrung dringt durch, daß das Dasein durchaus nicht »natürlich« und selbstverständlich, vielmehr problematisch und gewagt, und der Mensch zusammen mit der Welt in die Notwendigkeit ständiger Entscheidung gestellt ist. Dadurch öffnet sich ein neuer Weg zu den Aussagen der Schrift; eine Möglichkeit, die Welt als Werkzeug Gottes und den Menschen als Seinen Beauftragten zu verstehen. Allerdings steht diesem Positivum die neue negative Möglichkeit gegenüber, Gott in einer noch viel entschlosseneren Art abzulehnen, als das durch die absolutistische Weltdeutung geschehen ist; siehe die Philosophie Nietzsches. Dazu Guardini, Zu Rainer Maria Rilkes Deutung des Daseins, 1941, S. 12ff.

Für unsere Frage folgt aus alledem, daß die Welt selbst aus »Gnade« hervorgeht. Das Wort hat hier zwar schon den theologischen Sinn, aber noch auf einer allgemeineren Stufe. Es besagt, daß die Welt nicht so sein muß, wie sie ist, vielmehr auch anders sein könnte; daß sie überhaupt nicht sein muß, sondern auch nicht sein könnte; daß sie daher auch nicht aus irgendwelchen Voraussetzungen abgeleitet, sondern nur entgegengenommen werden kann und die letzte Entscheidung zwischen Gehorsam und Empörung fällt.

Der schöpferische Entschluß selbst ist aber Güte. Ja er ist, wie im Laufe der Offenbarung immer mehr, und aus der Gesinnung Jesu endgültig klar wird, Liebe. Gott schenkt der Welt, daß sie sei und dem Menschen – jeweils jedem, also mir, daß ich in ihr sei. Und das ist gut. Der Schöpfungsbericht wiederholt das immer neu: Gott sieht und urteilt, die Welt sei »gut« und »sehr gut« (Gen 1,4-31)[10].

Nur von hier aus ist das Verhältnis Gottes zur Welt, wie die Offenbarung es beschreibt, zu verstehen. Jener Unterschied von »Gnade« und »Natur«, der im Laufe des Mittelalters und der Neuzeit herausgearbeitet worden ist, liegt erst innerhalb des Daseins, das als Ganzes den soeben bestimmten gnadenhaften Charakter trägt. Von diesem zweiten, engeren Sinn der Gnade soll nun näher die Rede sein.

Die Gnade in der christlichen Existenz

Der Mensch besteht in einer anderen Weise als das Lebendige sonst. Eine Pflanze, ein Tier sind geschlossene Gebilde, durch das eigene Wesen bestimmt, naturhaft aus sich heraus beziehungsweise auf die durch eben dieses Wesen gegebene Umwelt hin erwachsend und sich vollendend. Mit dem Menschen ist

---

[10] Daß uns diese Grundaussage angesichts des Weltzustandes problematisch erscheint, ist selbst Folge von Geschichte – jener Geschichte, von welcher das dritte Kapitel der Genesis spricht.

es anders. Er besteht nicht in naturhafter, sondern in geschichtlicher Weise. Das bedeutet einmal, daß er als Person besteht; seine Existenz also nicht durch die Notwendigkeit einer sich durchsetzenden Wesensgestalt, sondern durch die Freiheit bestimmt ist und von ihr her nicht nur erfüllt, sondern auch verfehlt und zerstört werden kann. Die Geschichtlichkeit des Menschen bedeutet ferner, daß er sich nicht einfach aus sich selbst heraus, sondern in der Begegnung verwirklicht[11]. »Begegnung« aber meint mehr als den einfachen Bezug zu einem Anderen, wie er bei jedem Lebendigen vorliegt, das sich ja in beständiger Wechselbeziehung zur Umwelt befindet, von ihr gefördert und gehemmt wird; sie meint, daß der Mensch den Dingen geistig gegenübertritt, sie erkennt, sie bewertet, Stellung zu ihnen nimmt, an ihnen handelt, gestaltet, schafft. Darin entfalten sich seine Kräfte, verwirklicht sich seine Persönlichkeit – oder aber sie werden gehemmt und zerstört.
Sehen, Erkennen, Werten bedeutet, mit dem eigenen Leben und Sein in den Machtbereich der Sinngestalt des Geschehenen, in den Einfluß seiner Wahrheit und seines Wertes zu kommen und dadurch geformt zu werden. Das alles kann richtig oder falsch, bauend oder zerstörend ausfallen. Das tierische Dasein bildet ein einfachhin Ganzes. Es hat einen einzigen Mittelpunkt, die Natur, welche sowohl in ihm wie in den ihm zugeordneten Dingen wirkt; so entsteht aus seinem Hingeraten an die Dinge etwas eindeutig Festgelegtes, nämlich die Lebensgestalt dieses bestimmten Tieres. Beim Menschen hingegen gibt es zwei tragende Punkte: ihn selbst, sein geistbestimmtes individuelles Wesen, und das äußerlich Gegebene. Sein Dasein entsteht immerfort aus dem Bezug zweier Momente, deren eines, das Entgegentretende, aus Ausgängen herkommt, über welche er selbst nur sehr beschränkte Gewalt hat, so daß es alles enthält, was Schicksal, Glück, Zufall heißt – das andere aber durch die Freiheit bestimmt ist und daher die Begegnung wollen oder ablehnen, sie richtig oder falsch vollziehen kann. So hat das Ganze den Charakter der Ausein-

---

[11] Siehe oben S. 43–47.

andersetzung, des Wagnisses, der Ungewißheit. Es ist von dem scheinbar paradoxen Sinngesetz getragen, daß der Mensch sich nur dann gewinnt, wenn er von sich selbst weg- und in das ihm Entgegentretende hinübergeht; sich aber verliert, sobald er bei sich bleibt und sich selbst festhält[12].

Die Begegnungen vollziehen sich innerhalb der Welt in den verschiedensten Weisen und gipfeln in den großen Wagnissen der Hingabe an einen Menschen, eine Idee, ein Werk. Sie verwirklichen sich in den mannigfachen Beziehungen der Zuordnung und Gemeinsamkeit: der Freundschaft, der Liebe, des Handelns und Schaffens. Die eigentliche und letzte, richtiger gesagt, die den Heilssinn entscheidende Begegnung aber geht über die Welt hinaus zu ihrem Schöpfer, zu Gott. Versucht wird sie immerfort in der freien religiösen Erfahrung; in ihrer Eigentlichkeit kann sie sich aber erst dann verwirklichen, wenn Gott selbst sie möglich macht.

Das tut Er maßgeblicherweise nicht durch eine individuelle innere Berührung, sondern in »geschichtlicher« Form, durch die Offenbarung. Darin ist Er dem Menschen entgegengetreten, hat ihn angerufen und in ein neues Verhältnis des Ich-Du aufgenommen. In diesem ist der Mensch erst zu jenem Wesen geworden, welches Gott gemeint hat: zu Gottes Ebenbild, zu Seinem Statthalter in der Welt, zum Herrn unter Seiner Herrschaft. Dieses Ganze: daß Gott in freier Huld den Menschen gemeint, ihn angerufen, ihn in einen besonderen personalen Bezug zu sich erhoben, ihm eine neue, aus Seinem eigenen Leben kommende Lebendigkeit gegeben hat, ist die Gnade im eigentlichen Sinne.

Sie hat ihre erste Verwirklichung im Paradies erfahren. Dieses hat mit den Verflachungen und Verwaschungen, welche der Begriff im neuzeitlichen Denken erfahren hat, nichts zu tun. Das Paradies ist nicht der Naturzustand des noch nicht zum Geiste erwachten Menschen, auch nicht die Projektion des

---

[12] Zum Ganzen Guardini, Welt und Person, 1940, S. 107 ff [Mainz/Paderborn ⁶1988, S. 111-121].

Kindeszustandes ins mythische Einst, sondern die Verfassung des Daseins, welche daraus hervorging, daß der Mensch zu Gott im vollen und ungestörten Begegnungsbezug stand. Eben damit war dieses Dasein aber auch in die Probe gestellt. Es sollte sich entscheiden, ob der Mensch den heiligen Bezug in Freiheit bejahen und bewahren, oder aber verneinen und zerstören würde. Die Offenbarung sagt uns, daß das Letztere geschah. Und nicht durch irgendwelchen innerlich notwendigen Schritt aus dem naturhaft-unschuldigen ins kulturell-mündige Dasein, sondern durch den Ungehorsam gegen den Herrn der Welt[13]. So fiel der Mensch aus der Gnade heraus, und der Riß ging bis in sein innerstes Leben. Wer blieb, war nicht der einfache Mensch der Natur, in sich gesund und erfüllt, dem nur eine besondere Gottesbeziehung gefehlt hätte. Da der letzte gottgemeinte Sinn des Menschen sich ja erst in der Begegnung mit Gott erfüllt, stürzte er vielmehr unter die bloße Natürlichkeit hinab und wurde zu jenem durch keine einfache Kategorie zu deutenden, verworrenen und Verwirrung stiftenden, wider Gott empörten und mit sich selbst in Widerspruch stehenden Wesen, als das er sich vorfindet.

Er ist es, der von da an die Geschichte trug. Sich selbst überlassen, wäre diese verloren und verzweifelt gewesen, Auswirkung und eben damit Sühne der Schuld. Die Offenbarung sagt aber, daß Gott sich der Welt aufs neue zugewendet und den Menschen angerufen hat. Das ist in der Geschichte des Heils geschehen, die in Christus zur Erfüllung gelangt ist.

[13] Zur Theorie von der selbstgenügsamen Natur gehört auch die Lehre, das Böse sei ein notwendiges Element des Naturganzen, ob es nun als Wille zur Erkenntnis, als Durchbruch des Selbstbewußtseins oder wie immer formuliert wird. Dadurch werden Gut und Böse relativiert und das Wesen des Sittlichen aufgehoben. In Wahrheit ist das Böse das schlechthin Nicht-sein-sollende, und das sittliche Leben wurzelt in der Bejahung des Guten und der Absage an das Böse. Was wert ist, getan zu sein, kann aus dem Guten heraus getan werden. Das letzte Urteil über das Böse besteht darin, daß es das absolut Überflüssige und schlechthin Vermeidbare ist. Allerdings gilt das so einfachhin nur vom Menschen vor der ersten Sünde. Ihm war alles aus dem Guten heraus offen. Durch die Sünde wurde das Dasein verwirrt, und der Mensch kommt immer wieder in die Ausweglosigkeit.

Durch Ihn tritt Gott persönlich in die Geschichte ein. Christus nimmt Schuld und Schicksal des Menschen auf sich. Selbst rein und heilig, lebt Er sie durch. Er sühnt sie durch das Leiden, welches dieses Durchleben in sich schon ist; aber auch durch das äußere Schicksal, das Ihm aus seiner Gesinnung, seinem Sein und Tun erwächst. In Christus begegnet Gott dem Menschen, fordert ihn auf, herüberzukommen, und gibt ihm die Voraussetzung dafür, daß er es tun könne. Gehorcht er, dann entsteht eine Beziehung neuer Art: Gott vergibt dem Menschen seine Schuld, öffnet ihm Seine verborgene Wahrheit, tut ihm den Willen Seiner Liebe kund und schafft in ihm den Anfang eines neuen Lebens, das sich durch das irdische Dasein hin entfalten und einst offenbar werden soll. Das ist die Gnade im christlichen Sinne.

Was sie genauer bedeutet, ist nicht mit kurzen Worten zu sagen. Vor allem die Gnädigkeit Gottes, wie sie sich in Christus offenbart; Seine Gesinnung gegen den Menschen, Seine Liebe. Diese Liebe ruht nicht darauf, daß der Mensch aus Eigenem heraus der Liebe Gottes würdig wäre, denn er ist Sein Geschöpf und verdankt Ihm Wesen und Wirklichkeit. Sie hat vielmehr ihr Motiv nur in sich selbst; ist reine, allem Sein und Recht ihres Gegenstandes vorausgehende Initiative. Gottes Liebe ist schöpferisch und begründet den Menschen in Sinn und Sein.
Doch bedeutet das nicht, der Mensch sei als solcher ein Nichts oder ein Unwert, wie ein theologischer Radikalismus meint. Dieser will Gottes Ehre dadurch gewährleisten, daß er den Menschen gleichsam ausstreicht und Gott die eigene Liebe lieben läßt. In Wahrheit liegt der Sinn des Schaffens gerade darin, daß der geschaffene Mensch zwar nur durch Gott ist, aber wirklich ist, in echtes Sein und echten Sinn gestellt. Dieser Mensch ist es, den Gott liebt. Wie das möglich sei, bildet ein Geheimnis, aber keinen Unsinn. Wenn Gott den Menschen liebt, dann ist es vor Ihm, der ewigen Wahrheit, sinnvoll, daß Er so tue. Im Schöpfungsbericht, nach der Erschaffung des Menschen, heißt es: »Gott sah alles, was er gemacht hatte, und

siehe, es war sehr gut.« (Gen 1,31) »Sehr gut« nicht aus sich selbst, sondern nur durch Gott; das aber wirklich und vor Gott, dem absoluten Richter. Er hat dem Menschen gegeben, so zu sein, daß es vor Seiner Wahrheit sinnvoll ist, wenn Er ihn liebt. Dieses Ganze: daß Gott so gesinnt ist, wie Er sein muß, um so zu handeln; daß Er gewillt ist, ein endliches Wesen zu verwirklichen, welches Gegenstand Seiner Liebe sein kann; daß Er dieses Wesen in Tat und Wahrheit und mit göttlichem Ernst liebt – das alles ist Gnade, reines, durch keine Macht erzwingbares und durch kein Recht zu beanspruchendes Sich-Erschließen heiliger Huld.

Das ist schon unbegreiflich; noch unbegreiflicher aber wird es in dem Augenblick, da Gott seine Liebe auf den Menschen richtet, nachdem dieser sich wider Ihn empört hat, sie also zur erlösenden Liebe wird. Trotzdem muß, unter neuen Voraussetzungen, das soeben Gesagte wiederholt werden. Der Mensch hat die Tatsache, daß Gott ihn liebt, durch keinen autonomen Wert begründen können, denn Wert wie Sein sind ihm ja erst durch die schaffende Liebe Gottes gegeben worden; noch viel weniger, nein, in entscheidender Weise »weniger« hat er durch eigenes Sein und Tun begründen können, Gott solle ihn lieben, nachdem er jenen Begegnungsbezug zerbrochen und die Gnade verloren hatte. Daß Gott sich entschloß, den Empörer fernerhin und in neuer Weise zu lieben, war abermals, und noch tiefer, ein Anfang aus der göttlichen Freiheit, die Liebe der Erlösung. Allein auch von ihr muß gelten, daß sie wohl ein Geheimnis bildet, aber keinen Unsinn; daß es vielmehr vor Gott sinnvoll ist, wenn er den Menschen erlösend liebt[14].

[14] Sobald der Geist diesen für das christliche Dasein grundlegenden Bezug zu denken versucht, gerät er in eine eigentümliche Lage. Er beginnt mit einer Aussage und sieht bald, daß er auf ihrer Linie in die Unwahrheit kommt. Dadurch fühlt er sich in die Gegenaussage verwiesen, um auf ihrer Linie das gleiche zu erfahren. So weist ihn immerfort die eine Aussage zu der anderen hinüber, und die einzige Möglichkeit, die Wahrheit nicht zu verlassen, besteht darin, daß man sie umkreist – eine Dialektik der christlichen Existenz, wie sie in meisterlicher Weise die Eingangskapitel von Augustinus' »Bekenntnissen« vollziehen. (Dazu Guardini, Anfang. Eine Interpretation der ersten fünf Kapitel von Augustinus' Bekenntnissen, 1943).

Gnade ist weiter der Bezug selbst, in welchen Gott den Menschen hebt. Gott kommt zum Menschen, schenkt sich ihm und gibt ihm zugleich, daß er Ihn empfangen könne. Gott ruft den Menschen, »zieht« ihn aber auch, daß er zu Ihm kommen könne (Joh 6,44). Der Mensch geht vom eigenen Selbst weg zu Gott hinüber, aber eben dadurch findet er sich. Er gibt sich Gott, und dieses Sich-Weggeben macht, daß er überhaupt erst in den echten Besitz seiner selbst gelangt. Gnade ist jene Form des Existierens, welche durch diesen Bezug begründet wird. Sie bedeutet Teilhabe an Gott, aber dadurch, daß Er selbst die Möglichkeit gewährt, Ihn zu besitzen[15]; sie bedeutet ein fortdauerndes Sich-Empfangen aus Seiner Liebe, aber so, daß dabei ein wirkliches Selbst herauskommt.

Gnade ist endlich alles das, was der beschriebene Bezug im Menschen bewirkt: die Erleuchtung der Einsicht, die Ordnung und Stärkung des Willens im Guten, das innere Leben der Liebe und des Gottesumganges, die Heiligung des Lebens, mit einem Worte, die Wiedergeburt zu jener neuen Menschlichkeit, von welcher besonders Paulus so oft und so eindringlich spricht[16].

Johannes berichtet ein Herrenwort, aus welchem das Gemeinte sehr eindrucksvoll hervorleuchtet. Von ihm war bereits die Rede; es steht in dem Gespräch Jesu mit der samaritischen Frau am Jakobsbrunnen und lautet: »Wer aber von dem Wasser trinkt, das ich ihm geben werde, den wird nimmermehr dürsten in Ewigkeit; sondern das Wasser, das ich ihm geben werde, wird in ihm zum Quell werden eines Wassers, das strömt zu ewigem Leben« (4,14)[17]. Hier ist die Gnade das »ewige Leben«, ausgedrückt durch das Bild des Wassers, das aus der Gottesquelle fließt und den Wesensdurst des Menschen, sein Verlangen nach der Eigentlichkeit des von Gott gemeinten

---

[15] Guardini, Welt und Person, 1940, S. 20ff [Mainz/Paderborn ⁶1988, S. 36–44].
[16] Hier soll keine Theologie entwickelt werden. So bleiben die einzelnen Probleme der Gnadenlehre auf sich beruhen.
[17] Die Deutung der Stelle und mit ihr die Förderung im Verständnis der Gnade verdanke ich einem Gespräch mit Heinrich Kahlefeld.

und nur von Ihm zu schenkenden Seins stillt. Wie wird aber dieses Wasser gegeben und getrunken und zu eigen gehabt? Nicht so, daß die heilige Hand den Becher herreicht – man kann auch, da die Bilder sich verschieben, sagen: nicht so, daß sie die Gottesflut herleitet, und der Dürstende aus ihr trinkt – sondern so, daß das Wasser, welches aus der ewigen Quelle stammt, gegeben wird und ebendadurch als Quelle im Trinkenden selbst entspringt. Es bleibt gegeben, kann immer nur als Gegebenes gehabt, immer nur empfangen werden und ist doch ebendadurch ur-springend im Innern des Empfangenden, ihm selbst eigen und gehörig. Von der Person Christi her drückt Paulus das Verhältnis im Galaterbrief so aus, daß er sagt: »Ich lebe, doch nicht ich, sondern Christus lebt in mir« (2,20). Christus lebt in mir, aber nicht so, daß dadurch mein Selbst hinausgedrängt, oder durch das Seine ersetzt würde, sondern indem Er in mir lebt, gelange ich zur Eigentlichkeit meines vom Schöpfer gemeinten Selber-Lebens.

Die Gnade ist das einfachhin Nicht-Selbstverständliche und doch zugleich Letzt-Erfüllende. Sie ist durch keine Macht des Menschen zu erzwingen, durch kein Recht zu fordern, vielmehr reine Selbsterschließung der souveränen göttlichen Freiheit; aber in ihr tritt Gott an den Menschen heran, auf daß dieser in der Begegnung mit Ihm zu jenem Wesen werde, als das Er ihn will. Zur Vollständigkeit des Begriffs von der Gnade gehört beides: daß sie reine Huld und Gabe ist, aber auch, daß der Mensch erst durch sie im letzten Sinne Gottes er-selbst wird. Sobald eines der beiden konstituierenden Momente verschwindet, zerfällt das Ganze. Gnade ist kein bloß Hinzukommendes, dessen Haben oder Fehlen die gottgemeinte Eigentlichkeit der menschlichen Existenz unbeteiligt ließe, vielmehr kann der Mensch nur aus ihr heraus der werden, der er nach Gottes Wille sein soll. Anderseits ist Gnade aber keine Bedingung seines unmittelbaren Menschenwesens, sondern geht aus der reinen Freiheit Gottes hervor. Dieses Aussagengefüge bildet keinen Widerspruch, sondern eine Antinomie: das Grundgesetz, nach welchem Gott das Menschendasein begründet hat. Wohl ein Geheimnis, aber keinen Unsinn. Wir hören von ihm nur aus der Offenbarung und werden seiner nur im Glauben gewiß; wenn aber das Menschenherz guten Willens ist, empfindet es seine Wahrheit[18].

Auch gibt es eine Analogie dazu, welche dem Verständnis hilft, die personale Liebe. Der Liebende weiß, daß er die Liebe des Anderen nicht erzwingen kann, sondern daß sie aus der innersten Freiheit des Herzens herüberkommen muß; dennoch hängt der Sinn des eigenen Daseins davon ab, daß das geschehe. Er weiß, daß er seine letzte Verwirklichung vom Anderen empfängt; dennoch ist er selbst es, der da zu sich kommt, und es ist sein eigenstes Wesen, was sich da verwirklicht. Der Verstand kann das Gefüge dieser Beziehungen nicht auflösen, aber das Herz weiß, daß es so ist und so richtig ist. Ähnlich – und doch wieder anders – steht es mit der Gnade. Das Verhältnis des einen Menschen zum anderen ruht auf der Gemeinsamkeit

---

[18] Ich hoffe, man kann gegen die vorausgehenden Darlegungen nicht einwenden, sie machten die Gnade zum Wesenselement des Menschen. Sie ist »übernatürlich«, jeder Macht wie jedem Recht des Menschenwesens entzogen. Sobald aber »Mensch« jenes Wesen bedeutet, das Gott endgültigerweise gemeint hat, als Er ihn schuf, ist klar, daß es erst durch die Gnade verwirklicht wird. Gott hat den Menschen eben nicht als ein »natürliches« Wesen gewollt, das, wie das Tier, aus seiner ersten Wesensanlage heraus vollendet. Den »natürlichen« Menschen gibt es nicht. Er ist eine Abstraktion, deren die Theorie bedarf, um bestimmte Unterscheidungen vorzunehmen und Beziehungen herzustellen; in Wirklichkeit gibt es nur den von Gott in den Bezug der Gnade gerufenen Menschen, der entweder gehorcht und dann über die bloße Natürlichkeit hinausgeführt wird, oder aber den Gehorsam verweigert und eben damit unter die erste Natur, in eine entwürdigende Abhängigkeit vom Bösen fällt. Die »bloße Natürlichkeit« ist mit Bezug auf den Menschen eine imaginäre Größe, auf die er sich nicht stellen kann. Der neuzeitliche Naturalismus versucht, einen rein natürlichen Menschen zu konstruieren, der in sich seins- und sinnvollständig ist. Dieser hat dann nur die Aufgabe, seine Anlage und Weltbeziehung zu entwickeln. Wenn er will, kann er auch in einen religiösen Bezug eintreten; das hat aber für die Vollendung seines Wesens keine grundsätzliche Bedeutung, weil er aus seiner und der Welt Natur heraus voller Mensch ist. Wer sehen will, kann überall feststellen, daß diese Theorie unwahr ist, befindet sich doch das ganze Dasein in einer Verwirrung, die unmöglich wäre, wenn es den »natürlichen Menschen« gäbe. So ist sie denn auch keine Erkenntnis, sondern ein Postulat des Willens, sich von Gott zu emanzipieren.

des gleichen Menschenwesens, und jene Antinomie vollzieht sich in einer ohne weiteres zu verwirklichenden Nähe; Gott hingegen steht in der Freiheit seines absoluten Herrentums. So geht die Gnadenbeziehung zu Ihm ins schlechthin Enthobene. Er hat aber geoffenbart, daß die Beziehung besteht, und Sein Wort bedeutet eine Bürgschaft, wie kein Mensch sie dem anderen zu geben vermag. Damit tritt der aller Macht und allem Recht enthobene Gott wiederum in eine Nähe, in welche kein Mensch zum anderen gelangt.

Das Verhältnis der Gnade im eigentlichen Sinne zum Gnadenhaften als Element der Welt

Es entsteht nun die Frage nach dem Verhältnis, das zwischen der Gnade im eigentlichen Sinne und dem Gnadenhaften als Weltelement besteht, und wir erörtern sie in der gleichen Weise wie die nach dem Verhältnis der christlichen Freiheit zur unmittelbaren: in der Form unsystematischer Erwägungen und Hinweise.

Zunächst muß gesagt werden, daß die Gnade etwas wesenhaft anderes ist, als die verschiedenen Vorgänge der Lösung und Erfüllung, des Begegnens und Geratens, von denen im ersten Teil des Kapitels die Rede war. Dort handelte es sich um Phänomene des psychologischen und kulturellen Lebens, die sich ohne weiteres schon vom Religiösen im allgemeinen Sinne, geschweige denn vom eigentlichen Offenbarungsinhalt unterscheiden. Wer die Größe und Schönheit der Natur empfindet, oder »Kunst und Wissenschaft« besitzt, »hat« damit ebensowenig »schon Religion«, als etwa ein guter Logiker als solcher schon ein sittlicher Mensch ist.

Wie steht es aber mit den im ersten Abschnitt des Kapitels beschriebenen natürlich-religiösen Hulderfahrungen?

Auch sie stellen etwas anderes dar, als die Gnade im eigentlichen Sinne – ganz abgesehen davon, daß sie außerdem noch, wie bereits gesagt, vielfach verwirrt und verdorben sind. Daher bedarf es zunächst wachsamster Unterscheidung; um so mehr, als vom neuzeitlichen Relativismus her immer die Gefahr besteht, daß die christlichen Inhalte durch Annäherung an das Allgemein-Religiöse ins Welthafte geraten. So kann es wohl sein, daß der Christ von ihnen Abstand nehmen und sich ganz in den Glauben sammeln muß.
Ihrem echten Sinn nach beziehen sie sich aber auf das »unsichtbare Wesen« Gottes, das »von Erschaffung der Welt her an Seinen Werken und durch den Geist geschaut wird, nämlich Seine ewige Macht sowohl wie Seine Gottesherrlichkeit« (Röm 1,19f). Daher können sie gereinigt und von den christlichen Lehr- und Lebensinhalten aufgenommen werden. Ja das muß sogar geschehen, weil diese sonst im leeren Raum hängen würden. Es gibt keine – wenn man das skurrile Wort brauchen darf – chemisch reine, sondern nur eine lebendige Christlichkeit, verwirklicht vom konkreten Menschen in der konkreten Welt. Zu dieser Welt gehören aber auch die Erfahrungen ihrer Gottgeschaffenheit und -durchwirktheit. Das Weihnachtsfest zum Beispiel soll dem Glaubenden die »Herzensgüte und Menschenfreundlichkeit unseres Heilandes« nahe bringen (Tit 3,4); in das christliche Erlebnis des Festes wird aber auch die alte Menschheitserfahrung vom Geheimnis der Sonne hineinspielen, die auf ihren tiefsten Stand sinkt, in Gefahr scheint, ganz unterzugehen, sich durchkämpft und ihren heilspendenden Lauf neu beginnt. Und das zu Recht, denn am Weihnachtsfest spricht, johanneisch ausgedrückt, Christus: »Ich bin die wahre Sonne. Was die irdische im Spiegel und Rätselbild ist, bin Ich in Wesenheit und Wahrheit.« In den christlichen Gnadenerfahrungen können die natürlichen auftauchen, und dadurch wird neue Schöpfung aus dem Stoff der alten.
Das gilt für alle jene Erfahrungen und Vorstellungen, die den außerbiblischen Hoch-Religionen zugrunde liegen. Sie enthal-

ten Wahrheitselemente, die auch vor der Offenbarung gültig bleiben; denn die Welt gehört selbst im Abfall noch Gott, und jede Wahrheit ist, auch wenn sie in den Dienst einer falschen Sinngebung tritt, ein Funke aus Seinem Licht. Abgesehen davon steht es Gott frei, echte Gnadenanrufe an den Menschen zu richten, wo und wann Er will, so daß kein Urteil darüber möglich ist, ob und wie Er im Raum einer außerbiblischen Religion wirksam wird. Trotzdem sind die Ordnungskräfte der Zeusreligion, oder die Läuterungen buddhistischer Askese, oder die Sinnerlebnisse chinesischer Mystik etwas wesentlich anderes als die Gnade im biblischen Sinne. Die Unterschiede festzustellen, ist Sache einer oft sehr schwierigen Untersuchung. Diese kann mehr leisten, als der dogmatisch gewordene Relativismus der Neuzeit zugibt; doch werden im Letzten innerweltliche Gesichtspunkte allein nicht hinreichen. Den endgültigen Maßstab bildet die Person Christi. Was Ihm widerspricht; was nicht, direkt oder indirekt, zu Ihm führt; was endgültigerweise, wenn auch durch noch so stark erlebte Befreiungen, Reinigungen und Vergeistigungen hindurch, in die Welt hineinversiegelt, kann nicht von Gott sein[19].

Kann das Eigenwesen der echten Gnade und damit ihr Unterschied von den allgemein religiösen Huldphänomenen unmittelbar erfahren und beurteilt werden?
Zunächst muß wieder betont werden, daß die Gnade aus der Freiheit des heiligen Gottes kommt und sich an ein Menschenwesen richtet, dessen Kräfte und innere Ordnungen verwirrt und verdorben sind; so ist es eine zweifelhafte Sache, wenn dieses sich der Gnade gegenüber auf seine Erfahrung beruft. Grundsätzlich muß sie im Glauben erwartet werden, und der Mensch vermag ihr Walten nicht zu kontrollieren. Sie kann

[19] Der Satz klingt gewalttätig, und jede skeptisch-relativische Betrachtung hat es leicht, darin »die Unduldsamkeit der dogmatisch gebundenen Religion« festzustellen. Wenn es aber Offenbarung im eigentlichen Sinne und nicht nur religiöse Selbstschließungen des Daseins, einen allgemein verbindlichen Anruf des personalen Gottes und nicht nur wechselnde religiöse Erfahrungen gibt, kann es nicht anders sein.

am Werke sein, ohne daß irgend ein Gefühl der Befreiung oder Erhebung sie anzeigt. Entscheidende Wendungen der individuellen Heilsgeschichte können in völliger Empfindungslosigkeit vor sich gehen. Und für jeden Glaubenden kommen Zeiten, in denen er, von einem »unwahrnehmlich feinen« Sinnesbewußtsein gehalten, aus bloßer Treue und reinem Gehorsam heraus existieren muß. Was umgekehrt die Erfahrungen von Gottes Nähe, Liebe und Güte angeht, so sind sie für das religiöse Leben gewiß sehr wichtig, und der Gläubige soll sie hüten und nützen; die Meister des inneren Lebens warnen aber davor, ihnen allzu große Bedeutung beizumessen. Einmal deshalb, weil sie täuschen können, und es zuweilen großer Reife bedarf, um sie sicher zu beurteilen. Vor allem aber, weil der Gläubige, wenn er seine Aufmerksamkeit zu sehr auf sie richtet, vom Eigentlichen abgelenkt wird. Das christliche Dasein soll auf den Lebendigen Gott bezogen sein, der in Gnaden waltet; was aber Seiner gewiß macht, ist das Vertrauen auf Christi Person und Wort. Christlich leben heißt, aus dem Glauben und im Gehorsam leben; ob mit oder ohne Gnadenerfahrungen, ob im Gefühl von Gottes Gegenwart und liebender Führung oder in der Trockenheit und im Dunkel der reinen Treue, ist, grundsätzlich gesprochen, unwesentlich.

Deswegen darf aber die Möglichkeit echter und zuverlässiger Erfahrung des göttlichen Gnadenwaltens nicht geleugnet werden. Wer in das Verhältnis der Gnade gerufen wird, ist der wirkliche Mensch mit Geist und Körper, Gemüt und allen Kräften; der Mensch in sich selbst und in seinem Verhältnis zur Welt. Und wie Gott den Sinn seiner heiligen Wahrheit in die logisch-grammatischen Gefüge des irdischen Wortes gibt, so daß göttliche Botschaft durch menschliche Rede verkündet und durch menschliches Verstehen aufgenommen werden kann, so vermag Er auch die Tatsache, daß Er sich dem Glaubenden nähert, ihn anrührt und an sich zieht, ihn erleuchtet, stärkt und führt, zu lebendiger Empfindung gelangen zu lassen – wie denn die Schrift sehr oft von der Innewerdung göttlicher Huld, Güte, Liebe, Führung und so weiter spricht. Zu jeder Erfahrung gehört aber auch die Möglichkeit des Urteils, und Paulus spricht im ersten Korintherbrief ausdrücklich von der Fähigkeit des Christen, zwischen dem, was wirklich von Gott, und dem, was aus der fragwürdigen Numinosität der Welt stammt, zu unterscheiden. Der Maßstab aber, den er dafür an die Hand gibt, ist die Frage, wie der betreffende »Geist« zu Christus stehe: »Ihr wißt, wie ihr damals, als ihr noch Heiden waret, zu den stummen Götzen verführt und hingerissen wurdet. Darum tue ich euch kund, daß keiner, der [wirklich] im Geiste Gottes redet, sagt: ›Verflucht sei Jesus‹ – und [ebenso] kann keiner Ihn ›Herr‹ nennen, es sei denn im heiligen Geiste.« (1 Kor 12,2f). Johannes spricht ebenso: »Geliebte, glaubet nicht jedem Geist, sondern prüfet die Geister, ob sie aus Gott sind, denn es sind viele Lügenpropheten in die Welt ausgegangen. Daran erkennt den Geist Gottes: jeder Geist, der bekennt, daß Jesus Christus im Fleisch gekommen, ist aus Gott« (4,1-3).

Nachdem die Gnade als solche von den innerweltlichen Vorgängen des Sich-Öffnens und Schenkens, des Schaffens und Glückens, der Begegnung und Eingebung, mit einem Worte, vom Gnadenhaften als Element des Daseins unterschieden wurde, bleibt aber doch die Frage, ob sie zu diesem nicht auch in ein positives Verhältnis treten könne; die Frage also nach der Möglichkeit einer christlichen Kultur.
Eine solche ist möglich, denn es hat sie gegeben. Im Mittelalter hat sich eine christliche Kulturgestalt von überwältigender Herrlichkeit entfaltet. Als sie zerfiel, wuchs eine andere herauf, die sich immer entschiedener von der Offenbarung löste; die christliche Linie ist aber nicht abgerissen. Die letzte große abendländische Kulturgestalt, das Barock, steht wesentlich in ihrem Zusammenhang. Noch das späte 19. Jahrhundert enthält Schöpfungen vom Range der Bruckner'schen Musik, die ganz vom christlichen Glauben getragen sind, und über die kommenden Möglichkeiten kann nichts ausgemacht werden. Darüber hinaus zeigt eine genaue Analyse, daß auch in der das

Christentum ablehnenden abendländischen Kultur dessen Haltungen und Ordnungen überall wirksam sind.

In jüngster Zeit ist behauptet worden, diese ganze Kulturtradition habe zum Christentum nur in einem äußerlichen Verhältnis gestanden. Sie habe sich an seinen Stoffen und Inhalten entfaltet, weil es eben keine anderen gegeben habe, sei aber ihrem Geist und Sinn nach nicht christlich gewesen. Diese Behauptung kommt zum Teil aus durchsichtigen weltanschaulichen, zum Teil aus bloß propagandistischen Motiven. Für eine gewissenhafte Prüfung kann von einem heidnischen Charakter des Mittelalters und des Barocks gar keine Rede sein. Sie sind vielmehr im Kern des Glaubens verwurzelt und haben ihre Gestalten aus der Wahrheit der Offenbarung und mit den Kräften des glaubenden Geistes und Herzens aufgebaut. Wohl werden sie durch die neue geschichtliche Situation getragen, in welcher die germanischen Stämme mit der zerfallenden antiken Welt zusammengetroffen sind; wohl ist es das daraus entstehende neue Menschentum mit seiner eigentümlichen Innerlichkeit und Kühnheit, seiner Jugendfrische und seinem Ernst, was in ihr lebt und arbeitet; dieses Leben und Schaffen wird aber bis ins Tiefste von der christlichen Offenbarung bestimmt. Die mittelalterliche Staatsvorstellung etwa ist ohne den Glauben an das Herrentum des der Welt gegenüber souveränen Gottes der Offenbarung, welcher den Menschen zur Würde des Erlösten befreit und ihn zugleich in der letzten Tiefe bindet, nicht möglich. Das Menschenbild dieser Kultur setzt die religiösen Erfahrungen der Christusnachfolge, die Strenge ihrer Selbstprüfung und die Herzensschule ihrer Liebe voraus, durch welche sonst unerweckbare Bereiche der Persönlichkeit aktuiert wurden. Die mittelalterliche Kunst konnte nur entstehen, weil das jahrhundertelange Erleben der Erlösungstatsache und der Vollzug des daraus kommenden Gottesverhältnisses eine Intensität des Daseinsbewußtseins, eine Entschiedenheit des Charakters, eine Stärke und Differenzierung des Fühlens entwickelt haben, wie sie anders nie hätten gewonnen werden können. Das Verhältnis der Geschlechter

war überall von den Kräften der christlichen Ehe- und Jungfräulichkeitsideen durchwirkt. Im Gefüge des mittelalterlichen Daseins, seiner Ordnungen und seiner Menschlichkeit, seiner Wertewelt und seiner Ausdrucksformen begegnet man immerfort dem Einfluß, welchen die Heiligen durch ihre Erkenntnis und Freiheit, durch die Kraft ihrer Führung und Formungsmacht ihrer Gestalt ausgeübt haben. Und so wäre noch vieles zu sagen.
Das alles sind Weisen, wie die Gnade weckend, lösend, reinigend, ordnend auf die menschliche Schaffenskraft wirkt. Was aber die christlichen Forderungen der Entsagung und Überwindung, also die Askese im weitesten Sinne angeht, so bedarf es der ganzen bourgeoisen Beschränktheit des neuzeitlichen Menschen, um nicht zu sehen, was sie bedeuten. Sie ist der Preis für jenen beständigen Aufstieg aus der Gebundenheit in die Freiheit, aus dem Unmittelbar-Irdischen ins Göttliche, der sich in den Schöpfungen der mittelalterlichen Kultur ausdrückt.

Stellen wir aber die Frage noch einmal am lebendigsten Punkte: Wie verhalten sich Offenbarung und Glaube zu jenem Vorgang, worin das Natürlich-Gnadenhafte seine höchste Stufe erreicht, zum Schöpferisch-Genialen?
Der Charakter des Rätselhaften und Unverfolgbaren, der diesem eignet, rührt daher, daß Eingebung und Hervorbringung nicht aus den unmittelbar zu fassenden körperlich-seelischen Zusammenhängen, sondern aus entlegeneren Seinsbereichen herkommen. Je größer das Werk, desto stärker wird der Eindruck, es überschreite das Sein dessen, der es hervorgebracht hat, und die Welt selbst sei es, die in ihm redet. So fordert der Vorgang des Schaffens eine eigentümlich empfangende Haltung gegenüber dem Daseinsganzen. Der Schaffende muß sich öffnen und zum Organ werden. Dabei lockern sich aber jene Momente, welche die Festigkeit und Würde der Person sichern. Sein Seelengefüge hat, wenn man so sagen darf, eine offene Stelle zum Daseinsganzen hin; das bedeutet aber auch,

daß seine personale Mitte schwächer ist, als beim unschöpferischen Menschen, ja manchmal sich geradezu aufzulösen scheint. Jenes Zentrum, das die andere Person bindet und ihr gegenüber selbst in Bindung tritt, ist undeutlicher, schwächer, ja scheint manchmal zu verschwinden. Das stellt die Fähigkeit zur personalen Beziehung in Frage; die Geschichte der Ehen, Freundschaften und Werkgemeinschaften schöpferischer Menschen gibt dafür tragische Belege. Das gleiche gilt für das Verhältnis zur eigenen Person, die Treue zu ihr und die Verantwortung für sie. Die Inspiration bringt den Menschen in gewisser Weise außer Zusammenhang mit der Wirklichkeit. Sie überhöht sein Selbstgefühl, verleitet ihn, sein reales Ich und dessen Weltbezüge mit seinem imaginierenden Ich und dessen Hervorbringungen zu verwechseln. Im Bewußtsein geistig erkrankter schöpferischer Menschen taucht oft, die tiefste Gefahr alles Schaffens enthüllend, das Gefühl auf, sie hätten Macht über die Welt, könnten mit ihren Vorstellungen das Sein bewegen: eine Verwechslung also des endlichen Schaffens mit dem absoluten, samt all der radikalen Unwahrheit und Hybris, die daraus kommt. Ist dann die Inspiration vorbei und hat das Werk sich abgelöst, dann erfolgt der Gegenstoß. Charakteristische Depressionen, Gegenbilder zur schöpferischen Hochstimmung, stellen sich ein. Der durch den Hervorbringungsvorgang Entleerte hat das Gefühl, nichts zu sein, und steht in Gefahr, sich aufzugeben oder sich den Trieben zu überlassen. Beide Male wird die Person gefährdet, welche nur dann heil bleibt, wenn sie sowohl von der Selbstbescheidung wie auch von der Selbstachtung behütet ist[20]. Diese Gefahren werden auch durch das eigentümliche Mißtrauen angezeigt, das der schöpferische Mensch von Seiten jener Naturen erfährt, die in den Werten der Nützlichkeit, sittlich-charakter-

---

[20] Das Schöpferische hat ein eigentümliches Gegenspiel in der menschlichen Schönheit. Vielleicht ist diese im Sein, was das Schöpferische im Akt ist. Auch sie ist weder zu erwerben, noch zu erzwingen, sondern nur in der Form der Huld zu empfangen; auch sie eine Selbstoffenbarung des Daseinsganzen, Möglichkeit und Gefahr zugleich.

lichen Zuverlässigkeit und realen Daseinsmeisterung wurzeln. Im schöpferischen Menschen liegt etwas, das der andere, genau befragt, mit den Worten beurteilen würde, er schätze das Werk, aber nicht den, der es macht[21].

Bis zu einem gewissen Grade kann den schöpferischen Menschen die Liebe schützen; doch vor der letzten Unmittelbarkeit, die zwischen ihm und der Weltmitte besteht, wird sie machtlos. Den einzigen wirklichen Schutz bildet die Offenbarung, das heißt aber die Gnade im strengen Sinne des Wortes. Sie zeigt ihm, was höher ist als alles menschliche Schaffen, und bewahrt ihn davor, sich mit Gott zu verwechseln[22]. Sie macht, daß das Schaffen in ihm nie zu jenem Erst-und-Letzten werden kann, das es im bloßen Kulturbewußtsein ist. So lange der Mensch in der Strahlung der wirklichen Gnade bleibt, bleibt die Gnadenhaftigkeit des Schaffens in der Wahrheit. Wahrscheinlich wird dessen Leidenschaft dadurch gedämpft. Der Mensch des Mittelalters hat sich nicht so auf Heil und Untergang ins Schaffen geworfen wie jener der Renaissance. Was die kulturelle Aktivität des Letzteren so intensiv machte, war nicht nur die Tatsache, daß es viele bedeutende Begabungen gab, und die geschichtliche Situation eine einzigartige Fülle von Möglichkeiten enthielt, sondern auch die andere, verborgenere, daß er sich dieser Aktivität in einer Weise auslieferte, wie es dem Früheren nie beigefallen wäre. Er hatte »keine Höhe mehr über seinem Schaffen«, und es wäre für die Erkenntnis unserer Existenzsituation wichtig, festzustellen, was

---

[21] Die höchste Steigerung dessen, was Begeisterung, Erfaßtwerden, Verwandeltwerden bedeuten, bildet Dionysismus; dessen Lobredner unterlassen aber meist, das Unzulässige, Treulose, Aufgelöste und Auflösende, Unwürdige und Entwürdigende zu schildern, das ihm innewohnt.

[22] Eigentlich dürfte der Christ das Wort »schaffen« überhaupt nicht auf den Menschen anwenden, weil diese Anwendung den Unterschied zwischen dem, was Gott getan hat, als Er die Welt in ihrem Sinn und Sein begründete, und dem, was der Mensch tut, wenn er die Wirklichkeit dieser Welt nach seinem Willen gestaltet und innerlich Geschautes in ihren Stoffen ausdrückt, zu verwischen droht. Das Wort ist aber nun einmal in die neuere Sprache übergegangen und nicht mehr zu entbehren; so bewahrt die Offenbarung es davor, falsch verstanden zu werden.

in jenen Wendejahren der abendländischen Geschichte Entscheidendes verloren und verdorben worden ist. Die gängige Geschichtsdeutung sieht in ihnen nur den Durchbruch der Freiheit und die Fülle der Kultur – ob sich aber damals nicht in Wahrheit etwas losgerissen hat und steuerlos geworden ist? Wenn ein Bereich des menschlichen Daseins aus der Ordnung gerät und schutzlos wird, kann die dunkle Macht, die unter ihm lauert, und von der noch die Rede sein soll[23], eindringen und die Kräfte dieses Bereiches benutzen, um den Menschen in die Welt zu bannen: ob das nicht damals geschehen und ein dämonisches Element in die Haltung des abendländischen Menschen gekommen ist? Was aber vom schaffenden Menschen gilt, gilt in entsprechender Weise auch vom empfangenden und aneignenden. Es bedarf einer sehr entschlossenen Besinnung, um zu sehen, in welchem Maße der neuzeitliche Mensch das Schaffen vergötzt und mit welch geradezu religiöser Unbedingtheit er die »Kultur« zum Inhalt seines Daseins gemacht hat[24]. Die Offenbarung und die aus ihr kommenden Lebensordnungen, das heißt aber die Gnade im eigentlichen Sinne ernüchtert den Menschen. Das Wort: »Was nützt es dem Menschen, wenn er die ganze Welt gewänne, aber Schaden litte an seinem Leben« (Mt 16,26), greift viel weiter, als es auf den ersten Blick scheint; es bedeutet eine Hut »des Lebens« nach allen Richtungen hin. Indem es über dem unmittelbaren Schaffen die Werte der heiligen Existenz und des ewigen Lebens aufrichtet, bricht es den Absolutheitsanspruch des Schaffensimpulses, stellt ihn in die Wahrheit – auch in seine eigene Wahrheit – und rettet so vor der ihm drohenden

---

[23] Im dritten Kapitel S. 176f; 203ff.
[24] Siehe dazu Guardini, Welt und Person, 1940, S. 1ff [Mainz/Paderborn ⁶1988, S. 9ff]. – Diese Vergötzung der Kultur hat kraft der rächenden Dialektik der Unwahrheit die Barbarei der zwölf Jahre vorbereitet. Was den Menschen vor dem Abgleiten in die Tiefe bewahrt, ist nicht das Höhere, sondern das Unbedingte. Wenn er, um für die Größe seines Werkes frei zu werden, Gott den Gehorsam aufsagt, ist nicht mehr einzusehen, welcher Maßstab ihn noch wirklich binden soll. Was kann ihn dann hindern, auch der Forderung hoher Qualität den Respekt zu kündigen und an ihre Stelle die bequemere Minderwertigkeit zu setzen?

Dämonie[25]. Darum wird der gläubige Mensch auch in den Zeiten der inneren Leere niemals so ganz den Sinn des eigenen Daseins verlieren und derart in die Gefahr kommen, sich wegzuwerfen, wie jener, der mit sich und der Welt allein ist. Was ihn vorher davor bewahrt hat, dem Rausch des Schaffens zu verfallen, bewahrt ihn jetzt vor dem Dämon der Leere und gibt ihm Halt gegen die Übermächtigung durch den Trieb, welche dann droht.

Vielleicht erwidert man, der schöpferische Mensch müsse sich nun einmal in alle Gefahr hineinwagen, Hybris und Trug, Entbehrung und Triebverfallenheit auskosten, wenn das Werk seine ganze Intensität gewinnen solle. Gegen diesen Satz, der aus der neuzeitlichen Schaffensvergötzung hervorgeht, erhebt die christliche Offenbarung Einspruch. Es gibt kein Werk, das den Frevel der Hybris und die Preisgabe der Würde aufwöge. Die Werke aber, die damit bezahlt werden, sind zu innerst böse und wären besser nicht entstanden. Eines der Dogmen der Neuzeit sagt zwar, der Irrtum, die Empörung, das Böse seien notwendig, damit das große Werk entstehe. Das Dogma findet seinen Ausdruck in jener Deutung des Sündenfalls, wonach die Sünde im Willen zur Erkenntnis bestanden habe. Danach wäre die Reife der Erkenntnis – setzen wir fort: die Fähigkeit zum Urteil, die Verwirklichung der Werte, das mündige und schöpferische Dasein verboten gewesen. Gut zu sein aber hätte so viel geheißen, wie unwissend, unmündig und unfruchtbar zu bleiben. So wäre dem Menschen, der das nicht wollte, nichts anderes übrig geblieben, als sich zu empören und das Böse zu tun. Damit hätte die Kultur begonnen, und davon für immer den Charakter des Promethisch-Verruchten erhalten. Der Gedanke ist von einer abgründigen Unwahrheit. Er führt die Urlüge Satans fort und verleumdet Gott (Gen 3,4f). Die Frage muß dort angesetzt werden, wo sie hingehört: vor den Sündenfall, das heißt in der vollen Möglichkeit des noch ungebrochenen und unverwirrten Menschentums. Dieser Mensch

---

[25] Zum Problem der Arbeit siehe den Exkurs am Ende des Kapitels S. 145 ff.

hätte des Bösen nicht bedurft, um die Sinnerfüllung des eigenen Daseins, das heißt aber, das Gute zu erringen – ebensowenig, als er des Irrtums bedurft hätte, um die Wahrheit zu finden. Wie vielmehr die Wahrheit nach dem alten Satz »Richterin ihrer selbst und der Unwahrheit« ist, so ist das Gute »Offenbarer seiner selbst und des Bösen«. Die Erkenntnis sollte gewonnen werden und mit ihr alles, was Reife der Person und Fülle des Werkes bedeutet, jedoch im Gehorsam gegen den Schöpfer der Welt. Der Mensch hat aber das Böse getan, ist in den Irrtum gefallen und sucht sie nun zu Notwendigkeiten zu machen. Jetzt, nachdem die erste Entscheidung zur Sünde hin gefallen, nachdem die Sünde zur Macht geworden und das Dasein bis in seine Wurzeln versehrt und verwirrt ist, geschieht es immer wieder, daß etwas Gutes sich mit Bösem verbindet oder durch Böses hin verwirklicht wird. Das ist aber nicht in Ordnung und soll nicht sein; der Mensch soll sich darum mühen, daß es nicht geschehe, und dafür kämpfen und opfern. Wenn er statt dessen aus der tragischen Verflochtenheit einen Grundsatz macht, dann spricht er dem Versucher die Urlüge nach.

Die Offenbarung stellt die Dinge ins Rechte. Sie sagt: Was würdig ist, erreicht zu werden, kann aus der Wahrheit erreicht werden; was aber mit der Unwahrheit und dem Bösen bezahlt werden muß, verdient vor den ewigen Maßstäben – und das sind die eigentlichen – die Verwirklichung nicht. Das mag philiströs klingen, ist aber wahr; und es fällt nur dem Schreibenden zur Last, wenn er nicht imstande ist, zu zeigen, daß das Wahre schöner leuchtet und das Gute lebendiger blüht als ihr Widerspruch.

Exkurs: Die Arbeit

Ähnlich steht es mit der Arbeit. Der neuzeitliche Mensch – in besonderer Weise der deutsche – hat weithin den Stand über ihr verloren und vermag sie nicht mehr ins Ganze einzuordnen. So ist sie ebenfalls ins Dämonische geraten.
Ihr wahrer Sinn ist durch die Worte der Schöpfungsgeschichte, Gen 1,26-29; 2,8f.15-17, definiert. Die Gottebenbildlichkeit des Menschen besteht im Vermögen, über die Welt zu herrschen, denn Gott ist der Herr einfachhin; »Arbeit« aber ist der Inbegriff der pflegenden, verwaltenden und formenden Tätigkeiten, mit denen der Mensch seine Herrschaft ausübt. Doch behält diese ihren Sinn nur, wenn der, der sie tut, im Gehorsam gegen den höchsten Herrn steht. Im Augenblick, da er, von Satan verführt, Gott den Gehorsam kündigt und Herr von eigenen Gnaden sein will, verliert er die Höhe über seinem Herrschen und verfällt ihm. Die Weltherrschaft dämonisiert sich, macht den bisherigen Herrn zum Knecht und bindet ihn in die Welt hinein. Nun gibt Gott der Arbeit ihren zweiten Sinn: sie wird zur Strafe und Buße (Gen 3,17-19). Damit öffnet Er dem Menschen eine neue Möglichkeit, mit seiner Arbeit wieder ins rechte Verhältnis zu Gott und zu sich selbst zu kommen. Im Maße er aber den Glauben losläßt, verfällt er endgültig ihrer Dämonie.

Ein langer Weg führt zur neuzeitlichen Arbeit und ihrer Auffassungsweise. Der antike Mensch lehnt sie überhaupt ab und überläßt sie den Sklaven; er selbst treibt Politik, führt Krieg, lebt seiner Bildung und genießt. Der Grund dafür liegt nicht nur darin, daß die Arbeit schwer oder erniedrigend ist – auch Politik und Kriegsdienst haben ihre Last und ihre Demütigung –, sondern daß dem antiken Menschen der Wille, in jener Weise über die Welt zu herrschen, wie es nur durch die Arbeit möglich ist, fehlt. Sein Herrschaftswille ist nicht ökonomisch-technischer, sondern kriegerisch-politischer Art.

Dann setzt eine bis auf den Grund gehende Wandlung ein. Das Christentum hebt, zunächst grundsätzlich, dann immer mehr auch praktisch, den Unterschied zwischen Freien und Sklaven auf, indem es alle Menschen in die gleiche Grundsituation stellt. Das bedeutet keine Gleichmacherei. Es weiß um Unterschiede, sogar um solche, die sonst überhaupt nicht zu Tage treten. Schon allein die Tatsache, daß die christliche Existenz primär nicht auf dem Menschen und der Welt, sondern auf der Gnade ruht, diese aber aus dem souveränen Ratschluß des Lebendigen Gottes hervorgeht, macht jede Einebnung unmöglich. Und welche Mannigfaltigkeit der Gestalten, welche Abstufung der Grade vom Heiligen in seiner einsamen Größe bis zum schlichten Alltag! Diese Unterschiede liegen aber innerhalb der gleichen Grundsituation. Alle Menschen sind Geschöpfe Gottes, stehen vor Ihm in der Schuld, sind erlöst und zu Seiner Kindschaft gerufen. Die großen Worte des Epheserbriefes drücken diese fundamentale Gemeinsamkeit aus: »Seid eifrig bemüht, die Einheit des Geistes zu wahren... so wie ihr berufen seid in der einen und gleichen Hoffnung. Ein Herr, ein Glaube, eine Taufe. Ein Gott und Vater aller, der da ist über allen und durch alles und in uns allen« (4,5f). In dieser Einheit gibt es »nicht Jude noch Grieche, nicht Sklave noch Freien, nicht Mann noch Weib, denn alle sind Eines in Christus Jesus« (Gal 3, 28). Der Unterschied, welcher das antike Verhältnis zur Arbeit bestimmte, fällt weg. Sie ist nicht mehr Schande, weil sie den Menschen als solchen angeht; ja sie ist Pflicht, weil mit ihr der Mensch sich in den Gehorsam gegen Gott stellt.

Dann treten die nordischen Völker in die abendländische Geschichte ein. Der südliche Mensch trägt gewiß die Spannungen und Widersprüche in sich, welche mit dem Menschenwesen gegeben sind, trotzdem eignet ihm etwas eigentümlich Harmonisches, das zum guten Teil auf dem Verhältnis beruht, in welchem sich bei ihm Geist und Leib zu einander befinden. Der Geist drückt sich unmittelbarer im Leibe aus, und der Leib befindet sich unmittelbarer im Wirkbereich des Geistes;

so entsteht die südliche Menschlichkeit, die mit sich selbst, mit der Natur und der Kultur bis zu einem gewissen Grade in selbstverständlichem Einklang lebt. Alles geht einfacher. Für alles finden sich überzeugende Formen. Ein unmittelbares Gefühl für Proportion und eine bei aller Kultur durchweg wirksame Genügsamkeit erleichtern die Lebensvorgänge und lassen sie »natürlich« erscheinen. Freilich hat diese Haltung auch ihre Kehrseite: die Dinge neigen dazu, allzu einfach zu werden und ins Äußerliche abzugleiten. Der nordische Mensch ist anders gebaut. Körper und Geist stehen bei ihm nicht im Verhältnis selbstverständlicher Durchwirkung. Oft hindern sie einander, widersprechen sich, setzen sich gegenseitig ins Unrecht. Dadurch wird das Leben schwerer, freilich auch mächtiger und ernster. In alles kommt ein Element des Kampfes bis zum Tragischen. Der Riß zwischen Geist und Natur, zwischen dem Menschen und den kulturellen Ordnungen dringt stärker durch. Das Maß und die Genügsamkeit des Südens fehlen. Der Wille geht ins Unbegrenzte und Unbedingte. Durch alles das bekommt auch die Arbeit einen Ernst und eine Folgerichtigkeit besonderer Art. Die mittelalterliche Kultur wird letztlich vom Ritter und Priester getragen und daher durch eine trotz alles Besitzwillens doch unökonomische Gesinnung bestimmt. So bleibt auch die Arbeit in einen Sinnzusammenhang eingeordnet, der sie vor letzten Konsequenzen behütet. Mit dem Ausgang des Mittelalters geht die Führung an die Städte, das heißt aber an den Bürger über. Er entwickelt gegenüber dem Idealismus des Ritters und des Priesters einen neuen Realismus; gegenüber ihrer durch metaphysische Sinngehalte begründeten repräsentativen Haltung eine solche der sachlichen Leistung. Es entsteht die ökonomische Gesinnung des Bürgers, der erwerben, reich werden und durch seinen Reichtum herrschen will: der Kapitalismus. In ihm sind – wie Max Weber und Werner Sombart gezeigt haben – auch starke religiöse Kräfte am Werk. Der Protestantismus hat die Christlichkeit so radikal auf den Glauben gestellt, daß dadurch ihre Verbindung mit der Welt zerrissen und diese für den Bemächtigungswillen

des Menschen freigeworden ist. Und da der Mensch irgendeiner Gewähr für die Gnädigkeit Gottes bedarf, findet er sie vielfach im bürgerlich-wirtschaftlichen Erfolg, und Tüchtigkeit und Leistung werden zu unmittelbar religiösen Werten. Die Arbeit aber entwickelt sich zu der die ganze menschliche Existenz tragenden, methodischen und vom Gewissen geleiteten Anstrengung, welche sich auf sachliche Weltherrschaft richtet und den wirtschaftlichen Erfolg herbeiführt. Und da sich die ganze Sozialordnung aus dieser Gesinnung heraus aufbaut, wird die Arbeit für den Einzelnen unentrinnbar: er muß sie auf sich nehmen, auch wenn er nicht will.
Diese Haltung vollendet sich, wie im Anfang des 19. Jahrhunderts die Naturwissenschaft ihren entscheidenden Durchbruch vollzieht und die Technik entsteht. Jetzt kommt zum ökonomischen Antrieb der wissenschaftlich-technische, das heißt der Wille, die Natur in die Gewalt zu bekommen und ihr eine neue Gestalt zu geben. Während vorher der Mensch bei aller Kunstfertigkeit die Natur von einer bestimmten, nicht allzu weit gezogenen Grenze an gelassen hatte, wie sie war, bricht er nun auf Grund seiner wissenschaftlichen Erkenntnisse und technischen Hilfsmittel ihre Gebilde auf, dringt zu den Elementen vor und verfügt über sie. Dadurch gewinnt er – im dritten Kapitel wird darüber noch zu reden sein – eine immerfort wachsende Macht. Dieser Machtwille objektiviert sich und wird zu einem Willen der Gesamtexistenz. Aus ihm gehen immer größere Aufgaben hervor, die dem Menschen immer anspruchsvollere Leistungen abzwingen. So entsteht der moderne Mensch der Arbeit, der, vom ökonomisch-technischen Herrschaftswillen geleitet, seine ganze Kraft an die Durchführung dieser Weltherrschaft setzt – aber auch, durch ihre Aufgaben in Dienst genommen, sich unablässig für sie mühen muß.

Mit alledem sind der in der Arbeit liegenden Entscheidung nur erst die Möglichkeiten vorgegeben; sie selbst erfolgt vom Religiösen her. Je weiter die neue Zeit vorschreitet, desto tiefer

löst sie sich von der Offenbarung. Im Leben der führenden Persönlichkeiten und Schichten wird der Glaube immer schwächer. Immer entschiedener lehnt der Mensch es ab, Herr der Welt unter Gott zu sein, immer leidenschaftlicher beansprucht er Herrschaft einfachhin. Dadurch verliert er jene Höhe über sich selbst, die der Glaube gibt, und verlernt, etwas anderes zu sehen, als die Welt und ihre Zielsetzungen. Damit werden der Drang sowohl wie der Zwang zur Arbeit immer unentrinnbarer. Zugleich verlernt der Mensch alle jene Akte und Haltungen, die wir mit einem zusammenfassenden Namen die kontemplativen nennen wollen: die Fähigkeit, nicht nur von einer Anstrengung auszuruhen, sondern in Ruhe zu leben; die Möglichkeit, im Absichtslosen zu existieren; den Zusammenhang mit den Bereichen der Innerlichkeit, der Höhe, des Ewigen.
Nun ist er der Arbeit endgültig preisgegeben, denn was soll er tun, wenn er nicht arbeitet? Er kann nur noch genießen, und auch das wieder ohne schützende Höhe darüber, ausgeliefert und zwangshaft. Arbeiten und dem Vergnügen nachjagen – sobald er nicht das tut, bricht die innere Öde durch. So führen alle höheren – personalen, ethischen, religiösen – Regungen notwendig zur Arbeit. Wo im glaubenden Menschen die Beziehungen zum Lebendigen Gott und zur Welt hinübergingen, entsteht jetzt eine leere Stelle, in die der Dämon eindringt. Der Mensch fühlt, daß er auf diesem Wege alle zarteren und höheren Dinge, die Kräfte der Sammlung und des Friedens, der Freiheit und der Schönheit, der Innigkeit und der Liebe verliert; dennoch will er ihn gehen, weil der Wille zur Weltherrschaft, in welchem er sich wider Gott empört hat, zu seinem Herrn geworden, weil er verfallen ist.

Ausdruck für diesen in sich selbst laufenden Zirkel der Verfallenheit ist der geradezu bannende Charakter, den die »zwölf Jahre« auf die Arbeit gelegt haben. Sie wurde als unbedingter Wert genommen, der in sich gilt. Nach ihrem Gegenstand wurde nicht mehr gefragt: »*le travail pour le travail*«. Darin

zeigte sich der Formalismus, der immer dann erscheint, wenn keine wirklichen Sinngebungen mehr gesehen werden. Der Mensch, der die Arbeit in dieser Weise empfindet, tut das Gleiche, wie jener, der keine inhaltlichen sittlichen Werte mehr kennt und sich darauf zurückzieht, unter allen Umständen »Haltung zu bewahren«. Es ist ein Zeichen des Bankerotts.
Durch die Vergötzung der Arbeit wird der Mensch in einen Zustand beliebiger Verwendbarkeit für jene Macht gebracht, die Gott verdrängt und seine Rechte an sich gerissen hat, den absoluten Staat. Ist dieser dann noch darauf bedacht, dem Menschen auch den Gegenpol solcher Arbeit, nämlich den ebenso fraglos bejahten Genuß zu liefern und beide nach Charakter und Haltung aufeinander abzustimmen, dann ist der Mensch mit Haut und Haar ausgeliefert. Dieses Ausgeliefertsein wird noch furchtbarer, wenn »der Staat« selbst entleert wird, den Charakter der Hoheit und des Rechts verliert und zu einem reinen Machtapparat in der Hand verantwortungsfreier Gruppen und Schichten herabsinkt, wie das im Deutschland der zwölf Jahre der Fall war und anderwärts noch ist.

Was führt hinaus? Nur der Glaube.
Der Mensch muß Gott die Ehre geben; im selben Augenblick gewinnt er die Höhe über sich und seiner Arbeit zurück. Im Verhältnis zu Gott vermag er innerlich ruhig zu werden und das in sich selbst schwingende Leben des Zweckfrei-Ewigen wieder zu finden. Dann verliert die Arbeit ihre dämonische Wichtigkeit. Von ebendaher vermag er auch zu verzichten, der Bann des Genusses bricht, und der erste Ansatz der Freiheit zeigt sich.

DAS SCHICKSAL

Die Frage

Unsere Untersuchung handelt von drei Wirklichkeits- und Sinngefügen, welche das Grundgewebe des Daseins bilden: der Freiheit, der Gnade und dem Schicksal. Überall begegnet die Erfahrung dem Notwendigen und Unabänderlichen, aber auch dem Spontanen und Ursprünglichen; überall trifft sie auf das Durchsichtige und Berechenbare, aber auch auf das, was in der Form der Unerzwingbarkeit und der Gabe kommt. Den beiden Phänomenen nachzugehen, bedeutet daher jedesmal eine Wanderung durch die Höhen, Tiefen und Breiten der Existenz. Nun wendet sich die Frage dem dritten Sinngefüge, dem Schicksal zu. Schon von den beiden anderen zu sprechen, war nicht leicht. Über eine gewisse Strecke hin konnte der Blick den Sinnverhalt durchschauen, dann verlor er sich ins Undurchdringliche. Die Frage nach dem Schicksal wird es noch schwerer haben.

Was hier auf sie geantwortet werden kann, ist nicht viel und, am Maßstab strenger Begrifflichkeit gemessen, auch nicht sehr genau, immerhin wird es nützen können. Um es zu entfalten, soll die Untersuchung einen ähnlichen Weg gehen wie in den beiden voraufgehenden Kapiteln. Sie fragt zuerst, wie sich das Phänomen des Schicksals der unmittelbaren Erfahrung darstellt; zeigt dann, was Gottes Wort dazu sagt, um endlich einige Hinweise auf die Bedeutung hinzuzufügen, welche die Offenbarung für das unmittelbare Schicksalserlebnis hat.

Die Elemente der Schicksalserfahrung

Die Notwendigkeit

Sobald ich das Wort »Schicksal« ausspreche, fühle ich, das, was damit gemeint ist, geht mich ganz nahe an, kommt aber von sehr weit her. Es gehört zu meinem Eigensten und ist mir zugleich fremd. Aus innerster Beteiligung kenne ich es; will ich es aber fassen, dann entgleitet es mir. Es richtet sich genau auf mich, hat aber weitweg ansetzende Wurzeln; ja es ist im Grunde das Ganze des Daseins überhaupt. Es ist das Persönlichste, worin ich ganz allein, unvertretbar und unverdrängbar stehe, und doch wieder das, was mich mit Allen zusammenbindet.

Hier mit dem Denken durchzukommen, ist schwer, wenn nicht unmöglich; jedenfalls wird es ohne Vereinfachungen nicht abgehen, und was herauskommt, werden nur Hilfslinien sein, welche das Bild ein wenig klären. Dann wird der Blick sie aber wieder verlassen und sich auf die Rätselgestalt selbst richten müssen.

Wenn wir, etwa durch ein folgenreiches Geschehnis erschüttert, oder durch einen wichtigen Lebensabschnitt zur Rückschau aufgefordert, das, was »Schicksal« heißt, in den Blick nehmen, bemerken wir darin vor allem das Moment der Notwendigkeit. Schicksal ist in unserer Erfahrung das Nicht-zu-Ändernde, Unentrinnbare, Zwingende.

Unter Notwendigkeit verstehen wir Jenes, von dem wir erfahren und erkennen, daß es sein müsse; vielleicht sogar einsehen, warum es nicht anders sein könne. Es baut sich aus verschiedenen Schichten auf. Da ist, vor allem deutlich und hart, die Notwendigkeit der Naturgesetze, die ihren Ausdruck in der mathematischen Formel findet. Niemals wird – vorausgesetzt, daß es sich wirklich um ein solches handelt, und soweit sein eigentlicher Sinn reicht – ein Naturgesetz aufgehoben. Wo dergleichen einzutreten scheint, ist in Wahrheit ein höheres Moment wirksam geworden und hat es in einen neuen Zusammenhang gestellt, wie das zum Beispiel mit den chemisch-physikalischen Gesetzen durch das Leben, oder mit den biologischen durch den Geist geschieht. In diesem neuen Zusammenhang gilt es aber wieder, nur in einer neuen, komplizierteren Art des Zur-Geltung-kommens[1]. Das gleiche gilt von den Gesetzen des Denkens. Sobald es sich um einen echten logischen Sinnverhalt handelt, zeigt die Evidenz, daß er innerhalb der gegebenen Voraussetzungen nicht anders sein kann, als er ist. Wenn die Voraussetzungen sich änderten, würden auch die logischen Sinnverknüpfungen andere werden, wie das etwa in der Mathematik der Fall ist, sobald ein anderes Axiomensystem angenommen wird, als zu unserer unmittelbaren Erfahrungswelt gehört. Dann aber würden die ersten Axiome nicht »aufgehoben« sein, sondern mit den neuen zusammen auf letzte gemeinsame Prinzipien zurückgehen. Ebenso steht es mit allen übrigen Gesetzen, den psychologischen, biologischen, soziologischen und welche immer durch eine Untersuchung des menschlich-geschichtlichen Lebens festgestellt werden können – immer vorgegeben, daß es sich wirklich um »Gesetze« und nicht nur um bloße Orientierungsregeln handelt, und soweit das Denken ihren Sinn wirklich erfaßt und nicht sich ihm nur angenähert hat.

---

[1] Nicht einmal das Wunder macht eine Ausnahme. Der Satz, es könne kein Wunder geben, da es die Naturgesetze aufhebe, ist ein Mißverständnis. Falls wirklich ein Wunder geschieht, werden die Naturgesetze nicht »aufgehoben«, sondern durch den souveränen Willen des Herrn der Welt in Dienst genommen und zu einer Leistung gerufen, welche die Weltwirklichkeit ihnen nicht abfordern kann. Über der Betonung von Gottes Souveränität darf nicht vergessen werden, daß die Naturgesetze ja doch keine Verhaltungsvorschriften, sondern Wahrheit sind. Wahrheit kann aber nicht aufgehoben, sondern nur neu eingeordnet werden. Doch ebendarin, daß die natürliche Wahrheit unmittelbar, durch eine besondere Initiative des handelnden Gottes, in die Verwirklichung des Reiches Gottes eingeordnet wird, besteht ja – im Unterschied zur Magie oder zum Mirakel – das echte Wunder.

Diese Notwendigkeit trägt und ordnet unser Dasein. Das Bewußtsein von ihr taucht in der Geistesgeschichte verhältnismäßig spät auf. Das mythische Weltbild zum Beispiel enthielt es noch nicht, sondern stellte das Gesamtsein als ein Widereinander und Ineinander naturhaft-numinoser Mächte vor, die keiner wissenschaftlich faßbaren Regel gehorchen. Wohl gab es auch in ihm »Notwendigkeiten«, die wir Heutigen – von ihrer Richtigkeit oder Unrichtigkeit ganz abgesehen – nicht mehr zu empfinden vermögen: jene Sinnverknüpfungen nämlich, die in den Mythen, ihren Bildern und Geschehnissen, ausgesprochen und im Kult symbolisch realisiert wurden. Sie enthielten den Sinn, regelten den Gang und sicherten die Ordnung des Daseins. Wer sie kannte, vermochte dieses Dasein zu lenken; besonders durch die Maßnahmen der Magie, die, wie man überzeugt war, unmittelbaren Einfluß auf das Spiel der Mächte hatten. Im Maße die Erkenntnis zur Gesetzlichkeit des Naturgeschehens durchdrang, zerfiel das mythische Weltbild. Mit ihm verschwand Großes, aber auch, was die Bewunderer des Mythos leicht vergessen, die dumpfe Angst, von welcher das Leben zutiefst beherrscht war. Die Einsicht in die Gesetzlichkeiten des Daseins hat den Menschen nüchtern gemacht, ihm aber auch eine neue Freiheit und Würde gegeben.

Die Notwendigkeit kann als Zwang und Not empfunden werden, gegen welche das individuelle Leben sich auflehnt, etwa wenn aus einer vollbrachten Tat verhängnisvolle Konsequenzen entstehen. Sie wird aber auch als tragend und schützend erfahren; wir brauchen uns nur vorzustellen, was geschähe, wenn wir der Naturgesetze nicht mehr sicher sein dürften. Gewisse pathologische Zustände geben einen Begriff von der alsdann entstehenden Situation[2]. Die Tatsache, daß die Ge-

---

[2] Eine Vorstufe bilden jene eigentümlichen Erfahrungen, in denen Grundformen des Existierens – etwa das Phänomen des Weges und des Gehens, oder der Zusammenhang von Tat und Wirkung, oder die Sicherheit des Atmens und des Herzschlags – die Selbstverständlichkeit verlieren, in welcher sie überhaupt nicht bemerkt, sondern nur gelebt wurden; wenn sie ausdrücklich zu Bewußtsein kommen, vielleicht sogar bedroht erscheinen. Als philosophisches Staunen bringt diese Erfahrung eine tiefere Einsicht in das Wesen

setzlichkeiten des Seins, des Denkens und Handelns unverbrüchlich sind, trägt unser ganzes Leben. Auf sie verlassen wir uns. Was aber die Freiheit angeht, so steht sie zum Gesetz in einer eigentümlichen Beziehung. Sobald sie es nicht versteht oder sich dagegen auflehnt, empfindet sie es als Zwang; wenn sie aber nicht das Willkürliche, sondern das Richtige will und den Sinn des Gesetzes einsieht – sei es auch nur so, daß sie dem Urteil eines anderen vertraut, der es vertritt – kommt sie zu ihm in Korrespondenz und fühlt sich in ihm bestätigt.

Wir sind unwillkürlich überzeugt, daß die verschiedenen Erscheinungen der Notwendigkeit miteinander in Verbindung stehen. Die einzelnen Gesetzlichkeiten verbinden sich zu Zusammenhängen, diese mit anderen, ebensolchen, zu größeren und so fort. Die verschiedenen Gesetze können ineinander aufgelöst werden, oder enthalten doch die gleichen, je nach den verschiedenen Seinsgebieten sich in verschiedener Weise darstellenden Grundprinzipien. Die Erfahrung zeigt, daß kein Gesetz mit einem anderen, sei es noch so fremden, in wirklichen Widerspruch tritt – vorausgesetzt, daß es sich beide Male um echte Gesetze handelt, und die verschiedenen Beziehungspunkte und Gültigkeitsebenen entsprechend berücksichtigt werden. Diese und andere Erwägungen drängen zur Annahme, daß alle Gesetze schließlich eine letzte Einheit bilden, die freilich unser Fassungsvermögen überschreitet; eine Ordnung, welche die Mannigfaltigkeit des Seienden – des Lebendigen im Unterschied zum Leblosen, der Freiheit im Unterschied zur Zwangsläufigkeit – nicht zerstört, ihr sogar die Vorbedingungen des Bestehens gibt und sie zur Ganzheit der »Welt« verbindet.

---

des Seins; als medizinisches oder pädagogisches Erlebnis setzt sie den Arzt und Erzieher in Kontakt mit den Grundgefügen des Lebens. Sobald sie aber intensiver wird, gefährdet sie die Möglichkeit, zu handeln, ja zu leben. Manche Schöpfungen der Kunst, wie die Dichtung Dostojewskijs, oder die Malerei van Goghs, sind auf dem Grenzgebiet zwischen dem Noch- und Nichtmehr-Lebbaren entstanden.

Die Tatsache

Ein zweites Element im Phänomen des Schicksals ist die Tatsache: alles das, von dem nicht eingesehen werden kann, daß es sein müsse, das aber ist. Anders ausgedrückt: Tatsache ist alles das, was aus Freiheit hervorgeht. Es wird getan, weil der Handelnde es tun will. Es könnte auch nicht gewollt werden; sobald es aber gewollt und getan ist, ist es unaufhebbar da. Immerfort gehen aus dem individuellen Leben Tatsachen hervor. Das Wort, das ich spreche, die Handlung, die ich vollziehe, die Änderung in den umgebenden Zuständen, die ich herbeiführe, sind Tatsachen. Tatsachen sind auch die Wirkungen, welche das Gedachte, Gesprochene, Getane in mir selbst hervorbringen: ihr Einfluß auf meine Haltung, auf meine Gewohnheiten, auf meinen Charakter, bis zu jenem Letzten, daß sie in meinem Gedächtnis stehen – und die Psychologie zeigt, daß es nicht nur das bewußte, sondern auch das unbewußte Gedächtnis gibt, und daß dieses überhaupt nichts Erfahrenes und Getanes zu vergessen scheint, so daß jede Tat als »Faktum« in meinem Leben bleibt. In solchen Tat-Sachen objektiviert sich immerfort meine handelnde und schaffende Initiative. Je älter ich werde, desto mehr Tatsachen – Entschlüsse, Worte, Handlungen, Formungen – stehen in meinem Lebensbereich; desto fester wird ihr Zusammenhang und desto größer die Schwierigkeit, sie in Bewegung zu halten oder gar zu durchbrechen. Sie legen meine Initiative fest – um so mehr, als ihre Ansammlung unmerklich vor sich geht.
Das gleiche geschieht in der Geschichte. In ihr häufen sich die Tatsachen und verbinden sich zu Gefügen von ungeheurer Festigkeit. Darin objektiviert sich einmal die gesammelte Initiative aller Einzelnen; dann aber auch jene der verschiedenen Ganzheiten des menschlichen Lebens, der Familien, Sippen, Stämme, Völker, Völkergruppen als solcher. Und es ist wichtigt, zu sehen, wie Vieles und wie Entscheidendes in der Geschichte echte Tat-Sache ist. Eine neuzeitliche, aus den Konstruktionen des Idealismus und aus der Stoffgebundheit des

Positivismus kommende Neigung sieht überall Prozesse, die so gehen müssen, wie sie gehen. Die Anschauung ist ebenso falsch, wie verhängnisvoll. Falsch, weil auf Schritt und Tritt die Freiheit am Werk ist; verhängnisvoll, weil sie den Handelnden der Initiative entwöhnt und der Verantwortung entlastet. Die Geschichte geht nicht so, weil sie muß, sondern weil sie – zu entscheidenden Stunden im Großen und jeden Augenblick im Kleinen – gewollt wird. Freilich werden die daraus kommenden Tatsachengefüge um so größer und fester, je länger die Geschichte dauert, und sie zu durchdringen und zu bewegen, bildet für die Lebensinitiative der Späteren eine immer schwerere Aufgabe. Letzlich ist das Dasein selbst, die Welt und ich in ihr, eine Tatsache. Davon war bereits die Rede. Die Welt muß nicht die sein, die sie ist; nun sie es ist, ist sie unverrückbar so. Ja sie braucht überhaupt nicht zu sein; nun sie aber ist, ist sie unaufhebbar da. Nachdem sie ist, wie sie ist, gibt es in ihr auch die Notwendigkeit, den Inbegriff der Gesetze, welche sie ordnen; nichts kann aber mich überzeugen, daß die Welt mitsamt diesen Notwendigkeiten sein müsse. Sie ist, weil die Tat ihres Urhebers sie geschaffen hat. Diese Ur-Tatsächlichkeit wird dann, innerhalb der Welt, immer aufs neue von der menschlichen Freiheit realisiert. Wäre die Welt als ganzes nicht eine durch Freiheit gesetzte Tat-Sache, dann könnte es in ihr keine Freiheit geben – daher ja denn der neuzeitliche Naturbegriff, der diesen Tatsächlichkeitscharakter geleugnet hat, folgerichtig auch die Freiheit leugnen mußte. Wenn die Welt als Ganzes sein muß, muß auch alles das sein, was in ihr ist.

Das Tatsächliche setzt der Initiative des Lebens eine besondere Härte entgegen. Die Freiheit hat die Aufgabe, das Seiende zu bewältigen. Mit den Notwendigkeiten findet sie sich, wenn sie richtig gewillt ist und, direkt oder indirekt, den Sinn der Gesetze einsieht, relativ leicht ab. Im Letzten kann sie gar nicht wünschen, die Notwendigkeiten sollten nicht sein, weil dann alles ins Chaos sinken würde, Chaos aber Sinnlosigkeit und damit Knechtschaft bedeutet. Der Tatsache hingegen fehlt diese

Evidenz. Von ihr kann ich nicht einsehen, daß sie sein müsse, sondern nur, daß sie ist. Sie steht eben da. Wenn sie mich fördert, erscheint sie mir als Huld, und ich antworte mit dem Dank; wenn sie mir schadet, erscheint sie mir als Unheil und erregt in mir Empörung und Abwehr. So muß sie in einer anderen Weise bewältigt werden als das Notwendige. Der Mensch muß das, was ist, immer aufs neue auf sich nehmen und in seine Lebensgestalt einarbeiten. Schon sich selbst gegenüber muß er das tun. Daß er diese bestimmte Veranlagung, diese Kräfte und Fehler, Möglichkeiten und Grenzen hat, muß er immer aufs neue annehmen. Es ist eine schwere Forderung, sein zu müssen, der man ist; mit sich selbst auskommen und es mit sich selbst aushalten zu müssen, während doch die Vorstellung immerfort das eigene Sein übersteigt. Darin liegt ja die helfende und zugleich gefährdende Wirkung der Phantasie, des Traumes und des Rausches, des Spiels und der Verkleidung: sie geben für eine kurze Weile die Illusion, die Fessel der Selbst-Tatsache abschütteln und ein anderer werden zu können, um dann freilich um so härter zu fühlen, daß es nicht möglich ist. So besteht eine der ersten Forderungen des sittlichen Lebens darin, entscheidenderweise in bestimmten Stunden, darüber hinaus aber immer wieder, täglich und stündlich, sich selbst anzunehmen. Das ist keine Resignation, sondern die Wahrheit der Existenz und die Voraussetzung alles echten Strebens. In gleicher Weise muß der Mensch das, was aus seinem Tun hervorgegangen ist, die von ihm geschaffenen und aufgehäuften Tatsachen, in seine Verantwortung nehmen. Ebenfalls nicht, um sich fatalistisch ins Gewordene zu fügen, sondern um in seinem Existieren redlich zu sein und den rechten Ausgangspunkt für das Zukünftige zu haben.

Was für den Einzelnen, gilt auch für die Geschichte. Immerfort häuft das geschichtliche Tun Tat-Sachen auf, die dann ebenso wirklich sind wie die Gegebenheiten der Natur und dem kommenden Handeln seine Bedingungen vorgeben. In jedem Augenblick muß die geschichtliche Gegenwart das Erbe der Vergangenheit übernehmen und es bewältigen. Sie muß die entstandenen Konflikte aufarbeiten, die angesammelten Energien voranführen, die durchgedrungenen Gestaltmächte zur Entfaltung bringen, in den vorgeschrittenen aushalten, oder aber sie um vordrängender neuer willen zerbrechen. Die Forderung ist oft hart, besonders dann, wenn die Gewissenlosigkeit und Vermessenheit der Vergangenheit ein Erbe hinterlassen haben, das die mit ihm Belasteten ins Unheil zu versiegeln scheint. Dann ist es schwer, zwischen dem echten Recht des Abbrechens und der Verantwortungslosigkeit zu unterscheiden, welche tut, als ob nichts geschehen sei, sich ins Abseitige zurückzieht oder irgendeinen Kurzschluß herbeiführt, unter welchem die Konsequenzen doch, und zwar zerstörend, weiterlaufen.

Die Tatsachen bilden ebenfalls einen Zusammenhang. Im Einzelnen ist es das Lebensgefüge und die Lebenslast; im Gesamtdasein der Zusammenhang dessen, was ein Volk, oder eine Völkergruppe, oder die Menschheit tun, schaffen, durchmachen, werden, »die Geschichte«. Und da alles Seiende erst im Menschen seine letzte Definition bekommt, ist es »die Welt« im eigentlichen Sinn.
Auch dieser Zusammenhang kann nicht durchschaut werden. Seine Undurchschaubarkeit hat aber einen anderen Charakter als jener Inbegriff der Gesetze, von welchem die Rede war. Er ist nicht nur zu groß, oder zu tief, oder zu kompliziert, sondern in ihm bekommt der Geist es mit der Unableitbarkeit der Tatsache zu tun, die nicht sein muß, aber ist, verschärft durch die Torheit und das Böse des menschlichen Willens. So treten ihm daraus mit Wucht die Fragen entgegen: Warum ist das Leben, wie es ist? Warum haben die Menschen getan, was sie getan haben? Warum gibt es überhaupt Leben und Tun[3]? Die

---

[3] Einen besonders tiefen Ausdruck finden sie in der Dichtung Giacomo Leopardis. Ich erinnere etwa an den schwermütigen *»Canto notturno di un pastore«*, »Nachtgesang eines Hirten« und die mächtige Elegie *»La ginestra«*, »Der Ginster« (Opere, ed. R. Bacchelli und G. Scarpa, Mailand 1935, Bd. 1, 63 und 95).

Antwort auf diese Fragen kann niemals aus den Tatsachen selbst, sondern nur aus Gott kommen, der selbst die Welt als »Tat-Sache« ins Sein gestellt hat. Und während die Einsicht in den Sinnzusammenhang der Gesetzlichkeiten als jene letzte Einsicht, Durchsicht und Übersicht zu denken wäre, nach welcher die wissenschaftliche und philosophische Erkenntnis strebt, bedarf die Geschichte, um wirklich erkannt werden zu können, des Gerichtes[4].

Der Zufall

Einen besonderen Charakter nimmt die Tatsache dann an, wenn sie als Zufall empfunden wird. Nach allem Gesagten versteht es sich von selbst, daß es den absoluten Zufall nicht gibt. Er würde bedeuten, daß etwas geschähe, was weder im Notwendigkeitszusammenhang der Dinge, noch in der Verantwortung der Freiheit begründet wäre. Trotzdem gibt es die Empfindung des Zufalls, und nicht nur als psychologisch zu wertendes Gefühl, sondern als echte, »gebende« Erfahrung. Sie bezieht sich auf den Lebensbereich des Erfahrenden und stellt sich dann ein, wenn in ihm etwas auftritt, was nicht erkennbar in dessen Gefüge eingeordnet ist: etwa eine Begegnung, die von irgendwoher kommt und fremd bleibt; eine durch keine ersichtlichen Ursachen herbeigeführte Übereinstimmung äußerer Vorgänge und persönlicher Absichten und so weiter.
Der Charakter des Zufalls kann sich verschärfen. Er kann zur Unsinnigkeit werden, wenn eine unerhebliche Ursache, etwa ein kleines Versehen, verhängnisvolle Ereignisse herbeiführt; oder zur Ungerechtigkeit, wenn aus einer Handlung Folgen entstehen, die dem sittlichen Gefühl widersprechen, etwa Unheil aus einer mit bester Absicht vollbrachten Tat; oder zur objektiven Bosheit und Tücke, wenn irgend eine Armseligkeit

---

[4] Näheres darüber weiter unten S. 217ff.

Großes zerstört, beständig dazwischengeratendes Mißgeschick eine edle Begabung lahmlegt, und dergleichen mehr.

Der Zufall stellt das Verständnis des Daseins vor die schwerste Aufgabe, denn er macht am Sinn des Lebens irre. Bis zu einer bestimmten Grenze kann er positiv erfahren werden: etwa als Ausdruck für die Unvorhersehbarkeit des Lebens, welche den Menschen zwingt, immer auf der Hut zu sein und jedem Ansprung mit ebenso rascher Gegenwehr zu begegnen. Es hat Zeiten gegeben, in denen dieses Gefühl besonders lebendig war, so die Renaissance mit ihrer Vorstellung von der Fortuna, welche die menschlichen Dinge nach unvernünftigen Launen durcheinanderrüttelt, den Schwachen zerstört, den Starken aber zur Anspannung aller Kräfte nötigt – die gleiche Zeit, welche vom Interesse für die Eigenheiten und Sonderbarkeiten des Lebens, von der Lust am Abenteuer und vom Drang zur Entdeckung des Wunderbaren erfüllt war. Darüber hinaus kann der Zufall aber nur als Unordnung empfunden werden. Etwas Verworrenes, ja Tückisches und Böses zeigt sich in ihm an. Die Frage, wie das sein könne, führt zum Bewußtsein einer ersten Schuld, die, durch immer neue Schuld verstärkt, die Sinnzusammenhänge dieses Daseins verwirrt; und zur Annahme böser Mächte, welche dem Dasein übelwollen, entweder direkt Macht über es haben, oder aber die Schuld des Menschen als Einbruchsstelle in sein Gefüge benützen.

Die Elemente des Schicksals im Menschen selbst

Das Schicksal hat seine Grundlagen in der ganzen Breite von Welt und Geschichte. Man sieht das leicht, wenn man die Abhängigkeitslinien irgendeines Geschehnisses, von dem man betroffen wurde, zurückverfolgt: Ich habe mich um eine Stelle beworben und sie nicht bekommen. Dafür gibt es Gründe in mir, deren Vor-Gründe in meinem eigenen Tun, in Umgebung, Erziehung, Abstammung und so weiter; Gründe bei den betreffenden entscheidenden Stellen, deren Vor-Gründe im Einzelnen wie im Allgemeineren und so weiter. Sehr bald breiten die Zusammenhänge sich ins räumlich und zeitlich Unabsehliche aus. Was für die Frage nach der Ursache als ein Sich-Hinausverzweigen vom Punkt der Schicksalsberührung ins Ganze des Daseins erscheint, kehrt sich im unmittelbaren Erlebnis um: der Vollzug des Schicksals kommt aus der Unabsehlichkeit jenes Ganzen durch die verschiedenen Schichtungen meiner Umwelt immer näher auf mich zu. Die Spitze des Vorgangs liegt in mir, meinem individuellen Dasein, genauer, in meiner Person.

Schicksal ist also die Wirklichkeit einfachhin in ihrer Beziehung auf mich. Dieser Satz macht darauf aufmerksam, daß bei der bisherigen Untersuchung noch etwas Wesentliches außer acht geblieben ist. Sie hat das Schicksal nur von seiner gegenständlichen Seite her, als das, was dem Menschen gegenübersteht, gesehen; in Wahrheit kommt es auch aus ihm selbst, denn auch er ist ja doch Wirklichkeit, und zwar die nächste und für ihn wirksamste.

Auch im Menschen selbst liegt das Notwendige: all die verschiedenen Gesetzmäßigkeiten, welche sein physisches, psychisches und geistiges Sein bestimmen. Sie bilden die Grundlagen des individuellen Daseins, bestimmen seinen Ort im Ganzen, seinen besonderen Charakter, seine Möglichkeiten und seine Grenzen. Damit erzeugen sie für ihn Schicksal im strengen Sinn des Wortes ... Daß aus seiner Freiheit immerfort Handlungen hervorgehen, deren Ergebnisse nachher in seinem Daseinsbereich als Tatsachen stehen bleiben und damit ebenfalls Schicksal formen, wurde bereits dargelegt ... Nicht so leicht wird deutlich, daß es im Menschen selbst auch das Zufällige gibt. Es ist als das bestimmt worden, was sich nicht fühlbar und erkennbar in den Sinnzusammenhang des eigenen Lebensbereiches einfügt – doch was macht diesen Bereich aus? Zunächst alles das, was ich von mir selbst weiß, empfinde, handelnd vollziehe, mit anderen Worten, mein bewußtes Dasein.

Nun geht aber durchaus nicht alles, was in mir geschieht, in dessen Ordnung auf, sondern manches macht den Eindruck, als ob es von anderswoher in sie eindränge und sich nicht in sie einfügte. So ist es auch, nur liegt dieses »Anderswo« in meinem eigenen Innern. Die Psychologie sagt, daß das Ganze meines Daseins sich nicht mit dem deckt, was ich unmittelbar wissen kann, wenn ich in mich blicke, mein Gedächtnis durchforsche und meine Beweggründe analysiere; daß es vielmehr in mir selbst Bereiche gibt, die sich einer solchen Kenntnisnahme entziehen und nur auf Umwegen und durch bestimmte Techniken aufgeschlossen werden können, nämlich das Unterbewußte und Unbewußte. Sie reichen sehr weit und sind nicht nur vorhanden, sondern auch wirksam. Sie bilden die Tiefenschicht meines Gesamtlebens. Diese trägt, nährt, regelt, führt dessen obere Schichten; beunruhigt sie aber auch, hindert sie, leitet sie irre. Von ihr kommen jene Impulse, Hemmungen, Störungen, Warnungen, Hilfen in mein bewußtes Leben, die aus dessen Zusammenhang heraus nicht durchschaut werden können, etwa ein Warnungsgefühl, ein rettender Einfall, die plötzliche Wiederkehr der Zuversicht; ja die zuweilen so fremd und unvermittelt einbrechen wie ein Ereignis der äußeren Natur – das heißt aber, nach unserer Bestimmung des Begriffs, zufällig. Dieser Charakter steigert sich zuweilen bis zu dem des Verwirrenden, Boshaften, Tückisch-Zerstörenden; siehe etwa die mannigfachen Formen der Fehlleistung, welche den Fortgang des persönlichen Lebens auf das Empfindlichste beeinträchtigen können. Ja er kann sich derart verschärfen, daß der Betroffene den Eindruck hat, von fremden Mächten oder Wesen beherrscht, gequält und in den Untergang getrieben zu werden, wie das in den verschiedenen Formen psychischer Erkrankung vom einfachen Zwang bis zum Besessenheitswahn der Fall ist.

Die Bedeutung des eigenen Selbst in der Bildung dessen, was Schicksal heißt, reicht aber noch tiefer. Für mein unwillkürliches Gefühl ist es das, was mir entgegentritt. Wird mir nun gesagt, dieses Entgegentretende komme auch aus verborgenen Bereichen meines eigenen Lebens, dann verstehe ich das zunächst so, daß ich meinen physisch-psychischen Seinsbestand als ein Stück der Gesamtwirklichkeit nehme, nämlich die innere, und sehe, daß meiner persönlichen Initiative auch von dorther Daseinsstoff entgegengetragen wird. Das ist aber noch nicht alles; ich bin vielmehr an der Bildung meines Schicksals auch aktiv beteiligt, indem ich die mich angehenden Geschehnisse auswähle und lenke. Das besonders zu betonen, scheint nun zunächst überflüssig, da es ja bereits dargelegt wurde, als von den aus der eigenen Freiheit kommenden Tatsachen die Rede war. Hier handelt es sich aber um etwas anderes.

Zu dessen Verständnis dient ein Hilfsgedanke, den Biologie und Soziologie ausgearbeitet haben. Der Einzelne lebt nicht einfachhin in der Allgemeinwelt, sondern gliedert aus dieser einen engeren Bereich, seine Umwelt, heraus. Das geschieht schon durch die Organisation seiner Sinne, welche nur Bestimmtes wahrzunehmen vermögen, anderes hingegen nicht, so daß jenes zu seiner Welt gehört, während dieses zwar an sich, nicht aber für ihn vorhanden ist. Das Gleiche geschieht durch seine physiologischen Bedingtheiten, durch Bedürfnisse und Triebe, durch Bau und Reichweite seiner Werkorgane, durch Temperament und Charakter, besondere Begabung und so fort. Durch alles das baut sich der Einzelne aus dem Stoff der Allgemeinwelt seine Eigenwelt auf: Ernährung und Pflege, Kleidung und Schmuck, Haus und Arbeitsbereich, Familie, Freundeskreis, gesellschaftliche Schicht und so weiter. Entsprechendes zeigt sich nun hinsichtlich des Geschehens. Bis zu einem gewissen Grade widerfährt einem Menschen nicht Beliebiges, sondern solches, das in Beziehung zu seinem Wesen steht; und auch das, was ihn unvermittelt aus dem Zusammenhang des Gesamtgeschehens heraus trifft, empfängt seine besondere Charakterisierung dadurch, daß eben er es ist, den es trifft. Aus dem Stoff des Allgemeingeschehens gliedert sich so eine besondere, auf ihn bezogene Geschehniswelt heraus, die einerseits wohl durch die objektiven Vorgänge der Natur, der

Geschichte, der Gesellschaft, also »von außen«, andererseits aber durch ihn selbst, »von innen« her geformt wird. Familienart und individuelle Veranlagung, Erziehung und aufgenommene Vorbilder haben die Eigenart seiner Persönlichkeit begründet; diese aber bewirkt, daß er sich den äußeren Vorgängen gegenüber in charakteristischer Weise verhält und sie dadurch beeinflußt. Seine Bemühungen, sich gegen Störendes zu schützen, Förderndes aufzunehmen, Ordnung und Zusammenhang in das eigene Leben zu bringen, alles das, was Lebensbeherrschung und Lebenskunst heißt, formt an der individuellen Geschehniswelt. Unter dem bewußten Tun ist aber noch ein anderes, unbewußtes am Werk, das nur durch indirekte Analyse freigelegt wird und das persönliche Lebensgeschehen ebenfalls beeinflußt: fest gewordene Stellungnahmen, welche Sympathie und Antipathie bestimmen; Grundtendenzen, die das konkrete Handeln lenken; unausgetragene, ins Wesensgefüge eingegangene Konflikte, die sich in den Beziehungen zu den Menschen der Umwelt auswirken; aus früheren Erlebnissen stammende Schemata des Verhaltens, die unwillkürlich befolgt werden und so weiter. Ja es zeigt sich, daß selbst vieles von dem, was auf den ersten Blick bloß von außen herzukommen scheint, in Wahrheit vom Unbewußten her gewollt und mit einer oft unbegreiflichen Sicherheit gelenkt wird.
Alle diese Verhaltungsweisen und Tätigkeiten stehen untereinander im Zusammenhang. Sie werden durch eine innere Gestalt, eine Entelechie bestimmt, die zum Teil im Wesen der betreffenden Persönlichkeit angelegt, zum Teil durch Erziehung und entscheidende Erlebnisse erworben worden ist. Diese bildet die Form, auf Grund deren sich die individuelle Selbstbehauptung und Selbstverwirklichung vollzieht. Durch einen fortwährend wirksamen Einfluß bestimmt sie die inneren und äußeren Verhaltungsweisen, gestaltet sowohl die Individualität selbst wie auch ihre Umwelt. Das geschieht aber nicht naturhaft, wie bei der Pflanze oder dem Tier. Im Menschen ist der Geist; so ist ihm seine Wesensgestalt als Ausgangsform gegeben, aber zugleich als Aufgabe gesetzt. Doch das

drückt den Unterschied noch nicht genug aus, da es schon zum Wesen des Organismus gehört, im Vorgang des Wachstums von sich selbst ausgehend sich selbst erreichen zu müssen. Beim Menschen hingegen ist diese Selbsterreichung der Freiheit anvertraut; so ist die Wesensgestalt Wirklichkeitsbasis und Aufgabe zugleich. Sie muß durch Überwindung hindurch erfüllt, Oberflächliches muß Tieferem geopfert, Krisen müssen durchgestanden, Konflikte aufgearbeitet werden. Diesen Forderungen kann die Freiheit gehorchen, aber auch sich ihnen entziehen; sie kann der Lebensgestalt entsprechen, sie aber auch vergewaltigen. Dadurch bekommt jene Regulation, von der die Rede war, einen besonderen Charakter: sie wird zum Lebensgewissen, welches das richtige Verhalten bestätigt und mit sittlichem Wertgefühl belohnt, das falsche als Schuld empfinden läßt und es zu bestrafen, beziehungsweise zu kompensieren sucht... Ja die Komplikation reicht bis in die innerste Lebensinitiative selbst. In dieser sind nicht nur erhaltende und aufbauende, sondern auch störende und zerstörende Tendenzen am Werk; eine rätselhafte Tatsache, deren letzter Sinn nur aus der Offenbarung, und zwar aus ihrer Lehre von der Ursünde und deren Folgen deutlich wird. Dadurch ist die Lebensgestalt in sich selbst gebrochen, was in Unsicherheiten, Widersprüchen und Krankheitsformen verschiedener Art zur Auswirkung gelangt, und sittlich sich in der verwirrenden Tatsache ausdrückt, daß es nicht nur das richtige, sondern auch das falsche Gewissen gibt; dieses Falschsein aber nicht nur aus verfehlter Unterweisung und dergleichen, sondern auch aus innerer Verkehrtheit stammen kann.
Die Lebensgestalt beeinflußt, wie bereits gesagt, das den einzelnen Menschen betreffende Geschehen auf das Tiefste. Sie macht, daß er für bestimmte, von außen kommende Einflüsse in besonderer Weise, für andere weniger, für weitere gar nicht empfänglich ist. Sie bringt ihn in eine Wahlverwandtschaft zu bestimmten Menschen, Verhältnissen und Situationen und begünstigt dadurch entsprechende Beziehungen und Ereignisse, während er gegen andere gleichgültig bleibt oder sie als feind-

lich abwehrt. Was einem Menschen von seiten anderer Menschen, aber auch von der umgebenden Natur her geschieht, wird zu einem großen Teil durch sein eigenes Verhalten herausgefordert oder wenigstens ermöglicht: dafür bildet jene innere Gestalt gleichsam den Plan des Verhaltens. Hinzu kommt endlich alles das, was die Psychologie des Unbewußten über Glück und Mißlingen, Sicherheit und Fehlleistung, über das Zustandekommen von Zufällen, über das Entstehen vieler Krankheiten, und nicht nur nervöser, sondern auch organischer Art sagt[5]. Alle diese Einflüsse wirken so beständig und sicher, daß man die Gestalt, welche sie regiert, als das innere Schicksal einfachhin bezeichnen kann.

Sie wirkt aber, das muß noch einmal betont werden, nicht mit naturhafter Notwendigkeit. Sie bildet wohl das Möglichkeitsfeld und den Vollzugstypus für mein individuelles Handeln, letzteres kann sie aber im guten wie im schlimmen Sinne durchbrechen; jede sittliche Überwindung wie auch jeder Abfall von der Wesenslinie beweisen es. Dennoch ist ihr Einfluß unabsehlich. Ich empfinde sie als Macht, je nachdem sichernd und helfend, oder gefährdend und zerstörend. Und nicht nur so, daß sie mich von innen her treibt, sondern auch daß sie von außen her über mich kommt. Die Geschehnisgestalt bin ich selbst; sie ist die Entelechie meines konkreten Seins. Doch

---

[5] Die Psychologie der Unfälle und der organischen Krankheiten ist außerordentlich aufschlußreich. Zunächst erscheint ein Unfall als etwas ganz Objektives, das dem persönlichen Willen entzogen ist. Die Analyse zeigt aber, daß er nicht nur durch das ganze charakterlich bedingte Eigenverhalten des Betroffenen mitbestimmt, sondern oft mit präziser Regie von dessen Unbewußtem her gelenkt, ja geradezu herbeigeführt wird, und das aus Motiven, welche im Gefüge des betreffenden Lebenszusammenhangs liegen. Das gleiche zeigt die Untersuchung für nervöse, aber auch für organische Erkrankungen. Diese können – etwa auf dem Wege über die Abwehr der Infektion – vom Unbewußten herbeigeführt und in ihrem Verlauf kontrolliert werden. Wie die Psychologie der Schicksalsbildung denn überhaupt berücksichtigen muß, daß die willkürlichen Vorgänge des Organismus, Bewegung der Glieder, der Sinnesorgane usw. von der bewußten, die unwillkürlichen hingegen, wie Atmen, Herztätigkeit, Stoffwechsel usw., von der unbewußten Psyche bestimmt werden, ein großer Teil des Schicksals aber in deren richtigem oder unrichtigem Verlauf, also in Gesundheit oder Krankheit besteht.

ist sie nur zum Teil im bisher verlaufenden Leben wirklich geworden; zum anderen steht sie in Möglichkeit und Zukunft und drängt von dorther in meine gegenwärtige Wirklichkeit herein. So erscheint sie mir wie ein entgegenkommendes Anderes, wie eine fremde, an mich herantretende Macht, manchmal sogar wie eine Übermächtigung, ein Verhängnis. Sie ist die Entelechie meines individuellen Seins; zum Teil aber auch die der verschiedenen Ganzheiten, in denen ich stehe, Familie, Freundschaft, Arbeitsgruppe, Gesellschaftsschicht, Volk, Staat, Kirche. So ist sie in mir, aber auch außerhalb meiner und tritt mir von dorther als ein Fremdes entgegen, das doch von mir als mich angehend empfunden wird und dadurch eine Macht gewinnt, welche sich bis zur Gefahr der Übermächtigung, des Verhängnisses steigern kann.

Das religiöse und das personale Moment in der Schicksalserfahrung

Der religiöse Charakter des Schicksals

Die verschiedenen bisher beschriebenen Momente fügen sich zu jenem Ganzen zusammen, das Schicksal heißt. Richtiger gesagt: dieses stellt sich der Erfahrung als eine ursprüngliche Einheit dar, aus welcher dann die Untersuchung verschiedene Elemente herauslöst. Zu ihnen gehört – noch einmal zusammenzufassen – vor allem das Notwendige: die Gesetzmäßigkeit des Seins und Geschehens, von der ich einsehen kann, daß sie so sein muß, wie sie ist. Sie durchzieht die ganze Wirklichkeit bis in das letzte Teilchen ihres Bestandes. Sie trägt das Dasein und gibt ihm Sicherheit, schließt es aber auch in undurchbrechbare Bindungen ein ... Dann die Tatsache: das, was zwar ist, von dem ich aber nicht einsehen kann, daß es sein müsse; die Faktizität des Daseins, welche ebenso unaufhebbar ist, wie seine Notwendigkeit, aber der denkenden Durchdringung widersteht. Sie besteht aus der von keinerlei Prinzipien abzuleitenden Wirklichkeit der Welt überhaupt, sowie aus alledem, was durch die Freiheit hervorgebracht wird, dem Geschichtlichen im engeren Sinne des Wortes. Sie ist für meinen individuellen Lebenswillen das in einem besonderen Sinne »Gegebene«, Hingestellte und bildet in seiner letzten Unauflösbarkeit den härtesten Bestandteil des Schicksals. Beide Momente liegen aber nicht nebeneinander, sondern die Notwendigkeiten werden auch am Tatsächlichen des Daseins wirksam, ebenso wie umgekehrt die Tatsachen auch in den Gesetzlichkeiten ihren Bestand haben ... Sobald ich die Fakten von meinem Lebensbereich her betrachte, gewinnt ihre Tatsächlichkeit manchmal einen verschärften Charakter. Sie wird zu dem, was nicht bloß undurchdringbar ist und hingenommen werden muß, sondern in einem ungemäßen Verhältnis zu Ursache und

Sinn zu stehen scheint, dem Zufälligen, Willkürlichen, ja Tückischen. Dadurch bekommt das Schicksal die Eigenschaften des Unberechenbaren, Unvernünftigen und Unguten. Es wird blind und böse. Auch dieses Element läuft aber nicht neben dem Übrigen her, sondern durchzieht das Ganze, ja erscheint oft wie dessen letzte Charakteristik[6].

Das Schicksal kommt von außen an mich heran, liegt aber zugleich von vornherein in mir selbst. Es ist nicht so, daß ich fertig wäre und dann aus Natur und Geschichte Schicksal an mich heranträte, sondern ich selbst bin mein Schicksal. Immerfort vollzieht mein lebendiges Sein Gesetze, bringt es Tat-Sachen hervor und ereignen sich in ihm Zufälle. Immerfort bestimme ich das scheinbar objektiv an mich Herantretende mit, wähle aus den Möglichkeiten des Geschehens einzelne aus, rufe und lenke sie. So ist das Schicksal das aus der Fremdheit der Welt über mich Kommende, aus dem Feindlichen mich Anfallende; andererseits wieder das Verwandte, ja Eigene. Es bedeutet Gewalt von jenseits meines Ich her, zugleich aber auch die Form, wie ich mich selbst verwirkliche.

Dieser Zusammenhang bildet aber noch nicht das Ganze, sondern erst das unmittelbare Material und Gerüst des Schicksalsphänomens. Dahinter liegt etwas Anderes, das sich im Unmittelbaren ausdrückt und auch wieder verhüllt. Es wird besonders deutlich, wenn die schlechthin unlösbaren Fragen auftauchen, in welchen die Worte »warum« und »ich« vorkommen: Warum geschieht das gerade mir? Warum bleibt mir das versagt? Warum darf ich und warum muß ich der sein, der ich bin? Warum bin ich überhaupt[7]? Sie wecken die Ahnung,

---

[6] Leopardi in dem kleinen Gedicht »*A sè stesso:* An sich selbst«: »Unserm Geschlecht hat das Geschick / nichts als den Tod geschenkt. Verachte nun / dich selbst, und die Natur, und jene häßliche / Gewalt, welche, verborgen, / zu aller Unheil herrscht / und die endlose Nichtigkeit des Alls.« (Opere I 77).
[7] Es sind jene Fragen, die den tiefsten Inhalt der Schwermut bilden; in der Schwermut aber wird die quälende Unbegreiflichkeit des Daseins zum Erlebnis. Noch einmal möchte ich auf Leopardis Elegie »*Canto notturno*« hinweisen, in welcher diese Schwermut geradezu Gestalt geworden ist (Opere I 63).

daß im Schicksal etwas Geheimnishaftes liegt. Damit ist nicht das noch ungelöste, vielleicht sogar unlösbare Problem, sondern das Geheimnis als Seinsqualität, das Numinose gemeint. Es handelt sich um den gleichen Sachverhalt wie jener, auf welchen die Frage nach dem Ursprung des Gnadenhaften gestoßen ist[8]. Wenn es gelänge, mit Genauigkeit zu zeigen, wie die als gnadenhaft erfahrene Begegnung auf bestimmte Ursachen physischer oder personaler Art zurückgeht, dann hätte der Fragende zunächst das Gefühl, die Sache sei erledigt. Bald nachher würde er aber sehen, daß entweder die Frage mißverstanden oder etwas Wesentliches am Phänomen zerstört worden ist[9]. Er würde aus der Art seiner Erfahrung folgern, die Urheberschaft des gnadenhaften Vorganges müsse einen besonderen Charakter tragen und so auf das Religiöse kommen, das seinerseits nicht mehr auf Anderes zurückgeführt, sondern nur als Urgegebenheit hingenommen werden kann. Ebenso wäre die Frage nach dem Woher der Daseinsfügung nicht beantwortet, wenn man alle natürlichen Faktoren festgestellt hätte. Immer würde das Bewußtsein bleiben, das Schicksal komme aus einer spezifischen Unzugänglichkeit; jener, in welcher die religiösen Mächte zu Hause sind. Das Geheimnishafte, das die Erfahrung im Schicksal entdeckt, ist qualitativ eigenständig. Es liegt in, hinter, über jeder angebbaren empirischen Ursache. Die Notwendigkeiten, Tatsachen und Zufälligkeiten, von denen die Rede war, bilden dessen Wirkweisen und Ausdrucksformen und empfangen von ihm ihren eigentlichen Charakter.

Ich erfahre das Schicksal letztlich als etwas Numinoses. Es ist mit geheimnishafter Energie geladen und hat Macht über

---

[8] Siehe oben S. 118 ff.
[9] Hier liegt die Phänomenblindheit des Positivismus, welcher meint, die religiösen Fragen als bloße Rätsel behandeln und rational »aufklären« zu können. Er verwechselt das qualitative Geheimnis mit dem noch nicht gelösten Problem. Abgesehen davon wirkt in ihm aber auch ein Trieb zum Entlarven und Zerstören, der in seinem Verhältnis zum Dasein begründet ist.

mich. Es »will« etwas von mir, oder wider mich, oder über mich hin. Die Notwendigkeiten des Gesetzes bilden den Ausdruck einer Gewalt, die ich nicht beeinflussen kann. In den Tatsachen offenbart sich ein »Wille«, der macht, daß sie so seien, ohne mich erkennen zu lassen, warum; und der sie aufrecht hält, wie heftig mein Lebenswille auch gegen sie anrennen mag. Der Zufall endlich, der sich bis zur Sinnlosigkeit zuspitzt, verrät mir, daß die Richtung jener Mächtigkeit mit dem, was mein Geist und Herz als sinnvoll empfinden, nicht übereinstimmt. Letztlich kommen die Bewegungen des Schicksals aus dem undurchdringlich Fremden. Sie können einen guten Sinn enthalten, und manchmal glaube ich, ihn zu erfassen[10]. Manchmal scheint dieser Sinn aber auch unhold, feindlich, böse. Ja zuweilen ist es, als stehe das Eigentliche des Schicksals außer Verhältnis zu allem, was ich als Norm empfinde; als habe es überhaupt keinen »Sinn« und vollziehe sich bloß, ohne jedes Warum und Wozu.

Diese Fremdheit erscheint als Ausdruck des Wesentlich-Geheimnishaften, des Numinosen. Die Völker haben denn auch, solange sie religiös lebendig waren, das Schicksal immer so aufgefaßt, und selbst in positivistischen und materialistischen Zeiten klingt es in der Form des Aberglaubens nach. Die Religionsgeschichte berichtet von Göttern, die Glück und Unglück wägen; von Nornen und Parzen, die den Lebensfaden des Menschen anspinnen und abschneiden. Hinter den Gestalten aber steht noch Dike, Ananke, Moira, das Schicksal selbst. Im Letzten müssen die Götter verfügen, wie seine Macht will; diese aber ist schauererregend, unbegreiflich und läßt keine Berufung an Höheres mehr zu.

[10] Es sind das Augenblicke, in denen Weltfügung und Eigenwille sich gegenseitig erhellen und »alles« klar zu werden scheint. Sie tragen oft den Charakter der Euphorie, so daß in ihm das Phänomen des Schicksals und das des Gnadenhaften ineinandergehen. Diese Klarheiten können aber nicht objektiviert werden, sondern bleiben unaussprechbar. Auch sind sie an den Augenblick gebunden und vergehen mit ihm, so daß ich nachher nur weiß, ich habe etwas Wichtiges erkannt, nicht aber, was es gewesen ist.

Ein solches Letztes gibt es auch im Innersten des Menschen selbst. Die Gesetzlichkeiten, Tatsächlichkeiten und Zufälligkeiten in ihm drücken etwas hinter ihnen Stehendes aus, ein Geheimniszentrum, das im eigenen Tun waltet und Schicksal bildet[11]. Und nicht nur so, daß der Mensch das vom objektiven Schicksal Herkommende besteht und gestaltet, sondern selbst Schicksal schafft, wie das in den Ideen vom persönlichen Heil oder Glück, sowie dessen Gegenteil, dem Unheil und Unglück, zum Ausdruck kommt, die viel mehr bedeuten als nur die Tatsache, der Einzelne sei vom objektiven Schicksal begünstigt oder benachteiligt. Es handelt sich vielmehr um die Individualkraft des einzelnen Menschen, welche letztlich selbst ein Numinosum ist, dem objektiven Schicksal gegenübersteht und es zugleich vollendet[12].

Das Schicksalsbewußtsein ruht auf der Erfahrung einer letztgültigen Ordnung und Weisheit – aber auch einer entgegengesetzten Haltung, worin das Schicksal willkürlich, neidisch, blind und sinnlos erscheint. In Mythen und Mächten tauchen diese Empfindungen und Vorstellungen immer wieder auf; ebenso in Träumen, in Regungen der erkrankten Psyche, überhaupt in unwillkürlichen Äußerungen des Lebensgefühls. Von dort fühlt der Mensch sich gefährdet. Er darf das Schicksal nicht herausfordern, muß sein Bestes vor ihm verbergen, es von sich ablenken, es überlisten – oder aber im eigenen Wesen einen Kern entdecken, der in der Form des Kampfes auf das Schicksal bezogen ist und sich daher noch im Untergang bestätigt fühlt.

---

[11] Sehr aufschlußreich dafür ist Jungs Theorie von den die Mythen hervorbringenden Bedeutungskernen im Unbewußten: K. Kerényi und C.G. Jung, Einführung in das Wesen der Mythologie, 1941, S. 111 ff. Allerdings muß man dagegen einwenden, daß sie nicht nur, was berechtigt wäre, sich auf das psychische Moment beschränkt, sondern alles darauf zurückführt.

[12] Dazu G. van der Leeuw über das subjektive und zugleich objektive Seelenleben: Phänomenologie der Religion, 1933, S. 276f. Auch W. Groenbech, Kultur und Religion der Germanen, 1937/39, I, S. 105ff. In geistig durchgearbeiteter Form erscheint das Phänomen in der Weise, wie die hellenistische Heimarmene mit dem objektiv waltenden Nous und der in sittlichen Menschen wirksamen Sophrosyne zusammengehen.

Auf dem tiefsten Grunde der Schicksalserfahrung scheint sogar etwas noch Dunkleres zu liegen, nämlich das Gefühl einer bösen Sinnwidrigkeit, des Satanischen. Dieses drückt sich in den verschiedenen Gestalten der Dämonie aus, wie sie überall in den Religionen auftauchen: in den Mächten der Zerstörung, der Grausamkeit, des Schreckens und Grauens. Es ist neuzeitlicher Ästhetizismus, das alles als Element des Daseins konstatieren und bejahen zu wollen. In Wahrheit handelt es sich um etwas, das niemals bejaht werden kann, weil es die schlechthinige Gegenwehr hervorruft. Es ist böse, kalt, herzlos und leer – aber als »ein Anderes«, das dem religiösen Bereich angehört; freilich im schlimmen Sinne, so daß sich ihm keine Verehrung zuwenden kann, es sei denn eine pervertierte.

Was dieses Element bedeutet, wird aus ihm selbst nicht klar. Es liegt in der Verworrenheit des Daseins, vermengt sich mit dem Guten, verbirgt sich hinter dem Sinnvollen. Sein eigentliches Wesen wird erst durch die Offenbarung, endgültigerweise durch Christus deutlich gemacht[13].

Der Träger der Schicksalserfahrung

Wie beim Phänomen der Freiheit, so muß auch bei dem des Schicksals die Frage gestellt werden, von wem es erlebt und vollzogen werde. Die Antwort lautet: nicht von jedem Seienden. Ein Stern kann ebensowenig Schicksal haben wie ein Fluß oder ein Stein. Wird dergleichen gesagt, so ist das eine Personifikation, hinter welcher ein frühzeitlicher Seelenglaube nachwirkt, der allen Dingen Leben und Willen gibt. Damit Schicksal sein könne, muß eine Initiative vorhanden sein. Und nicht nur eine solche, wie jedes Lebendige, das leiden und sterben kann, sie besitzt. Wenn ein schöner, verheißungsvoll aufwachsender Baum zerstört oder ein edles Tier zugrunde ge-

---

[13] Näheres darüber weiter unten S. 191 ff.

richtet wird, mögen wir darin eine Art Schicksal empfinden; in Wahrheit haben wir eigenes Erleben hineingelegt. Mit Initiative ist vielmehr jene gemeint, die im ersten Kapitel dargelegt wurde, die Freiheit; sie aber setzt den lebendigen Geist voraus.

Nur die geistgetragene Freiheit kann die Unerbittlichkeit des Notwendigen erfahren, weil sie allein sich dadurch getragen oder gehindert fühlen kann. Durch die Gabe der schöpferischen Vorstellung steigt sie über die Grenzen der Notwendigkeiten hinaus und ist doch genötigt, sich in sie zu fügen. Ebenso kann nur die Freiheit, welche nach der Einsichtigkeit des Sinnens verlangt, die Härte des Tatsächlichen fühlen und sich dagegen auflehnen. Anderseits ist nur die Freiheit fähig, den Sinn des Schicksals zu empfinden, welcher in der freundlichen Herwendung des Daseins und in der fordernden Fügung liegt.

Alles das wird im Begriff der Person zusammengefaßt. Personalität ist jenes In-sich-selbst-Stehen, worin der bewußte und freie Geist sich selber gehört. Nur Person kann Schicksal haben.

Schicksal bedeutet einmal Zumessung und Zuweisung: es gibt dem Menschen den Ort im Dasein, Stoff und Maß des Lebens, Möglichkeit und Grenze für Erfüllung und Versagung. Es bedeutet aber auch Aufgabe für das eigene Handeln und Schaffen. Dem Menschen ist das Werden der eigentlichen Welt aufgetragen: jener, die aus der erkennenden, stellungnehmenden, handelnden Begegnung mit dem Gegebenen hervorgeht, der gesehenen, gewerteten, empfundenen, gestalteten Wirklichkeit. Diese Welt entsteht aus dem Leben jedes Menschen, so oft und in so viel Weisen, als es Menschen gibt. Dafür bestimmt das Schicksal Möglichkeiten und Grenzen. In ihm trägt sich die Welt als Gegebenes dem Menschen entgegen, damit er daraus die aufgegebene Welt hervorbringe.

Diesen Anruf vernehmen zu können, ist das eigenste Vorrecht des Menschen. Nur als Person vermag er es. Nur als Person vermag er sich dem Anruf zu stellen und ihm zu genügen – aber auch sich ihm zu entziehen und die Möglichkeit zu verlieren. Dann ist, soviel an ihm lag, »Welt« verspielt.

Die Bewältigung des Schicksals

*Das Getragensein, der Kampf mit dem Schicksal und die
Beeinflussung seines Ursprungs*

Mannigfaltig wie die Weisen, das Schicksal zu erfahren, sind auch die Versuche, mit ihm fertig zu werden. Ihre Analyse würde das ganze Problem noch einmal aufrollen; so müssen wir uns mit Andeutungen begnügen.
Der Mensch kann – um mit dem Positivsten zu beginnen – sich vom Schicksal getragen wissen. Dann hat er das Gefühl: »Ich kann. Was ich will, gelingt. Die Dinge fügen sich mir. Nichts wird mir zustoßen.« Das sind Urteile, die den empirischen Gehalt des jeweiligen Tuns und Geschehens übersteigen. Dieses wird so erfahren, daß es etwas Tieferes zum Ausdruck kommen läßt: ein Einverständnis zwischen dem individuellen Lebenswillen und der Initiative des Schicksals. Der Mensch hat das Bewußtsein, die waltenden Mächte seien geneigt und hilfreich; das eigene Sein sei in ihnen geboren, und das Handeln könne zuversichtlich vorangehen. Im Raume des Schicksalsphänomens erscheint damit das Moment der Gnade, ausgedrückt in den Vorstellungen vom Glück, von der Huld der Sterne und dem persönlichen Gestirn, vom behütenden und stärkenden Einfluß mächtiger Ahnen, vom Schutzgeist des Einzelnen und der Gruppe und so fort. Psychologisch bedeutet die Erfahrung ein tiefes Einssein mit sich selbst, des bewußten mit dem unbewußten Leben und, ebendadurch, eine Übereinstimmung des bewußten Wollens mit den Tendenzen der Dinge, dem Bewegungssinn der Situation, der geschichtlichen Stunde, was alles ja durch das unbewußte Wollen viel tiefer und sicherer erfaßt wird.
Glück und Gelingen sind Phänomene des Gleichgewichts: ein Ineinanderspielen von Sehen und Nicht-Sehen, Entschiedenheit des Handelns und Gefühl für Warnungen, Unabhängig-

keit des Wählens und Gerufensein durch das Zu-Wählende, Energie und Behutsamkeit, Zugriff und Selbstentscheidung. Sobald der Mensch das sehr schwebende Gleichgewicht verläßt, entweder die Selbstverständlichkeit des Mutes verliert oder aber selbstbewußt und überheblich wird, spielt das feine Ineinander nicht mehr. Das Urteil trübt sich. Das Verhältnis zu Menschen und Dingen geht verloren, Fehler um Fehler werden gemacht und bringen Wirkungen hervor, die ihrerseits die Situation verderben: das Glück zergeht, und an seine Stelle tritt nicht eine durchschnittliche Ordnung, sondern das Un-Glück, in welchem alles zum Ungünstigen wirkt.
Das Glück bringt das Leben zum Blühen. Eine schöne Freiheit stellt sich ein, und die Kräfte des Handelns und Schaffens werden zuversichtlich. Etwas davon muß in jedem Leben sein, wenn es gedeihen soll. Die eigentümliche Erscheinung des vom Mißgeschick Verfolgten, des Pechvogels, oder, im Großen, des glücklosen Menschen, zeigen, wie das Leben wird, wenn es ganz fehlt; sei es, daß der Betreffende von vornherein unglücklich ausgestattet ist, oder daß er sich selbst vom Unbewußten her immerfort die Möglichkeiten zerstört, oder so ganz außerhalb seiner Zeit steht, daß diese ihn nicht gedeihen läßt.

Der Mensch kann mit dem Schicksal kämpfen. Vor allem mit den empirischen Gegebenheiten. Der Bestand der jeweiligen Situation wie der Zusammenhang des Lebensganzen sind ja nicht starr. Sie bestehen, wie gezeigt wurde, nicht nur aus Notwendigkeiten, denen der Mensch sich fügen muß, sondern auch aus Tatsachen, an denen die Freiheit des Menschen ansetzen kann: aus Kräften, die er lenken, aus Zuständen, die er formen, aus Fließendem, das er zusammenhalten, aus Hindernissen, die er überwinden kann. Dieser Kampf bildet einen großen Teil des täglichen Daseins. »Leben« bedeutet, daß der Mensch den Stoff der Wirklichkeit – Dinge, Menschen, Zustände – mit seiner Initiative durchdringt und in seine Daseinsgestalt zieht. Der Daseinsstoff hat aber schon seine Gestalt mit Eigen-Sinn und Eigen-Lage und behauptet sie. So wehrt er sich gegen die Formung durch den Lebenswillen, sperrt sich, weicht aus, zerfließt. Diese Gegenwehr ist »Schicksal«, und jede Bemühung um den Bau der individuellen Daseinsgestalt bedeutet Kampf. In ihm wachsen die Kräfte und der Charakter festigt sich. Die Geschichte zeigt gewaltige Bilder der Daseinsmeisterung. Sie fordert aber auch Anspannungen und Entsagungen oft furchtbarer Art, und von einem gewissen Punkt ab wird die Meisterung unmöglich.

Auch die hinter dem Empirischen waltenden numinosen Mächte scheinen in gewissem Maße abgewehrt, in andere Richtung gelenkt und bezwungen werden zu können. Das drückt sich schon im soeben Gesagten aus, denn das Numinose des Schicksals wirkt ja nicht direkt und als solches, sondern in den empirischen Gegebenheiten. Mit diesen kann durch Mut, Weisheit und Geduld auch jenes Letzt-Eigentliche gewendet werden. Die Helden und Befreier der Sage drücken diese Möglichkeiten aus. Der Kampf mit dem Drachen und dem Unhold ist der Kampf mit dem mythischen Feind des Lebens hinter den unmittelbaren Erscheinungen. Jedes »natürliche« Leben, Arbeiten, Unternehmen und Sich-Durchsetzen ist auch ein Ringen mit numinosen Mächten. In den homerischen Dichtungen gehen das Empirische und das Numinose in der Einheit des Daseins zusammen; so bedeutet jedes Kulminieren der Situation, jede Reifung des Werkes das Gegenwärtigwerden eines Numens, und das auf jene gerichtete Verhalten richtet sich ebendarin auf dieses, wird zur Frömmigkeit[14]. Ja zuweilen ist es, als ob das Schicksal als solches bezwungen werden wolle und eine letzte Gunst nur in der Form des Bezwungenwerdens zu geben vermöge. Das heldische Wesen scheint zu einem Teil in der Anrufbarkeit für eben dieses Verlangen des Schicksals zu bestehen – siehe das immer wiederkehrende Sagen- und Märchenmotiv, wonach etwas auf Lösung wartet, den Fähigen beruft, und dieser es befreit, indem er der Furchtbarkeit des zu Erlösenden standhält. Dann schenkt es sich dem Befreier.

---

[14] Walter Otto, Die Götter Griechenlands, 1929, S. 222 ff.

Der Mensch kann jene Tiefe zu erreichen suchen, wo das Schicksal entsteht. Einmal auf dem Wege über sein eigenes Inneres, indem er seine Gesinnung läutert, seine Motive reinigt, seinen Charakter festigt – ursprünglicherem Empfinden gemäß ausgedrückt, indem er das, was die Mächte beleidigen könnte, wegräumt und sich in ihre Ordnung fügt. Er kann in die Hut religiöser Vorstellungen, Gestalten und Symbole treten, sein Inneres von ihnen belehren und leiten lassen, Weisheit, Ehrfurcht, Zucht des Begehrens und Sich-Stellens lernen und so ein Einvernehmen mit den letzten Grenzen des Daseins suchen. Die Orakel der großen, auf wirklicher religiöser Erfahrung und Weisheit begründeten Form zeigen den Weg zu solchem Einvernehmen. Er kann seine Bemühungen aber auch auf die Schicksalsmächte selbst richten. Er kann sie ehren, sie anrufen, um ihre Huld werben, sie durch Reinigung und Sühnung besänftigen. Er kann sie zu beeinflussen suchen, indem er magische Maßnahmen trifft, Unterschiede günstiger und ungünstiger Zeiten, Orte und Situationen, Zeichen und Warnungen beachtet – bis herab zu den verschiedenen Formen des Aberglaubens, dessen Wesen ja darin besteht, daß der Mensch Dinge, welche sein tägliches Bewußtsein für unsinnig erkennt, dennoch tut, weil sein Unbewußtes sich noch in einer geschichtlich längst vergangenen Haltung befindet und an dem magischen Sinn jener Maßnahme festhält.

Der Fatalismus, die stoische Haltung und der Humor

Doch kann der Mensch auch Fatalist werden. Das bedeutet manchmal einfachhin Entmutigung oder Schwäche; dann kapituliert der Lebenswille vor dem Übermächtigen und Unverständlichen, und alles ist am Ende. Es kann aber auch eine besondere Art von Kraft sein und eine Chance, nicht nur im Leben durchzukommen, sondern es zu meistern. Der Mensch löst sich dann vom individuellen Durchsetzungswillen und gibt den Widerstand auf; ein Einvernehmen bildet sich zwischen ihm und dem Schicksal, und er wird getragen. Psychologisch gesehen: der Krampf der Selbstbehauptung, das Blindmachende des Rechthabens, die Unruhe des Planens hören auf; eine Offenheit für das, was werden will, eine Fühlsamkeit für den Gang der Dinge entstehen und ermöglichen richtiges Handeln.

Das ist eine Haltung, die dem Abendländer mit seinem Willen zur persönlichen Selbstbehauptung und Verantwortung fern liegt, aber für die Lebenstechnik des Orientalen wesentlich zu sein scheint. Besonders stark hat der Islam sie entwickelt und seine geistige, politische, kommerzielle Leistung beweist, daß die Ergebung in das »Kismet« die Energie des Handelns nicht zu beeinträchtigen braucht.

Mit dieser Haltung kann auch trotz aller Unterschiede die Art verglichen werden, wie der Nordländer der Frühzeit das Schicksal erlebt. Er weiß, daß alles von den Nornen zugesponnen und zugemessen ist und sich unweigerlich erfüllt. Wenn man sich in die Haltung der alten Texte hineinfühlt, dann hat man den Eindruck, als habe der Mensch des frühen Nordens zutiefst gar nicht den Willen, den Gang des Geschehens zu lenken. Innerhalb der ungeheuren Energie des jeweiligen Handelns und Kämpfens scheint eine eigentümliche Passivität zu liegen, welche Gefäß des Schicksals sein will. Die Bedeutung, welcher der Sinn für Vorzeichen, die Ahnung des Kommenden, ja das eigentliche Hellsehen im altnordischen Leben haben, weist – zusammen mit der Schwermut in ihren verschiedenen Formen – in die gleiche Richtung. Diese innerste Passivität bildet aber, wie gesagt, den Kern eines mächtigen Willens zum Wagen, Handeln und Kämpfen. Ja der Wille ist so stark, daß er, sobald er einmal in den Entschluß gelangt, kaum umgestimmt werden kann, nicht einmal vom Wollenden selbst. Ausdruck dafür sind die oft so verhängnisvollen Selbstbindungen durch die Gelübde über dem Trinkhorn, oder die Verpflichtung durch das Immer-noch-Schwerere. Vielleicht ist die Kraft dieses Willens im Grunde eine Art Hilflosigkeit und eine andere Erscheinungsform jener inneren Pas-

sivität. So ist man versucht, von einer Verwandtschaft des Lebensgefühls mit dem Schicksal zu sprechen, und darin den eigentlichen Ausdruck für das oftgenannte tragische Ethos jener Zeit zu sehen.
Ein solcher Mensch weiß, daß alles kommt, wie es bestimmt ist, setzt aber trotzdem die ganze Kraft an die Ausführung der eigenen Absichten. Er kann merken, daß der Gang des Schicksals ihm feindlich ist und noch verbissener vorankämpfen. Wenn dann die Pläne scheitern, der Untergang naht, besteht er das Unabwendbare in einer Haltung, welche das Wissen um die Unmöglichkeit des Gelingens mit dem Beharren im eigenen Willen verbindet: ein aktiv-tragischer Fatalismus, für welchen der am Gewollten festhaltende Untergang zur äußersten Form der Selbsterfüllung wird[15].
Fortgebildet wird dieser tragische Fatalismus durch jene Gesinnung, welche verlangt, der Mensch müsse das Schicksal in jeder Form, auch in der schlimmsten, bejahen, weil es immer »Leben« ist: den »*amor fati*« Nietzsches, der zu allem Geschehenden nicht nur sagt »ich nehme es an«, sondern sogar »ich liebe es«.

Der Mensch kann das Schicksal als schlechthin fremd und feindlich ansehen und einen letzten unangreifbaren Punkt suchen, der ihm Stand und Sicherheit gibt. So tut der Stoiker. Er findet im Dasein keine wohlwollende Ordnung und glaubt nicht an die Möglichkeit, es sinnvoll zu gestalten; daher gibt er alles preis, was vom Schicksal erfaßt und zerstört werden kann und schält, als letztes Unzerstörbares, das bloße Selbst heraus. Zu allem sonst, dem Besitz, dem Ansehen, der Gesund-

---

[15] Ihre vielleicht vollkommenste Darstellung findet diese Haltung in der Gestalt des glücklosen Grettir, dessen Leben von der Stunde an, da er mit dem Widergänger Glam gekämpft und dem Sterbenden in die brechenden Augen geblickt hat, unter feindlichem Schicksal steht. Von da ab ist alles gegen ihn; dennoch gibt er kein Haar breit nach und gerade in diesem unausweichlichen Untergehen erfüllt sich seine eigene, düstere Größe. Siehe die bereits angeführte »Geschichte von dem starken Grettir, dem Geächteten«, herausgegeben von P. Herrmann, 1913.

heit, den Beziehungen zu den Menschen, ja sogar zum Leben spricht er »das bin ich nicht«, macht sich auf dessen Verlust gefaßt und übt sich im Verzicht. Was er wirklich »ist«, stellt dann ein Äußeres dar, das nur die Eigenschaft hat, eben »Er« zu sein und erhalten zu bleiben, wenn alles andere verloren geht. Auf ihm steht er unerschütterlich.

Diese negative Seite der »Ataraxie« hat aber auch eine positive, und in ihr übt sich der Stoiker ebenfalls: in der immer tiefer eindringenden Sinngewißheit, worin er mit sich selbst eins und befriedet ist. Diese rein genügende Selbsteinigkeit – die vielleicht eine sehr strenge, aber ebenso intensive mystische Erfahrung enthält – erfährt er zugleich als innerste Mitte des Daseins überhaupt und als einen Punkt noch jenseits des Schicksals. Die Lebenstechnik der Stoa scheint auf Unempfindlichkeit zu beruhen; dieser Eindruck dürfte aber wohl täuschen. Er verwechselt den echten Stoiker mit einem anderen Typus, der sich gern auf ihn beruft: den nur aus Vernunft und Willen arbeitenden Moralisten, der ebenso streng in seinen Prinzipien wie dürftig in seinem Herzensleben ist und auf die Fülle der Welt verzichtet, weil er sie nicht fühlt. Der echte Stoiker hingegen ist ein sehr empfindliches Menschenwesen, das vom Gang der Dinge ständig verletzt wird und sich einen Panzer schafft; eine unkämpferische Natur, die sich beständig angegriffen fühlt, und den Gegenstand des Kampfes, die konkreten Lebensgüter, im vorhinein preisgibt. So ist es nicht zufällig, daß die stoische Haltung in der Zeit des Zerfalls großer Kulturen auftaucht: der antiken, der des Mittelalters und, heute, der Neuzeit.

Auch der Humor bildet eine Weise, wie der Mensch mit dem Schicksal fertig zu werden sucht. Wer Humor hat, bemüht sich nicht, das Dasein umzudeuten, sondern sieht es, wie es ist, mit all seinen Härten, Seltsamkeiten und Verworrenheiten. Was er nur irgendwie verstehen kann, versteht er, und er versteht viel. Im Nichtverstandenen ahnt er einen verborgenen Sinn. Am Sonderbaren und Vertrackten hat er Vergnügen – und nicht nur als an Originellem und Interessantem, sondern weil es ihm sein eigenes, widerspruchsvolles Wesen bestätigt. Er sehnt sich nach einer geordnet-harmonischen Welt; wenn sie ihm aber gegeben würde, könnte er es in ihr nicht aushalten. Daher nimmt er die Widersprüche und anscheinenden Sinnlosigkeiten nicht nur hin, sondern räumt ihnen, so sich selbst bestätigend, ein seltsames Recht ein. Damit erhebt er sich über das Weltgeschehen wie auch über sein eigenes Wesen hinaus, einem nicht nennbaren Ort des Friedens entgegen.

Der humorvolle Mensch traut dem Schicksal Gutes zu, wundert sich aber auch nicht über das Gegenteil; und das nicht mit Verachtung, sondern indem er mit seltsamer Weitherzigkeit feststellt, so sei es eben. Er leidet, oft sehr tief, bringt es aber fertig, nicht bitter zu werden, sondern zu tun, was – zusammen mit den echten Tränen – eine der letzten Ausdrucksformen des Menschlichen darstellt, zu lächeln. Darin ist Kraft, Unabhängigkeit, Weisheit, Schmerz und überwindende Duldung. Ja darin ist Liebe; Liebe zum Dasein wie es ist – und es ist zum Ganzen nur der Vorbehalt zu machen, ob dieser Humor ohne Erlösung möglich sei? Nicht der Witz, der aus liebearmem Herzen kommt, oder eine Waffe im Kampf des Lebens bildet; auch nicht das grimmige Lachen über die Dummheit und Furchtbarkeit des Daseins, auf dessen Grund Verachtung und Verzweiflung liegen; und noch einmal nicht die Ironie, welche ein Idealismus ist, der sich geniert – nein, wirklicher Humor mit seiner Freiheit und Liebe, seinem Schmerz und seiner verborgenen Freudigkeit? Vielleicht gibt es ihn tatsächlich nur in jenem Raum, den die Erlösung geschaffen hat.

Das Schicksal als Aufgabe

Endlich soll noch von jener Form der Schicksalsbewältigung gesprochen werden, die in ihm Fügung und Aufgabe, Möglichkeit und Grenzziehung in Einem sieht. Diese Haltung vertraut und nimmt sich doch in acht; sie wagt, aber bleibt besonnen. Sie ist vom Charakter und seiner sittlichen Kraft, von Wirklichkeitssinn und Nüchternheit, von Bereitschaft und Pflichtgefühl getragen, gerät aber leicht ins Positivistische, Enge und Kalte. Sie scheint besonders im altrömischen Ethos wirksam zu sein.

Diese Gesinnung sucht zu erkennen, was das Schicksal will; den Anruf zu verstehen, den das Dasein in der Situation an den Menschen richtet. Zu solcher Erkenntnis tragen verschiedene Momente bei: das nüchterne Prüfen der gegebenen Wirklichkeit; das intuitive Erfassen der in ihr liegenden Handlungs- und Schöpfungskeime; das Gefühl für die Fähigkeit des Geschichtsganges, Tat in sich aufzunehmen; die Wachsamkeit für Zeichen und Winke, Warnungen und Einladungen, in denen sich andeutet, ob die Stunde verschlossen oder offen, günstig oder widrig ist. Endlich aber und vor allem die Gabe, durch das Urteil den Fluß der Situation zu definieren, durch den Entschluß in ihr Stand zu fassen und durch das Wagnis sie anzugreifen, zusammen mit der Kraft, Konsequenzen zu tragen. Das alles kann nicht anders als in einer letzten Frömmigkeit vollzogen werden – wie denn auch hierdurch tatsächlich die römische Frömmigkeit charakterisiert ist. Sie kann sehr primitive Formen haben, sich aber auch fortschreitend zu einer Haltung vergeistigen, welche höchste geschichtsschaffende Kraft besitzt. Vergils Aeneis ist ihr reinster Ausdruck.

Ihr fehlt es aber an der Phantasie und am Aufschwung des Herzens. So wird ihre Realistik leicht zur Gebundenheit ans Unmittelbar-Gegebene, ihre Sachlichkeit zur Herzensarmut, ihre Genauigkeit zum Banausentum.

Alle diese Versuche, das Schicksal zu meistern – und es ließen sich noch andere nennen[16] – ruhen auf dem Bezug ursprüng-

---

[16] In Form einer Anmerkung muß noch auf die wohl vorbildlose Art hingewiesen werden, wie die deutsche Führung der zwölf Jahre den Schicksalsgedanken gebraucht hat. Theoretisch knüpfte man einerseits an die germanische Schicksalsgesinnung, anderseits an den von Nietzsche bestimmten tragischen

licher Strukturen zum Dasein und tauchen im menschlichen Raum immer wieder auf. Sie tragen eine Möglichkeit in sich, mit dem Schicksal fertig zu werden. Zu Zeiten des Glücks und der Kraft, der Hoffnung oder eines inneren Stillwerdens scheint es zu gelingen; im Ganzen nicht. Was auf dem Grund des Lebens zurückbleibt, ist die Resignation, das Gefühl einer letzten Ausweg- und Sinnlosigkeit.

Finitismus an. Die Pädagogik war bemüht, die Jugend zur Schicksalsbereitschaft zu erziehen. Die Dichtung zeichnete den vom Schicksalsbewußtsein erfüllten heroischen Menschen. Öffentliche Rede, Zeitung, Weltanschauungsunterricht konnten sich nicht genug tun, jüdischer Berechnung und christlicher Schwachherzigkeit die von Schicksalskraft und Schicksalstrotz beseelte germanische Gesinnung entgegenzustellen. Der neue Mensch sollte sich durch die Größe des »Reiches« in Gefahr und Todesnähe gerufen fühlen und in der Bereitschaft für das daraus kommende Schicksal zu einem höheren Dasein emporwachsen.
Bei einigen Idealisten sind solche Gedankengänge sicher ehrlich gewesen. Im Munde der Vielen waren sie bloßes Gerede. Für die Maßgebenden aber bildeten sie ein Mittel, um Jugend und Volk für jede Zumutung gefügig zu machen. In welch entsetzlicher Weise das gelungen ist, haben die letzten Jahre des Krieges, vor allem sein Ausgang gezeigt. Wie die Dinge so standen, daß nicht nur die politische Vernunft, sondern schon die einfachste menschliche Redlichkeit verlangt hätte, aufzuhören und was noch an Leben, Eigentum und kulturellem Erbe übrig war, für den Aufbau der Zukunft zu sparen, haben die »Führer« das ihnen ausgelieferte Volk zur buchstäblichen Selbstvernichtung getrieben. Auf seiten dieses Volkes setzte der Vorgang eine schon seit langem wirksame Zerstörung des Urteils und der Entschlußfähigkeit, für die letzten Ereignisse geradezu eine Kollektivpsychose voraus. Wenn aber noch ein Zweifel bestanden haben sollte, wodurch die Führenden bestimmt wurden, so hat der Ausgang ihn behoben. Als es Zeit gewesen wäre, nicht nur andere dem »Schicksal« auszuliefern, sondern ihm selbst Stand zu halten, haben sie eine Ehrlosigkeit bewiesen, die nicht mehr unterboten werden kann. Wer sehen wollte, konnte sehen, daß der ganze »Schicksalsglaube« nichts anderes als das Werkzeug eines zynischen Machtwillens gewesen war.
Die Erfahrung könnte aber auch die Augen dafür öffnen, was es überhaupt mit so mancher Inthronisation heidnischer Werte, seien sie nun germanischer oder antiker Herkunft, auf sich hat. Die Theorien scheinen tiefsinnig, die Programme groß, die Kritik am Christlichen geht leicht von der Hand, und die wachsende Zahl der Urteilslosen nimmt alles bereitwillig auf. Der geschärftere Blick aber sieht die letzten, weder tiefsinnigen noch großgearteten Motive – und der Gang der Geschichte zeigt, welche Zerstörung sich vollzogen hat.

Das Schicksal und die Offenbarung

Die Veränderung der Schicksalserfahrung im Glauben

Die Schicksalserfahrung hat in einer mythisch empfindenden Zeit einen anderen Charakter als in einer rationalisierten, im Norden einen anderen als im Süden, beim bäuerlichen Menschen einen andern als beim städtischen – eines bleibt jedoch in ihr immer gleich: das Bewußtsein von einer äußersten Instanz, welche das Dasein bestimmt, selbst aber jedem Einfluß des Menschen entzogen, ja endgültigerweise nicht einmal an erkennbare Maßstäbe des Gemäßen, Gerechten, Guten gebunden ist.

Die Aussichten des Menschen, zu überwinden oder auch nur zu bestehen, liegen innerhalb ihres Wirkraumes, als ein Mehr oder Weniger an Glück, Kraft, Gesundheit, Besonnenheit, Härte; gegen sie selbst vermag er in Wahrheit nichts. Er kann die Sinnzusammenhänge des Schicksals nicht durchdringen und seine Gewalten nicht bezwingen; nicht nur, weil es zu verborgen oder zu groß wäre, sondern weil es von Wesen, als Numinosum, jedem Zugriff entzogen ist. Nun hat er zwar selbst ebenfalls einen numinosen Kern; kann ihn zu aktuieren und von ihm aus ein wirksames Verhältnis zur Geheimnismacht des Schicksals zu gewinnen, diese durch Gesinnungsbildung und Konzentration, Kult und Magie zu beeinflussen suchen. Letztlich kommt er aber gegen sie nicht auf, da sie noch hinter allen von ihm entdeckbaren empirischen, metaphysischen oder numinosen Gestalten steht.

Das Schicksal ist ein »Es«. Ja es ist »das Es« schlechthin. Wenn der Mensch aus dem Unwillkürlichen heraus »es« sagt, meint er das Schicksal und die Preisgegebenheit an dessen Macht, welche im Letzten weder Gerechtigkeit noch Weisheit, weder Ehrfurcht noch Güte kennt; auf deren Grund Kälte, Gleichgültigkeit, Sinnlosigkeit, ja das Böse selbst zu liegen scheinen. Das Gefühl davon drückt als dumpfe Last im Gemüt. Es bildet den inneren Kern der Schwermut.

Dieses Schicksal gibt es im Raum der Offenbarung nicht. Sobald im Leben des Menschen der christliche Glaube mächtig wird, wandelt sich das Schicksalsgefühl. Die Antwort auf die Frage, wie das zugehe, muß im Quellpunkt der Offenbarung, in der Person Jesu gesucht werden.

Das Schicksal im Leben Jesu

Bedenkt man im Zusammenhang von Jesu Dasein: seine Herkunft aus dem abgesunkenen Königsgeschlecht und seine sozial wie wirtschaftlich eingeengte Lage; die dreißig Jahre in Zurückgezogenheit verbrachter Jugend und die daraus emporwachsenden Spannungen; die schauervolle Verantwortung der Messianität und das brennende Wissen um die Möglichkeit der Erlösung; das Bewußtsein, Vollstrecker und zugleich Überwinder der voraufgegangenen Geschichte zu sein; die Art seines Erkennens, welche offenbar nicht nur Vieles und Tiefes erfaßt, sondern um das Dasein selbst herumzugreifen, es zu durchschauen und zu beurteilen vermag; die unbeirrbare Klarheit absoluter Maßstäbe und die ungeheure Kraft seines Charakters; die Mächtigkeit seines Wesens und Willens, für die es keine Unmöglichkeit zu geben scheint – sieht man dann, wie sich sein Leben gestaltet: wie einsam es um ihn her ist, ebenbürtige Genossen fehlen, und ihn nicht nur die Menge, sondern auch sein engster Kreis mißversteht; wie die Mächtigen und Verantwortlichen ihn verkennen, herabwürdigen, verleumden und die urteilslose Masse gegen ihn einnehmen; wie alles Lieben, Mitteilen, Helfen und Schenken vergeblich bleibt, und sein Wirken schließlich, nach höchstens drei Jahren, mit der Anklage, dem Prozeß und dem furchtbaren Tod am Kreuze endet – bedenkt man das alles, so müßte man annehmen, Jesus sei von einem erdrückenden Schicksalsgefühl erfüllt gewesen.

Eine genauere Überlegung verstärkt diesen Eindruck. Jesus ist von allen Notwendigkeiten des Daseins gebunden. Diese sind um so härter, als er in sehr eingeschränkten Verhältnissen lebt. Wohl verfügt er über eine gewaltige Macht. Die Strahlung seiner Persönlichkeit, die Herrschaft, welche er über die Natur ausübt, die Sicherheit, mit der er das Menschenherz durchschaut, die Sinngewalt der göttlichen Wahrheit und Liebe und die Geisteskraft seines Wortes sind ebenso viele Offenbarungen dieser Macht, und die biblischen Berichte zeigen überall, wie stark sie empfunden wird. Es gehört aber zum Wesen seiner Haltung, daß er sie niemals braucht, um die Schranken zu durchbrechen, die ihn einschließen. Aus alledem müßte ein furchtbares Gefühl der Einengung entstehen, und die Versuchung zu Beginn seiner öffentlichen Wirksamkeit stützt sich ja auch tatsächlich auf diese Annahme, will doch Satan nichts anderes, als ihn zum Ausbrechen aus den gesetzten Grenzen verlocken (Mt 4,1-11).

Dazu kommen die aufgehäuften Tatsachen einer durch viele Jahrhunderte gehenden Geschichte voll Leidenschaft, Kampf, Unrecht und Unheil; all die Auflehnung gegen Gottes Führung, all die Komplikationen und Spannungen, die sich aufgesammelt haben und an Jesus zum Ausbruch kommen. Seit dem babylonischen Exil haben sich hinsichtlich des Messias und seiner Sendung überall bestimmte Vorstellungen, Urteile, Willensrichtungen, Gefühlshaltungen verfestigt und bewirken, daß jede Äußerung seines Wesens, jede Aussage seiner Lehre darin eingefangen wird. Wie hart diese Fesseln sind, zeigt sich an den immer wiederkehrenden Vorwürfen Jesu gegen das Volk und die führenden Schichten und an seiner, fast möchte man sagen, sehnsüchtigen Sympathie für die Heiden (Mt 11,16-24; 22,15-39; 14,10-12 u.ö.). Im gleichen Sinne wirkt die Unzulänglichkeit seiner Anhänger, ihr Unverständnis, ihre Enge und Schwäche und schließlich die Tatsache, daß einer aus dem vertrautesten Kreise ihn verrät (Mt 16,6-11; Lk 18,31-34;

Apg 1,6-7 u.ö.). In alledem liegt, menschlich gesehen, eine quälende Zufälligkeit und Sinnlosigkeit. Könnte nicht unter den Anhängern ein treuer und mutiger Mann sein, der fähig wäre, die vorhandene Bereitschaft des Volkes zusammenzufassen und zu einer günstigen Entscheidung zu führen? Könnte Pilatus, der die Situation doch durchschaut, von der Persönlichkeit Jesu berührt ist und dazu die Macht hat, diese nicht für die Gerechtigkeit brauchen? Die schreckliche Groteske am Hofe des Herodes, die »Freundschaft«, welche zwischen ihm und Pilatus entsteht, und schließlich die Verhöhnung durch die Soldaten zeigen den Charakter der ganzen Situation. Und Jesus weiß genau, daß in den verschiedenen menschlich-geschichtlichen Faktoren, welche diese Situation bestimmen, sich noch etwas anderes, verborgen Böses auswirkt, »die Macht der Finsternis« (Lk 22,53 und Joh 15,30; für das Ganze seines Wirkens Lk 4,1-13, besonders der letzte Vers).

Hinter allem aber steht der eigentliche Kern seiner Existenz, die Menschwerdung des Sohnes Gottes, nach der Erschaffung der Welt »die Tatsache« schlechthin. Diese hat das Sein begründet, jene begründet den Sinn und die Ordnung der Geschichte. Diese Tatsache bedeutet mehr, als daß Jesus Christus, so wie jeder Mensch, unter geschichtlich-sozialen Bedingungen stünde; sie bedeutet, daß er die göttliche Souveränität seiner Person in die Schranken der Menschlichkeit gegeben hat. Paulus hat darüber im Philipperbrief mit einem einzigen Satz das Wesentliche gesagt: »Die Gesinnung sei bei Euch wie bei Christus Jesus, der in Gottesgestalt war, aber das Gottgleichsein nicht wie einen Raub ansah [den man ängstlich festhält], sondern sich selbst vernichtigte, indem er Knechtsgestalt annahm, dem Menschen gleich und im Verhalten wie ein Mensch befunden ward« (2,5-8).

Welche Situation daraus entsteht, kann hier nicht erörtert werden; die Frage würde in die letzten Probleme der Existenzweise Jesu führen[17]. Soviel ist aber sicher, daß daraus, mensch-

---

[17] In Zusammenhang einer Gesamtdarstellung des christlichen Offenbarungsinhaltes hoffe ich darüber einiges sagen zu können.

lich gesprochen, ein furchtbares Einengungsgefühl entstehen müßte. Von den oben geführten Überlegungen her gesehen, finden sich also im Dasein Jesu alle Elemente eines Schicksalserlebnisses härtester Art. Jesus weiß, daß es um das Heil der Welt schlechthin, um den Beginn der neuen Schöpfung geht. Er verkündet, mahnt und fordert nicht nur, sondern führt mit Fug und Macht die Stunde herauf, welche unabmeßbare Möglichkeiten in sich trägt. Jenes Göttlich-Ungeheure, worin sich einfachhin alles erfüllen würde, das »Reich Gottes«, könnte in offener Geschichtlichkeit »kommen«. Da es aber die Herrschaft Gottes über Personen in Wahrheit und Gerechtigkeit ist, muß es von der Freiheit dieser Personen angenommen sein und hängt damit von ihrer Entscheidung ab; und die, welche diese Entscheidung fällen, sind, wie sie sind, die Leute damals, in Nazareth, Kapharnaum und Jerusalem. So geht die göttliche Möglichkeit denn auch in einer unfaßlichen Häufung von Enge, Trägheit, Stumpfheit, Empfindlichkeit, Eifersucht und Niedertracht unter[18]. Was geschieht, ist schrecklich, empörend, schmachvoll schlechthin – Schicksal also härtester Art. Ist es aber wirklich »Schicksal«? Erfährt Jesus es als solches?
Die Beantwortung der Frage hängt davon ab, ob man die Existenz Jesu in ihr eigenes Wesen freigibt, oder sie in falsche Kategorien faßt: etwa in die des genialen, an einer kleinen Umgebung zugrunde gehenden Menschen; oder des religiösen Helden, für welchen der Untergang die letzte Bewährung bildet, oder in irgendeine Form des Tragischen sonst. Es liegt nahe, so zu tun, weil man dann mit dem Problem leicht fertig wird – allerdings nur scheinbar; in Wahrheit geht der ganze Sinn verloren. Will man der Existenz Jesu gerecht werden, dann muß man sie sich als das bezeugen lassen, was sie ist, und die deutenden Begriffe von ihr selbst entgegennehmen. Tut man so, dann sieht man, daß sich im Bewußtsein Jesu kein Schicksalserlebnis findet. Was ihm geschieht, erfährt er in der härtesten Weise, siehe die Stunde in Gethsemane; als was er es

---

[18] Dazu Guardini, Der Herr. Betrachtungen über die Person und das Leben Jesu Christi, ³1940, S. 255 ff.

aber erfährt, ist schwer zu sagen, und wir werden vieler Unterscheidungen und Abtönungen bedürfen, um ihm nahe zu kommen.

Was Jesus geschieht, ist ungemäß, leidvoll, zerstörend; trotzdem ist es ihm nicht fremd, sondern eigentümlich vertraut. Bis zuletzt tut er, was er in der Sinnlinie seiner Sendung tun kann, um die Dinge zum Rechten zu führen: dennoch hat man nicht den Eindruck eines eigentlichen Kampfes mit seiner Spannung, seinem Auf und Ab, seinen Möglichkeiten von Sieg und Niederlage. Ebensowenig kann man aber sagen, er lasse das Geschehende nur über sich ergehen, sondern er läßt es an sich heran, er nimmt es in sein Herz auf. Wiederum nicht so, daß er sich, etwa nach der Formel des »*amor fati*«, entschlösse, auch das Furchtbarste zu bejahen, sondern – und nun nähern wir uns dem Eigentlichen – so, daß alles in einen personalen Bezug gelangt.
Dadurch ändert sich der Charakter des Geschehens. Was darin waltet, ist keine »Macht«, kein metaphysisches oder mythisches »Es«, sondern ganz und durchaus ein »Er«. »Der Er« schlechthin, mit welchem sich Jesus zu innerst verbunden weiß, der Vater. Und nicht »der Vater der Götter und Menschen«; keine aus der Reihe der Vatergottheiten, wie sie sich in vielen Religionen finden, sondern »sein Vater«. So ganz und ausschließlich »sein«, daß er keinen Menschen, nicht einmal die nächsten, in diese Beziehung hineinnimmt, sondern allein in ihr steht. Sie ist von einziger Art. Alle Beziehungen von Mensch zu Mensch, aber auch alle Beziehungen des religiösen Menschen zu einer geschichtlich bekannten Gottheit oder Göttlichkeit laufen innerhalb des Daseins. Selbst die zum »Vater der Götter und Menschen« oder zum »Höchsten Einen« werden vom Seins-All umfaßt. Bei der Beziehung Jesu zu seinem Vater hingegen ist das nicht der Fall, wesentlich nicht, denn er ist der ewige Sohn; sie ist vielmehr das Absolute, welches seinerseits die Welt umfaßt. Jesu Bewußtsein ist nicht das eines Menschen, der innerhalb des Geschichtsganges zu einem

außergewöhnlichen Gottesverhältnis erwacht wäre, sondern es übergreift die Geschichte, umgreift die Welt. Alles, was es gibt, liegt innerhalb seines gottmenschlichen Bewußtseins und der es erfüllenden Beziehung zum Vater. Johannes spricht von dieser Beziehung, wenn er sagt, Jesus sei des Vaters ewiger Logos, »durch den alles geworden ... was geworden ist« (1,3)[19]. Zu diesem Vater lebt Jesus im Verhältnis des Gesendetseins und des Gehorchens. Aber nicht so, wie jedes Geschöpf, dessen Einsicht und Urteil außerhalb des göttlichen Ratschlusses stehen, sondern in einer scharf betonten Ebenbürtigkeit (Joh 8,25-30.42-47.54-59 u.a.). Sein Sohnesgehorsam ist als Gehorsam ebenso göttlich, wie der Befehl des Vaters es als Befehl ist[20].

Zwischen ihm und dem Vater besteht ein bis auf den Grund gehendes Einvernehmen. Es drückt sich in den verschiedenen Sätzen aus, wonach der Wille des Vaters und der seinige eins sind (Joh 4,34; 5,19-30; 6,38 u.a.). Der Gegenstand des Einvernehmens ist das Reich Gottes, die Neuschöpfung des Menschen und der Welt aus der Gnade. Die Aktform des Einvernehmens bildet die Liebe, welche zwischen Christus und dem Vater besteht und sich dann, als Liebe des Erlösers, auf den Menschen und die Welt richtet (Joh 6,40.47-58 u.a.). In sie ist alles aufgenommen, was ihm geschieht. Was immer – sei es als Notwendigkeit, als Tatsache, oder, im oben definierten Sinne, als Zufall – in Jesu Leben tritt, bildet die geschichtliche

---

[19] Das ist keine hineingetragene Metaphysik oder Mythologie, sondern damit deutet der Apostel etwas, was er in Jesus »gesehen« hat; den Wesensgrund seiner Persönlichkeit. Der Ansatz zu dieser Deutung findet sich schon bei den früheren Evangelien, so in dem Lukaswort: »Alles ist mir übergeben worden von meinem Vater, und niemand kennt den Sohn, es sei denn der Vater, und niemand kennt den Vater, es sei denn der Sohn, und wem es der Sohn will offenbaren« (10,22); in der Lehre von der Eucharistie (Mt 26,26-28); vom Gericht (Mt 25,31-46) u.a. Dazu Guardini, Das Wesen des Christentums, ²1939, S. 68ff [Mainz/Paderborn ⁷1991, S. 56ff].

[20] Der Gehorsam Jesu Christi ist nicht nur ein solcher seiner Menschlichkeit, sondern auch seiner göttlichen Person; das ist überall da ausgesprochen, wo von der Sendung des Sohnes durch den Vater die Rede ist: oft bei Johannes; besonders charakteristisch im Hebräerbrief 10,5-7. Dieser Gehorsam bedeutet also etwas Innergöttliches, zum Eigenleben Gottes Gehöriges.

Vollzugsweise jenes Vater-Sohn-Verhältnisses. Die Weise, wie das laufende Geschehen sich in der jeweiligen Situation verdichtet, bildet die Erscheinungsform der Liebe des Vaters und bestimmt die Ausgangsbedingungen für die Liebe des menschgewordenen Sohnes. Jesus hat dafür eine eigene Bezeichnung, er nennt sie »seine Stunde« (Joh 2,4 u.a.). Ihr Inhalt ist zunächst genau das, was im Gang der voraufgehenden Untersuchung als Schicksal festgestellt wurde; im Bewußtsein Jesu hat es aber seinen Charakter von Grund auf verändert und ist zu dem geworden, was sein Vater von ihm will, was er im Gehorsam gegen den Vater will, was vom Vater und vom Sohn im absoluten Einvernehmen der Liebe gewollt wird.

Im Zusammenhang mit dem Dargelegten wäre nun von der ethischen Haltung Jesu zu sprechen; davon also, wie er zum Guten und zum Bösen steht, wo die Motive seines Handelns liegen, und wie die Motivation dieses Handelns vor sich geht. Es wäre also zu fragen, wie sich in ihm die maßgebenden Akte des geistig-seelischen Lebens, das Erkennen, das Werten und Wollen und das Handeln vollziehen, und ebenso, wie sein Gefühlsleben geartet ist. Daran würde sich die Frage anschließen, wie in ihm das unbewußte Seelenleben zum bewußten steht; grundsätzlicher, ob es bei ihm überhaupt ein Unbewußtes im gängigen Wortsinn gibt, oder ob an dessen Stelle etwas anderes angenommen, und wie dieses Andere gedacht werden müßte. Endlich wäre über den Charakter des Existierens Jesu zu sprechen; über die Art seines Existenzaktes und dessen Unterschied vom unsrigen, sowie über sein Verhältnis zum Leben und zum Tode. Es müßte also, mit einem Worte gesagt, das Problem der Psychologie Jesu aufgerollt werden, das Schwierigste, das dem Psychologen begegnen kann, und dessen Lösung wohl letztlich darin bestehen würde, zu zeigen, inwiefern es unlösbar ist. Alle diese Probleme wären auch für unseren Gegenstand bedeutungsvoll, müssen aber hier auf sich beruhen bleiben[21].

---

[21] Auch darüber hoffe ich in der bereits genannten Gesamtdarstellung der Offenbarung sprechen zu können.

Mit Bezug auf die Frage des Schicksals können wir nur soviel sagen, daß es in Jesus offenbar das Böse nicht gibt. Er hat es selbst erklärt (Joh 8,46), und eine genaue Untersuchung seiner Gestalt, seines Handelns und Lebens bestätigt es. Er ist von einer bis in die letzten Wurzeln gehenden Reinheit und einer absoluten Entschiedenheit zum Guten, zum Willen des Vaters. Mehr noch: er steht zum Guten in einem einzigartigen Verhältnis. Es ist für ihn keine Forderung, die an seinen Willen heranträte und ihn verpflichte, sondern er befindet sich, wenn man so sagen darf, von vornherein auf der Seite des Guten. Er erscheint im irdischen Dasein als dessen Bote und tritt »den Menschen« als dessen Anwalt entgegen. Das aber nicht nur so, wie jeder Prophet es tut, wenn er, obwohl selbst dem Gebot des Guten unterworfen und vor der Prüfung des heiligen Gottes als unzulänglich erfunden, doch im Auftrag ebendieses Gottes Dessen Forderung den Menschen gegenüber vertritt, sondern wesentlich. Bei zwei feierlichen Gelegenheiten, der Taufe im Jordan und der Verklärung auf dem Berge, erklärt der Vater: »Dieser ist mein geliebter Sohn, an dem ich mein Wohlgefallen habe« (Mt 3,17; 17,5). Dieses Wohlgefallen ruht nicht auf einer vorausgegangenen Bewährung im Guten, wie Gott sie etwa bei einem Moses feststellt (Num 12,7), sondern es ist wesenhafter Art, mit der Tatsache identisch, daß Jesus der Sohn des Vaters ist. Wenn Johannes sagt, Jesus sei der Logos, die Kundwerdung des verborgenen Vaters in der Offenheit der Wahrheit und ebendamit das »Licht der Menschen«, die Bedingung der Wahrheit des Seins und des Erkennens für alles Geschaffene (Joh 1,1-5) – so gilt von ihm auch, daß er die Kundwerdung des Vaters in der Rechtheit und Herrlichkeit des Guten und ebendamit die Norm des Handelns für die Menschen ist: der Meister der «Nachfolge» und der Richter alles Irdischen (Mt 10,32-39; 23,31-46)[22].
So ist in ihm auch nichts von jener inneren Verworrenheit, von welcher bei der Analyse des Schicksals die Rede war: kein

---

[22] Guardini, Das Wesen des Christentums, 1939, S. 67ff und 73ff [Mainz/Paderborn ⁷1991, S. 55ff u. 59ff].

Widerspruch zwischen der einen Tendenz und der anderen, zwischen dem unbewußten und dem bewußten Leben, vielmehr bietet er jenem wesenhaften Einvernehmen mit dem Vater ein ganz lauteres und geeintes Wesen dar.

Ebenso einzigartig wie die Psychologie des inneren Lebens Jesu ist die seines umweltschaffenden Aktes. Zweifellos geht auch bei ihm eine solche Auswahl und Zusammenschließung von Weltelementen zu einer individuell geordneten Daseinswelt, wie wir sie oben geschildert haben, vor sich, und zwar durch alles das, was Jesu konkrete Wirklichkeit ausmacht, Geschlecht, Volk, Land, Stelle im geschichtlichen Zusammenhang und so weiter. Doch betrifft die Auswahl offenbar nicht die Grundsubstanz des Daseins. Diese steht uneingeschränkt in seinem Lebensbereich, und er hat ein unmittelbares und umfassendes Verhältnis zu ihr. Man kann Jesus nicht unter eine Kategorie menschlicher Existenz, wie des Kriegers, des Künstlers, des Wissenschaftlers, Philosophen, Politikers, sozial Bemühten, auch nicht des Erziehers, ja nicht einmal des Religionsstifters einreihen. Er ist vielmehr in einem schlechthinigen Sinne »Mensch« und »Epiphanie Gottes«, wirklich Jener, als den er sich immer wieder bezeichnet, »der Menschensohn«. Hieraus ergibt sich die Möglichkeit vollkommener Begegnung mit jedem Menschen. Damit ist nicht gemeint, er führe mit einem Gelehrten wissenschaftliche Erörterungen, oder rede mit einem Politiker über Staatsangelegenheiten; die oft erörterte Frage, ob ihm dergleichen möglich sei, und er die dazu erforderlichen Kenntnisse und so weiter besitze, ist müßig. Wohl aber vermag Jesus in jedem Menschen durch alle Unterschiede seiner Individualität und Weltstellung hindurch dessen volle Menschlichkeit anzureden und in die Beziehung zu Gott zu rufen. So steht seine Umwelt in einer eigentümlichen Schwebe zwischen einer genauen Charakterisierung, welche ihn in eine bestimmte Stelle der Welt und der Geschichte einschränkt, und einer Universalität, welche seine Umwelt mit dem Dasein einfachhin identisch macht.

Auch daraus kommt eine vollkommene Offenheit für jedes Widerfahrnis. Weder durch Wesen und Sendung Jesu, noch durch die ihn umgebende Situation ist festgelegt, was ihm geschehen wird[23]. Nie darf aus der Wucht und inneren Sinnmächtigkeit des Ausgangs gefolgert werden, die Dinge hätten so kommen müssen, wie sie gekommen sind; so zu denken wäre ein billiger Tragizismus, oder ein mißverstandener prophetischer Fatalismus[24]. Alles hätte auch anders gehen können, als es gegangen ist. Pilatus hätte tun können, was seine Pflicht war. Noch im Augenblick der Kreuzigung hätte einer der Verantwortlichen in sich gehen und das Schauerliche aufhalten können. Mit Jesus ist es nicht so, daß er sich durch Charakter und eigenes Handeln eine Schicksalsgestalt zuordnet; noch viel weniger so, daß ein ihm selbst unbewußter Wille der Selbstbestrafung oder Selbstzerstörung sich das Verhängnis schafft. Er steht vielmehr der vollen Möglichkeit des Daseins gegenüber und nimmt entgegen, was ihm durch die Gesetze der Natur, durch die Zusammenhänge des Gemeinschaftslebens, durch die Entscheidung der Menschen zubereitet wird. In dieser Offenheit wirkt sich der Grundakt der Existenz Jesu aus: die Bereitschaft, das anzunehmen und zu tun, was die Stunde ihm zuträgt, der Gehorsam gegen den Willen des Vaters. Mehr als das: in ihm waltet eine eigentümliche Kraft, welche der Entscheidung der Geschichte hilft, herauszukommen. Er hindert die Menschen nicht, die zu sein, die sie sein wollen; er beschwichtigt sie nicht, lenkt sie nicht, überlistet sie nicht. Es gehört zum Wesen seines Verhaltens, daß er die Menschen in die Wahrheit ihres eigenen Seins kommen läßt, ja daß

---

[23] Das geht auch aus einer Analyse der Lebensgestalt Jesu im Unterschied zu der von Großen der Geschichte hervor. Er ist eindeutig Er selbst – und doch ist man im Zweifel, ob er in dem Sinne, wie es bei Buddha, Sokrates oder wem immer der Fall war, eine »Gestalt« seines Lebensgeschehens hatte.
[24] Die Stelle: »Mußte Christus nicht alles das leiden und so in seine Herrlichkeit eingehen« (Lk 24,26), meint keine geschichtliche Notwendigkeit, keinen Schicksalszwang, sondern kann nur aus dem Ratschluß Gottes heraus verstanden werden, der Freiheit und Notwendigkeit verbindet und für uns undurchdringbar ist.

er sie zur Selbstenthüllung ruft. Der Mensch ist so, wie er sich Jesus gegenüber benimmt. Daß das deutlich wird, ist die Wahrheitswirkung der Erlösung: Befreiung und Gericht zugleich. Die Kraft, mit der Jesus diese Wahrheit wirkt, ist mit jenem Gehorsam, der das Geschehene annimmt, identisch. Tatsächlich wird er denn auch in einem entscheidenden Augenblick das »Zeichen, dem widersprochen wird« genannt, »gesetzt zum Fall und zum Sich-Erheben Vieler« (Lk 2,34).

Alles das bedeutet, daß es nicht möglich ist, die Existenz Jesu in das psychologische Schema der Schicksalsbildung einzuordnen. Sein Verhältnis zum Vater und, von Diesem her, zum Weltdasein ist von Grund auf anders.

In diesem Verhältnis verschwindet, was zutiefst den Charakter des Schicksals ausmacht, das Fremde, Kalte, Vergewaltigende. Alles wird vertraut; wird zur Verwirklichungsform von Liebe. Das Wort bedeutet nichts Idyllisches oder Sentimentales. Was es meint, ist stärker und in einem göttlichen Sinne härter, als irgendeine Mythologie des heroischen Daseins. Der Inhalt dieser Liebe ist der Auftrag des Vaters an Christus, die furchtbare Wahrheit der von Gott abgefallenen Welt durchzuleben, sie zu erlösen »und so zur Herrlichkeit zu gelangen« (Lk 24,26).

In jenem Einvernehmen verschwindet weiter die Unbegreiflichkeit, welche ebenfalls im Kern des Schicksalserlebnisses steht und sich bis zur Sinnlosigkeit und Sinnzerstörung verschärfen kann. Daß, rein menschlich gesprochen, das Geschehene hätte unbegreiflich sein müssen, zeigen Worte wie die in Gethsemane: »Wenn es möglich ist, gehe dieser Kelch an mir vorüber«, und am Kreuz: »Mein Gott, warum hast Du mich verlassen« (Mt 26,23 u. 27,46). Die Worte stehen aber im Zusammenhang jenes vollkommenen Einvernehmens, von welchem die Rede war. Dadurch wird, noch einmal gesagt, die göttliche Härte der Existenz Jesu nicht aufgehoben, denn' es geht um Erlösung; die aber bedeutet, daß er in vollkommener Wahrheit und Freiheit den Zustand der Welt durchlebt. Dieses Furchtbare bleibt, und Worte, wie die soeben genannten, in welchen der Schauer der Kreatur deutlich wird, sind Zeugnis dafür. Um es zu bestehen, bedarf es alles dessen, was Wahrhaftigkeit bis in die letzte Tiefe, Unerbittlichkeit des Urteils, Treue, Furchtlosigkeit und Kraft heißt – und mehr als nur dessen. Trotzdem ist das Geschehende in einen absoluten Liebes-Sinn aufgenommen, den Jesus weiß, und in welchem kein ungelöstes Warum mehr bleibt. Nein, umgekehrt: die absolute Wahrheit und Strenge der Erlösung ist nur deshalb möglich, weil sie aus dieser Liebe hervorgeht. Nur eine solche Liebe ist einer solchen Wahrheit fähig.

In Jesu Verhältnis zum Vater verschwindet auch die blinde Übergewalt, gegen welche der Mensch so viele Maßnahmen der Umstimmung, Ablenkung, Überlistung versucht, um schließlich zu sehen, daß ihm nichts anderes übrigbleibt, als sich zu ergeben, oder das Verhängte in tragischer Tapferkeit durchzustehen. Davon ist bei Jesus keine Rede. Sein Wille fühlt sich nicht unter der verfügenden Macht, sondern in ihr. Diese Macht ist der Wille des Vaters; nicht fremd zwingend, sondern nach Gesinnung und lebendigem Entschluß mit seinem eigenen Willen eins, wie das bei Johannes überall deutlich wird. Wohl zeigen die soeben angeführten Worte von Gethsemane und Golgatha ein Auseinanderklaffen und Gegenüberstehen, wodurch deutlich wird, daß hier keinerlei monistische Verschmelzung vorliegt, und der Wirklichkeitsbestand des Schicksalsphänomens erhalten bleibt. In beiden Situationen offenbart aber der jeweils auf die angeführten Worte folgende Satz, wie vollkommen Jesu lebendiger Wille mit dem des Vaters eins ist: »Nicht mein, sondern Dein Wille geschehe« und: »In Deine Hände befehle ich meinen Geist« (Lk 22,42; 23, 46). Des Vaters Gebot und Jesu Gehorsam stehen verbunden an der Wurzel jenes ganzen Geschehens, welches sonst Schicksal sein würde, aber nun etwas ganz anderes ist, nämlich das Einvernehmen in der erlösenden Liebe.

Auch das Numinose des Schicksals, welches dem Menschen als undurchdringliches Geheimnis gegenübersteht; ihn trägt und beglückt, oder beunruhigt und bedroht, oder zwingt und zermalmt, oder mit dämonischem Grauen überkommt und an allem Heil verzweifeln macht, ist in Jesu Lebenserfahrung verwandelt. Das Geheimnis an sich bleibt; die Sphäre göttlichen Ratschlusses und waltender Geistesmächtigkeit dringt in allen Worten und Geschehnissen durch. Aber sie ist heilig; und nicht nur im Sinne einer allgemeinen Numinosität, sondern im personal-sittlichen Sinne lauterer Verantwortlichkeit, absoluter Wahrheit und Gutheit, vollkommener Gesinnung und Tat. Die allgemeine Numinosität, welche an ihren eigenen Theoretikern vom »physischen Gruseln« und »gespenstischen Grauen« bis zur »Anbetung« reicht[25], wird durchlichtet, erlöst, und es erscheint das Geheimnis des Lebendigen Gottes.

Wichtig für unsere Frage ist noch ein Moment, das im Leben Jesu eine große, den neuzeitlichen Leser verwirrende Rolle spielt, nämlich die Gegnerschaft des Satans. Es bedarf einer genaueren Untersuchung[26].
Zunächst könnte man sich veranlaßt fühlen, den ganzen Komplex als zeitbedingt auszuscheiden; das Bewußtsein, wider Satan und sein Reich zu stehen, gehört aber unaustilgbar zu Jesu Sendungswissen. Viele Stellen, besonders Berichte über Krankenheilungen, zeigen das. Letztere vollziehen sich oft in der Form, daß Jesus einen Dämon, welcher die Krankheit bewirkt, austreibt. Dabei kann es sich nicht um primitive Vorstellungen handeln; es ist ganz ausgeschlossen, daß Jesus in dieser religiös wichtigen Frage falsche Zeitanschauungen aufgenommen habe. Wenn er hinter den Erkrankungen den Satan anredet, so bedeutet das die Offenbarung, daß dieser wirklich da ist. Damit wird nichts über den medizinischen Sachverhalt, wohl aber etwas über den Zustand der Welt ausgesagt: daß sie sich

[25] So G. v. d. Leeuw, Phänomenologie der Religion, 1933, S. 29; ähnlich schon vorher Rudolf Otto, Das Heilige, 1932, S. 16ff.
[26] Der Sachverhalt ist sehr verschlungen und rätselhaft; so kann es sich hier nur um eine erste Aufhellung handeln. Siehe auch Guardini, Der Herr, ³1940, S. 132ff und: Der Widersacher, in der Reihe »Christliche Besinnung«, Nr. 37, 1940.

nämlich in der Macht Satans befindet[27]. Wie Satan Ihn versucht, sagt er: »Dir will ich diese ganze Macht [über die Reiche der Welt und ihre Herrlichkeit] übergeben«, und fügt hinzu: »denn mir sind sie übergeben, und ich gebe sie, wem ich will« (Lk 4,6). Jesus aber widerspricht der Behauptung nicht, sondern richtet über der bösen Herrschaft die heilige seines Vaters auf. Zu seinen Gegnern sagt er bei der Gefangennahme: »Das ist eure Stunde und die Macht der Finsternis« (Lk 22,53), wobei er bezeichnenderweise jenes Wort anwendet, mit welchem er den von Mal zu Mal sich offenbarenden Willen des Vaters ausdrückt, »die Stunde«. Ein andermal nennt er Satan den »Herrscher der Welt«, der aber »kein Anrecht an ihn« habe (Joh 14,30; auch 16,11), und spricht von einem satanischen Reiche, einer bösen Ordnung der Dinge und Fügungen (Mt 12,26). Jesus sagt also, Satan habe eine reale Macht in der Welt, eine Herrschaft über Menschen und Dinge. Er ist nicht, wie der Dualismus behauptet, ein böses Prinzip, das mit dem Guten zusammen die Welt aufbaute, sondern Gottes Geschöpf, das ursprünglich gut war, aber sündigend böse geworden ist. Durch sich selbst hätte er keine Macht, muß er doch zum Beispiel »verlangen«, die Jünger »sieben zu dürfen, wie man den Weizen siebt« (Lk 22,31); sie ist ihm aber als Folge und Strafe der ersten Sünde, in welcher der Mensch Gott den Gehorsam aufgesagt hat, eingeräumt worden.

Diese Macht ist überall am Werk. Sie verbirgt sich hinter dem Guten der Welt, ja sogar hinter ihrer Numinosität. Schon Paulus deutet die Götter als Dämonen (1 Kor 10,21), und das frühe Christentum denkt ebenso[28]. So ist Satan Herrscher eines

---

[27] Besonders bezeichnend ist Jesu Wort bei der Auferweckung des Lazarus: ἐνεβριμήσατο τῷ πνεύματι: nicht, wie oft übersetzt wird, »er erschauerte«, sondern »er ergrimmte im Geiste«. Göttlicher Zorn über die Unwürdigkeit, welche die Welt gefangen hält und nun auch seinen Freund betroffen hat, kommt über ihn. (Joh 11,33).

[28] Das mag sich manchmal in massiver Weise geäußert haben und wäre außerdem in seiner Tragweite näher zu untersuchen – siehe das oben S. 191 Gesagte – aber die moderne Bildung macht sich ihre Entrüstung sehr leicht. In den Göttergestalten ist viel Weisheit und Schönheit; sie versiegeln aber den Menschen in die Welt hinein, und dadurch werden sie zu Gestalten der Verführung. Vergleiche Guardini, Weltbild und Frömmigkeit Hölderlins, 1939, S. 335 ff.

»Reiches«, welches das ganze Dasein durchzieht und alles Geschehen beeinflußt. Das heißt aber für unsere Frage, daß er an der Ursprungsstelle des Schicksals wirksam ist. Jenes Tückische, Böse, Kalte, von welchem die Rede war, ist sein Wille. Dieser Wille geht darauf, den Herrn der Schöpfung zu entthronen; eine Welt zu formen, die nicht mehr Gott gehört. Zunächst verleitet er den Menschen dazu, sich selbst gehören zu wollen, siehe Gen 3,1-5. Das kann der Mensch aber in Wahrheit nicht, weil er von Wesen auf ein Absolut-Eigentliches hingeordnet ist. Zu »dienen« – das Wort in seinem Adel genommen – bildet seine Wahrheit; so ist die Proklamation der Autonomie nur ein Übergang. Verläßt der Mensch den wirklichen Herrn, »dem zu dienen Herrschaft bedeutet[29]«, dann verfällt er dem Ur-Empörer, dem zu dienen Knechtschaft und Schmach ist.
Diese böse Herrschaft hat Jesus gebrochen. Die Evangelien zeigen sein Leben von einem »Kampf« erfüllt, der sich nur zum geringeren Teil gegen empirische Feinde richtet; zum wichtigeren vollzieht er sich, Ihm allein deutlich, wider Satan und dessen Reich. Dieser Kampf besteht nicht in Konzentrationen des Willens oder Anspannungen magischer Kräfte, sondern in der göttlichen Reinheit von Jesu Wesen, an welcher die Versuchungen abgleiten; in der heiligen Wahrheit seiner Botschaft; im unbeirrbaren Einhalten der Linie, die der Wille des Vaters ihm vorschreibt, obwohl sie durch Enge, Entsagung, Demütigung und Leiden auf einen schauervollen Tod hinführt; im erlösenden Durchtragen des Weltzustandes vor der Gerechtigkeit des Vaters, einem Leiden von solcher Furchtbarkeit, daß es jedes Ermessen übersteigt; schließlich im Geschehen der letzten Tage und im Tode am Kreuze, welcher, zusammen mit der Auferstehung, von Anfang an als »der Sieg«, »die Überwindung« einfachhin empfunden worden ist. Im Grunde ist aber das, was in alledem geschieht, gar kein Kampf, sondern ein »Gericht«, wie es bei Johannes aus-

---

[29] Missale, Messe für den Frieden, Gebet nach der Kommunion.

drücklich heißt: »Jetzt ist das Gericht über diese Welt. Jetzt wird der Herrscher dieser Welt hinausgeworfen« (12,31; auch 16,11).

Wie die Wirkung dieses Gerichts näherhin zu denken sei, ist nicht einfach zu sagen. Wohl zunächst so, daß Jesus Satan gezwungen hat, ins Licht zu treten. Vorher war er in der »Finsternis« hinter den Dingen und Geschehnissen der wider Gott verschlossenen Welt verborgen (Joh 1,5.10-11). Selbst die Gestalten der Dämonie hatten ihm zur Hülle gedient, da diese durch ihre Vielzahl und religiös-kulturelle Minderwertigkeit als uneigentlich erscheinen mußten. An der Heiligkeit und Wahrheit des Gottmenschen ist der Trug des Widersachers, seine bis auf den Grund gehende Bosheit und Unreinheit deutlich geworden. Der im Glauben freigewordene Blick kann jetzt ihn und das Seinige unterscheiden. Dann aber hat sich offenbar auch im Verhältnis Satans zur Welt etwas geändert. Jesus ist trotz der Furchtbarkeit der wider ihn sich richtenden »Macht der Finsternis« im Willen des Vaters geblieben und hat so die Sünden der Menschheit gesühnt. Von da an hat Satan keine direkte Macht mehr über die Dinge; und über die Menschen nur so viel, als diese selbst ihm durch ihre Gesinnung geben, beziehungsweise Gott ihm um der Führung der heiligen Geschichte willen überläßt. Er ist jetzt nur eine Macht unter den anderen Mächten der Welt – freilich eine solche von ungeheurer Reichweite und furchtbarer Feinheit. Wie ernst die Offenbarung selbst ihn nimmt, zeigt das Buch der Apokalypse. Aber Christi Wort verbürgt, daß der Glaubende, wenn er sich ihr anvertraut, in der Erlösung geborgen ist.

Um zusammenzufassen: Die Art, wie sich im Leben Jesu das Geschehende zuträgt und wie es von ihm erfahren wird, ist nicht »Schicksal« in irgendeinem uns bekannten Sinne. Es scheint aber unmöglich, einen positiven Namen für sie zu finden, weil dazu sein Bewußtsein vollzogen werden müßte.

Einen Namen scheint sie erst in dem Augenblick zu bekommen, in welchem der glaubende Mensch an ihr Teil hat: dann heißt sie Vorsehung[30].

Schicksal und Vorsehung

Die dargestellte Existenzform ist Jesus Christus wesentlich. Er allein konnte sie vollziehen, weil sie das nur ihm eigene Verhältnis zum Vater voraussetzt.
Er hat aber seine Existenz nicht für sich allein, sondern als Erlöser gelebt. Sie ist nicht »privat«, sondern in einem absoluten Sinne »öffentlich«. Jesus war von Wesen »gesendet«, hat »für uns« gelebt und ist für uns da; darum ist das, was er gewesen ist und getan hat, so, daß wir daran Anteil haben können. Durch sein Existieren hat Jesus die Existenzform des Erlösten begründet. Er hat sie nicht nur entdeckt und vorgelebt, so daß nun, durch ihn sehend geworden und ermutigt, jeder sie von der Natur der Sache her selbst vollziehen könnte, sondern hat sie durch sein Tun begründet. Sein Leben und Handeln bildet den Anfang eines neuen Daseins; Erlöstsein aber heißt, durch die Gnade ebendieses Anfangs in ihn eintreten und aus ihm heraus existieren.
Die Grundakte dieses Existierens sind Glauben, Lieben und Hoffen. Der Glaube beginnt aus dem absoluten Beginn heraus, der Christus ist; und zwar immerfort, weil es keinen welthaften Zusammenhang gibt, in welchem er stehen könnte, er vielmehr immer nur in der Weise eines beständigen personalen In-Christus-Bleibens – siehe Joh 15,3-7 und 1Joh 2,24-28 – wirklich sein kann. Die Liebe ist die personale Verbundenheit mit Jesus als dem Liebenden einfachhin und das »Leben um seinetwillen, so wie er um des Vaters willen lebt« (Joh 6,57). Hoffnung aber ist die Zuversicht, daß dieser neue Beginn, dem

---

[30] Eingehenderes darüber weiter unten S. 244.

»das Alte«, der ganze Zustand der unerlösten Welt widerspricht, sich in absoluter Fruchtbarkeit und Dauer erfüllen und in Ewigkeit recht behalten wird (Röm 8,18-25).

Was ist nun, im Lichte der Offenbarung gesehen, das, was sich in den vorausgehenden Überlegungen als Schicksal dargestellt hat?
Es ist die Welt, der Zusammenhang der Dinge und der Gang der Geschehnisse in ihrer Beziehung auf den wider Gott empörten Menschen. Es ist das Dasein, wie es aus der ersten und der immerfort weiter geschehenden späteren Sünde, aus den Gesinnungen, Haltungen, Anschauungen, Tendenzen, Zuständen, zu denen die Sünde sich verdichtet hat, herauswächst. Der Zustand des Daseins war Folge von Schuld, das heißt Strafe, als solche verhängt durch die Gerechtigkeit des Herrn der Welt. Diesen Zustand erfuhr der Mensch in einer Weise, die selbst aus eben dem Zustand kam, den er erfuhr, das heißt in Blindheit. Seinem »gehaltenen« Blick erschien der aus der Sünde hervorgegangene Weltzustand als Regiertsein durch das Schicksal. So bildeten die verschiedenen Vorstellungen von Schicksalsmächten und Schicksalsregierungen Teile eben jenes Zustandes der Verwirrung, der aus der Sünde kam. Was in Wahrheit war, sah der Mensch nicht.
Erst durch Christus wurde es deutlich. Die erste Frucht der Erlösung war die Enthüllung der Wirklichkeit. In ihrem Lichte zeigte sich, daß es ein Schicksal in dem Sinne, wie es der unerlöste Mensch zu sehen glaubte und immer wieder glaubt, nicht gibt, sondern nur eine von Gott abgefallene und die Konsequenzen ihres Abfalls erfahrende Welt. Die Ausweglosigkeit und Angst ebenso wie die Selbstsicherheit und das Pathos des Schicksalsglaubens wurden aufgehoben. Die Wahrheit zeigte sich als viel schlichter, viel härter und viel trostvoller zugleich. Es wurde offenbar, daß auch die scheinbare Herrschaft des Schicksals in Wahrheit Regierung des Lebendigen Gottes, nämlich Strafe für die Schuld gewesen war. Auch hinter ihr stand die Vorsehung: die Menschen sollten die Konse-

quenzen der Sünde durchleben, um für die Erlösung vorbereitet zu werden.

Als Jesus kam, änderte sich der Zustand der Welt. Schon die Enthüllung, was Schicksal in Wahrheit sei, bedeutete eine Änderung, denn von nun an war es nicht mehr möglich, so von der Welt zu reden, wie es vorher geschehen war, es sei denn in der Form eines neuen Abfalls. Zugleich wurde aber der neue Anfang gesetzt: die Existenz Jesu, an welcher der Mensch durch seine Gnade Anteil haben konnte. Dadurch wurde der Gesamtzustand des Daseins von Grund auf geändert. Das gleiche geschah und geschieht durch die Führung der Welt, welche der Vater auf Christus zu und von ihm her vollzieht: die Vorsehung im eigentlichen Sinne. Endlich gingen und gehen aus dem gesetzten Anfang immerfort Entscheidungen und Handlungen des glaubenden Menschen, Zustände und Ordnungen des Lebens hervor, die ebenfalls real waren und sind.

Allerdings kann der Mensch dieses ganze Verhältnis auch ablehnen. Er kann die Welt allein wollen, ohne Christus und ohne den Lebendigen Gott. Dann bricht der alte Zustand wieder durch; und da das Auge des Menschen im gleichen Maße, als er von Christus abfällt, wieder verdirbt, sieht der verdorbene Blick diesen Zustand wiederum als Schicksal. Doch so ist es noch nicht richtig gesagt; in Wahrheit ist der Zustand viel gefährlicher. Durch die Erlösung ist die ganze Situation der Welt auf eine absolut höhere Ebene der Werte und Entscheidungen gehoben und steht dort, ob sie will oder nicht[31]. Lehnt der Mensch die Erlösung ab, dann ist das, was er nun »Schicksal« nennt, etwas viel Furchtbareres, als was vorher so hieß.

Sobald der Mensch an Christus glaubt, wird in seiner Daseinsführung aus dem Schicksalsbezug der der Vorsehung. Darin ist

---

[31] Daher denn auch das Böse nach dem Kommen Christi um ein Wesentliches böser ist, als das vor ihm.

er in das Verhältnis, welches zwischen dem Vater und dem menschgewordenen Sohne besteht, durch Gnade hineingenommen. Das geht nicht plötzlich vor sich. Die Schicksalshaltung gehört zum unerlösten Dasein, bildet vielleicht dessen tiefsten Ausdruck; so findet sie sich als Haltung des »alten Menschen« (Eph 4,22) zunächst auch im Glaubenden. Ihm geschieht aber, was das Neue Testament »die Einsetzung an Sohnes statt«, die »Aufnahme in die Kindschaft Gottes« nennt (Gal 4,5). Das bedeutet kein bloßes Gefühl der Geborgenheit in Gott oder des Vertrauens auf Ihn, sondern eine neue Existenzform, samt der Kraft, sie zu verwirklichen. Im Maße das geschieht, der »alte Mensch abgelegt« und »der neue angezogen« wird – das aber geschieht durch jeden echten Akt christlichen Lebens – wandelt sich der Schicksalsbezug in den zur Vorsehung.

Wo im Schicksalsglauben eine ungreifbare, es-hafte Macht war, erscheint die Person des Vaters.

Damit ändert sich der ganze Charakter des Daseins. Was dem Menschen geschieht, wird verantwortet. »Das Schicksal« ist verantwortungslos. Parzen und Nornen, Moira und Ananke stehen für das, was sie fügen, nicht ein. Sie wissen nicht einmal, was sie tun, denn sie sind keine Personen, sondern Mächte, Elemente des Weltdaseins. Zu den Grundwahrheiten der Offenbarung hingegen gehört die Gewähr, daß alles, was geschieht – wenn es erlaubt ist, so zu sagen – von Gott verantwortet wird. Es ist nicht so, daß Gott irgend etwas wollte, und dieses dann eben recht sein müßte, sondern was Er will und tut, will und tut Er, weil es wahr und recht ist. Gewiß hängt das Gesetz des Wahren und Rechten nicht über ihm, so daß Er sich danach zu richten hätte, sondern Er selbst ist dieses Gesetz; dadurch wird aber sein Tun nicht willkürlich, sondern tiefer »gebunden«, als der Mensch je durch das sittliche Gebot gebunden werden kann. Gott ist durch sich selbst absolut gebunden und ebendarin absolut frei. So haftet Er vor seiner eigenen Würde – »um seines Namens« willen, wie die Schrift sagt (Jer 14,7 u.ö.) – dafür, daß alles, was geschieht, wahr und recht ist. Damit ist natürlich nicht gemeint, der Inhalt des einzelnen Geschehnisses als einer menschlichen Tat müsse gut sein, denn diese ruht ja auf der Freiheit des handelnden Menschen, die Gutes, aber auch Böses wollen kann. Auch das Böse und das Übel stehen aber im Seinsganzen unter einer letzten Ordnung der Gerechtigkeit, welche in Manchem schon jetzt deutlich ist und im Gericht endgültig offenbar werden wird. Und sofern das durch den Einen Getane an den Anderen als Fügung herantritt, verbürgt sich des gleichen Gottes Wort dafür, daß »denen, die Ihn lieben, alle Dinge zum Besten gereichen«, das heißt eine heilbringende Ordnung erfüllen werden (Röm 8,28). Von hier aus enthüllt sich der Schicksalsbezug in einer unerwarteten Weise, nämlich als Erniedrigung. Mythologie, Metaphysik und Ethik des Schicksalsglaubens sehen in ihm das in den Schauer des Geheimnisses verhüllte Erhabene einfachhin. In Wahrheit ist es entwürdigende, durch nichts sich rechtfertigende Gewalt. Im Kern des Schicksals gähnt, durch Tiefsinn verschleiert, das Nichts. Wer, im Ernst echter Existenz, jene Enthüllung erfährt, wird inne, was Erlösung heißt.

Wo im Schicksalsglauben der preisgegebene Mensch stand, steht nun der Erlöste, den die Gnade in die Gemeinschaft des Sohnes Gottes und seines Verhältnisses zum Vater aufgenommen hat.

Vom Erlösten gilt die weitere Grundwahrheit der Offenbarung, daß Gott nicht nur mit Macht über ihn verfügt, oder mit Wohlwollen für ihn sorgt, sondern daß Er ihn achtet. Der Mensch ist Person. Als solche hat Gott ihn gewollt und ihn dadurch in ein Verhältnis der Würde zu sich selbst gesetzt. So ist das Verhältnis Gottes zu den Menschen in jedem Punkt auf der Achtung aufgebaut. Noch im Bösen bleibt die Würde der Person; ja nur durch sie ist das Böse des Menschen böse und sein Niedriges niedrig. Diese Person achtet Gott auch und gerade in seinem vorsehenden Walten. Selbst Gottes Zorn – der ja kein subjektives Zornigwerden, sondern der Ausdruck seiner lebendigen Heiligkeit angesichts des Bösen ist – selbst sein Verurteilen und Strafen sind auf die Person bezogen und ruhen daher auf der Achtung.

Wo im Schicksalsglauben letzte Verlassenheit war, offenbart sich nun Gottes Nähe.

Die Offenbarung hat die unmittelbaren Vorstellungen von Gott und das Verhältnis zu Ihm in eigentümlicher Weise verändert. Vor allem hat sie deutlich gemacht, daß Gott in keiner naturhaften Verbundenheit mit der Welt steht und zwischen Ihn und die Welt den Abstand reiner Souveränität gelegt. Von daher erscheint das Christentum viel weniger »fromm«, als die außerchristlichen Religionsformen. Zugleich ist aber Gott in eine Nähe zur menschlichen Person getreten, von welcher keine Naturfrömmigkeit etwas weiß. Nun ist Gott »bei« dem, der glaubt, als Person zu Person[32]. Damit ist die Einsamkeit des Geschöpfes in einer Weise aufgehoben, wie keine Natureinung noch Allverschmelzung sie zu ahnen vermag.

Wo der Schicksalsglaube als letzten Kern des Geschehens Gleichgültigkeit und Leere fand, offenbart sich nun die Liebe des Vaters.

Alles, was geschieht, kommt aus ihr. Diese Liebe ist nichts Schwächliches. Sie hat mit jener Gutmütigkeit und Sentimentalität, die ihr angedichtet wird, nichts zu tun. Die Liebe des Vaters ist Wahrheit, Gerechtigkeit und Kraft. Gott hat den Menschen in echtes Sein gestellt und in wirkliche Freiheit entlassen. Er braucht ihn nicht zu Zwecken, sondern ehrt in ihm die Würde seiner Personalität. Ja Gott hat – und nun nahen wir dem Innersten der Offenbarung – den Menschen in einer unsäglichen Weise an sich herangenommen. Damit sind keine

---

[32] Gewiß ist Gottes Personalität einzigartig. Gott ist Person einfachhin, der Mensch ist es nur, sofern Er ihn in die Eigenständigkeit des Ich-Seins gestellt hat. Auch ist Gott heilig, der Mensch aber welthaft, ja, nach der Sünde, widerheilig. Gott hat es aber gefallen, den Menschen in jene Beziehung zu sich zu setzen. Ja der Mensch ist überhaupt nur in der Beziehung zu Gott Person: als von Ihm Angerufener; als der, den Er sich zu einem Du gesetzt hat. So ist Gottes Personalität in all ihrer Unvergleichbarkeit für die Personhaftigkeit des Menschen doch nicht ausschließend oder vernichtend, sondern im Gegenteil begründend. (Dazu Guardini, Welt und Person, 1940, S. 107ff; 113ff [Mainz/Paderborn ⁶1988, S. 145-160]).

naturhaften Identitäten oder pantheistischen Verschmelzungen gemeint, die bei allem scheinbaren Tiefsinn das wirkliche Tiefe zerstören, sondern es geht um etwas, dessen nur die Offenbarung uns vergewissern kann. Wenn ein Mensch den anderen mit personalem Ernst liebt, fällt die Schutzwehr des »Du, nicht Ich«, und was jenen trifft, trifft auch ihn selbst. Gott hat gewollt, daß etwas Derartiges zwischen Ihm und dem Menschen geschehe; das zeigt sich im ganzen Gang der Offenbarungsgeschichte und vollendet sich in seiner Menschwerdung, durch die Er im buchstäblichen Sinne das Dasein des Menschen angenommen hat[33]. Diese Liebe steht im Kern von Gottes Daseinsführung. Wenn wir dem Wort den großen Sinn lassen, den es hat, können wir sagen: der Ursprungspunkt der Daseinsführung ist Gottes Herz. Damit ist auch gesagt, daß alles Geschehen »denen, die Gott lieben, zum Besten gereicht« (Röm 8,28). Dieses »Beste« darf nicht im Sinne einfacher Wohlfahrt verstanden werden; der oberflächlichste Blick in den Gang der Dinge zeigt es. Auch nicht im Sinne einer Entfaltung der Persönlichkeit und des Werkes, wie die tägliche Wirklichkeit ebenfalls ohne weiteres beweist. Jede Not, jede Verkümmerung und Zerstörung sind möglich, bis zur scheinbaren Sinnlosigkeit. Das »Beste« ist vielmehr die Vollendung des vor Gott gültigen ewigen Sinngehaltes des Menschen im Zusammenhang des Gottesreiches. Dafür können Glück, aber auch Unglück, Förderung und Entfaltung, aber auch Hemmung und Zerstörung nötig sein. Was hier richtig ist, weiß nur Gott; so geht der Glaube an die Vorsehung in die Unbeurteilbarkeit seines Urteils und in die Undurchdringbarkeit seines Ratschlusses. Die sind aber Weisheit und Liebe. Daher ist der Schritt ins Unerforschliche ganz positiv: vertrauende Liebe als Antwort auf die vorsehende. Sie ist gewiß, daß alles Geschehen in absoluter Kraft und Zartheit zugleich, in reiner Präzision und unendlicher Ehrfurcht den Erfordernissen des heiligen Werdens entspricht.

[33] Dazu Gardini, Welt und Person, 1940, S. 129ff. [Mainz/Paderborn ⁶1988, S. 96ff] und: Die christliche Liebe, 1940, S. 19ff.

Was im Schicksalsglauben einfachhin unbegreifbar blieb, wird nun zu einem zwar nicht auflösbaren, aber Vertrauen erweckenden Geheimnis.

Alles Geschehende ist in die dargelegten heiligen Bezüge aufgenommen. Damit verliert es nichts von seinem Ernst und seiner Not, aber es bekommt einen anderen Charakter, weil hinter ihm die Liebe des Vaters steht, an welcher der Glaubende in Christus Teil hat. Die Dinge bleiben zunächst wie sie sind; dem Glaubenden werden aber ein neuer Standort, ein Halt, eine Gewähr, eine Kraft gegeben, durch welche die ganze Existenz sich wandelt. Das aufrechtzuhalten und lebend zu vollbringen, ist schwer, denn die Wirklichkeit sieht durchaus nicht so aus, als ob die Botschaft Christi zuträfe. Nach dem Eindruck, den sie macht, hat der Schicksalsglaube recht, und alles andere ist Märchen. Die Offenbarung ist aber gegeben, und nicht nur als Trost, sondern als Aufgabe. Aus ihr soll der Glaubende eine Wirklichkeit erkennen, die in der Welt nicht ersichtlich ist, und auf sie hinleben. Das ist die »Leistung« des Christen, nach dem Wort des Apostels »der Sieg, der die Welt überwindet« (1 Joh 5,4).

Die Vorsehung bildet keine feste Ordnung, welche an sich schon immer da, aber noch unbekannt gewesen und von Christus zuerst verkündet worden wäre, sondern ist etwas, das immerfort erst durch ein Tun Gottes verwirklicht wird. Und zwar besteht sie zunächst in der Lenkung der Welt, welche das Geschehen der Natur mit dem der Geschichte – des menschlichen Gesamts wie des Einzellebens – verbindet. Vom Urbeginn her »sieht Gott alles voraus« und ordnet es im Gefüge der Dinge selbst nach seiner Weisheit. Durch sein aus der Ewigkeit in die Zeit wirkendes Walten führt er das Geschehen auf das Heil der Menschen hin. Das ist aber erst Vorbereitung; ihre eigentliche Gestalt und Sinnfülle gewinnt die Vorsehung durch Christus selbst[34]. Auf Christus zu und von ihm her

---

[34] Über ihr Wesen Guardini, Welt und Person, 1940, S. 137 ff [Mainz/Paderborn ⁶1988, S. 173 ff].

läuft eine neue Geschichte, und die Vorsehung ist die Weise, wie Gott diese führt. Sie richtet sich auf die Verwirklichung seines Reiches und die Erschaffung der neuen, heiligen Welt. In dieses Handeln ruft Gott den Menschen hinein und verheißt ihm darin eine neue Führung seines Lebens.

Die Bergpredigt sagt: »Trachtet zuerst nach dem Reich Gottes und seiner Gerechtigkeit, und alles andere wird euch hinzugegeben werden« (Mt 6,35). Die Vorsehung, welche Jesus verkündet, soll aus diesem Einvernehmen des gläubigen Menschen mit dem handelnden und schaffenden Gotteswillen erwachsen. Damit kehrt auf neuer Ebene und mit neuem Charakter jene Struktur wieder, die im Schicksalsbezug aufgezeigt wurde. Richtiger gesagt: Die Spannung des Schicksalsbezugs zwischen dem Daseinsganzen und dem Einzelnen ist das Verfallsbild jenes Bezuges, den der vorsehende Gott zwischen sich und dem glaubenden Menschen möglich macht. Darin zu leben bedeutet kein bequemes Getröstetsein, sondern den Willen zu einer Gemeinschaft der Sorge mit Gott, zu einem Handeln und Leiden mit seinem Willen, welche den Menschen vom Tiefsten her in Anspruch nehmen. Es ist recht eigentlich die »Leistung« des Glaubens und, da der Gang der Dinge immerfort zu widersprechen scheint, »der Sieg, der die Welt überwindet«. In diesem Bezug glaubender und liebender Mit-Sorge des Menschen mit der Sorge Gottes um sein Reich verwirklicht sich vom Vater her auf den Menschen hin eine neue Führung und Gestaltung des Daseins. Sie wird vom alten Zustande der Welt überdeckt und vom noch unerlösten Willen des Menschen, auch des Glaubenden immerfort verstört. Erst am Ende der Dinge wird sie endgültig siegen und ihr Ergebnis, die neue Schöpfung, offenbaren – das heißt: die Vorsehung hat letztlich einen eschatologischen Charakter.

In diesem ganzen Bezug kann aber nicht nur ein Fortschritt, sondern auch ein Rückschritt stattfinden, das heißt, im Verhältnis der Vorsehung kann das des Schicksals wieder erstarken und die Oberhand gewinnen. Die Möglichkeit, das Verhältnis zum Dasein unter der Form des Schicksals zu sehen, ist immer da, so wie die Möglichkeit immer da ist, aus dem Glauben und der Liebe herauszufallen. Die Veränderungen sind im Einzelnen schwer nachzuweisen. Sie können zum Beispiel darin bestehen, daß Vorstellungen und Empfindungen ins Rationalistische, oder Naturhafte, oder Mythologische abgleiten. Schreitet der Prozeß weiter fort, dann kann der Blick sich so weit trüben, daß das Lebens- und Weltgeschehen wieder in wirklichen Schicksalsvorstellungen gedacht wird. Ein großes Beispiel dafür ist vielleicht die Welt Shakespeares, in welcher, dem Unterschied der Zeit gemäß abgewandelt, alte Formen der Welterfahrung wieder aufzutauchen scheinen. Der gleiche Vorgang zeigt sich in der neuzeitlichen Historik, Soziologie und Psychologie. Zwar sind die mythologischen Hintergründe, die der neuzeitliche Mensch nicht mehr zu realisieren vermag, verschwunden und an ihre Stelle die Vorstellungen absoluter Zwangsläufigkeit des geschichtlichen, gesellschaftlichen und individuellen Geschehens getreten; was aber exakte Richtigkeit scheint, ist in Wahrheit eine Umwandlungsform der Schicksalsnotwendigkeit, in welcher das Dasein wieder preisgegeben und sinnlos wird.

Auch im Glaubensdenken selbst kann, durch den Begriff der Offenbarung verhüllt, das Schicksalsverhältnis wieder auftauchen; so zum Beispiel bei gewissen Steigerungen in der Vorstellung von der Souveränität der Gnade beziehungsweise der Prädestination. Der Gott, der den einzelnen Menschen zum Heil oder Unheil bestimmt, ohne daß Er dessen Freiheit in die Entscheidung einbezöge, ist nicht mehr der Gott der Offenbarung Jesu Christi, sondern eine durch christliche Gedanken verhüllte Erneuerung der alten Schicksalsmacht.

Schicksal und Gericht

Die Vorsehung ist der Zusammenhang jenes Handelns, durch das Gott sein Reich heraufführt. Erst in diesem Zusammenhang hat das irdische Wohlergehen des Menschen – das »Essen, Trinken und Sich-Kleiden« der Bergpredigt – seinen Ort. Dem Reiche Gottes wird aber überall widersprochen, und die Worte Jesu von den letzten Geschehnissen sagen, daß sich daran im Gang der Geschichte nichts ändern, ja daß der Widerspruch immer heftiger und grundsätzlicher werden wird (Mt 24,1-31). Das Reich Gottes ist der Sinn der Geschichte einfachhin; dieser muß aber gegen den Einspruch nicht nur der Torheit und Bosheit, sondern auch gewichtiger – obgleich vorletzter – natürlicher Gründe verteidigt werden[35]. Es wird niedergehalten, verwirrt, lächerlich gemacht, und die Möglichkeit dazu muß bestehen, weil es zum Wesen der Geschichte gehört, daß der Mensch in ihr freie Hand habe. Soll also die Vorsehung in ihrem Sinn offenbar werden, dann muß von Gott her die Erhellung kommen, und das geschieht im Gericht.
Ja sogar das menschliche Tun als solches bleibt im Letzten verschleiert. Die Versuche, die Geschichte zu verstehen, kommen über Annäherungen nicht hinaus. Was den Einzelnen angeht, so haben wir von seinem Tun und Sein meistens nur eine gerade eben das Zusammenleben ermöglichende Wahrscheinlichkeit, und selbst von nahe Stehenden weht zuweilen eine solche Fremdheit her, daß wir uns fragen, ob wir sie überhaupt kennen. Im Bezug zum eigenen Selbst aber tritt an Stelle der Ferne die oft noch viel täuschendere Nähe; und die Rätsel, die aus der Durchkreuzung und Unterschichtung der Motive entstehen, werden durch den unbewußten und sogar bewußten Wil-

---

[35] Das Ärgernis ist das Irrewerden an der heiligen Wahrheit, das Gereiztwerden und Sich-Empören gegen die Offenbarung des Lebendigen Gottes; aber nicht in der Form eines direkten Widerstandes, der seinen Grund einfachhin in der Bosheit hätte, sondern auf wirkliche, freilich vorletzte Gründe hin, welche gegen jene Offenbarung zu sprechen scheinen und die letzten positiven Gründe zum Verschwinden bringen. Dazu Guardini, Der Herr, a.a.O., S. 50ff.

len, nicht zu sehen, wie man ist, durch die innere Arbeit des Verdrängens und Veränderns, durch die Selbsttäuschung des Stolzes und der Eitelkeit, der Leidenschaft und Trägheit derart verdichtet, daß der redliche Mensch mit Paulus sagen wird: »Nicht einmal mich selbst beurteile ich« (1Kor 4,3-4). Soll also das Sinngefüge der Vorsehung erkannt werden, dann muß etwas geschehen, das es endgültig offenbar macht, und das ist das Gericht am Ende der Tage (Mt 25,31-46; Röm 14,10-12; Offb 20,11-13 u.a.). Die Botschaft von ihm gehört mit jener von der Vorsehung unlöslich zusammen.
Die christliche Lehre vom Gericht sagt, daß der Mensch nach dem Ende der Erdenzeit vor Gott tritt, Dieser ihn unter sein allwissendes und gerechtes Urteil nimmt und ihm auf Grund seines irdischen Lebens das ewige Dasein bestimmt. Das Gericht vollzieht sich in zwei eng zusammengehörenden Akten. Der erste erfolgt nach dem Tode jedes Einzelnen und bezieht sich auf dessen individuelles Leben, siehe zum Beispiel das Gleichnis vom reichen Prasser und dem armen Lazarus (Lk 16,19-31). Das Urteil lautet auf ewiges Heil, wenn der Mensch Gott geglaubt und gehorcht; auf ewige Verlorenheit, wenn der Mensch sich, sei es im Ganzen, sei es in einer wichtigen und nicht widerrufenen Einzelentscheidung, von Gott abgewendet hat. War die Grundrichtung seiner Gesinnung gut, aber sein Leben in einzelnen Handlungen oder in einzelnen Schichten seines Seins noch dem Bösen verhaftet, dann wird ihm eine Zeit der Läuterung gewährt, in welcher er sich reinigt und vollendet[36]. Der andere Akt des Gerichtes vollzieht sich am Ende der Zeit; genauer gesagt, nachdem Christus wiedergekommen ist und der Zeit ihr Ende gesetzt hat. Sein Urteil bezieht sich auf die Menschheit und ihre Geschichte. Auch auf den Einzelnen, aber sofern er im Ganzen steht, und dieses sich aus den Einzelleben aufbaut. Nach diesem Gericht gibt es keine Läuterung mehr, welche ja ebenfalls Zeit bedeutet, sondern nur noch Ewigkeit (Mt 25,31-46).

[36] Zum Ganzen siehe Guardini, Die letzten Dinge, 1940; zur Lehre von der Reinigung nach dem Tode S. 21ff.

Im Gericht erfährt alles menschliche Tun eine endgültige Bewertung. Nicht nur dadurch, daß der Mensch aus dem irdischen Zustand der Vorläufigkeit in die vollkommene Durchlichtung durch die absoluten Normen des Wahren und Guten gelangte, sondern durch einen personalen Akt des Lebendigen Gottes. Das Gericht bildet den letzten Ausdruck der Geschichtlichkeit des Daseins. Das Dasein hat durch die Schöpfung, welche eine freie Tat des selbstherrlichen Gottes ist, einen echten Anfang genommen und wird ein echtes Ende haben, indem eben dieser Gott es ihm setzt[37]. Nach diesem Ende erfolgt die Bewertung des Daseins für die Ewigkeit.

Das Gericht – individuelles und allgemeines in dem Worte zusammengenommen – hebt die Verhüllung auf, welche die Zeitlichkeit um das menschliche Dasein legt. Was da verhüllend wirkt, ist einmal die Natur, welche die Person in die Zusammenhänge des organischen Lebens und der physikalischen Gesetze zieht und den Anschein erweckt, als sei auch sie ein Wesen wie Kristall, Pflanze oder Tier. Der Gott widerstrebende Menschenwille aber benutzt dieses Verwobensein, um sich in den Trieb, den Rausch, den All-Zauber zu werfen und seiner personalen Verantwortung zu entledigen... Verhüllend wirkt aber auch die Geschichtlichkeit selbst. Geschichte kann nur sein, wenn die Existenz zum größeren Teil verborgen ist. Das ist sie vor allem als Innerlichkeit, welche den Ausdruck ablehnen oder ihn falsch vollziehen kann. Sie ist es ferner durch die Schichtung und Durchkreuzung der Motive, die Unentwirrbarkeit der Kausalitäten, das Entschwinden des Vergangenen und das Noch-Nicht-Dasein des Kommenden und so weiter. Alles geschichtliche Handeln geht aus der Entzogenheit des eigenen Innern in die des anderen; aus der gegebenen

---

[37] Damit steht der Begriff des Gerichtes im schärfsten Widerspruch zum neuzeitlichen Weltverständnis. Dieses faßt die Welt als »Natur«, das heißt als das einfachhin Gegebene und in sich Begründete, welches weder Anfang noch Ende hat, sondern mit dem Scheinbegriff des endlosen Weitergehens, oder dem des ebenso endlos sich wiederholenden Entstehens und Vergehens gedacht wird. Dazu Guardini, Welt und Person, 1940, S. 1 ff [Mainz/Paderborn [6]1988, 1 S. 15 ff].

Gegenwart – die selbst durch eine entschwundene Vergangenheit bedingt ist – in eine unbekannte Zukunft. Die List des Gott widerstrebenden Menschenwillens aber benutzt auch diese Verhüllung, um sich durch die Techniken des Ausweichens und Fliehens, des Sich-Verbergens und -Täuschens, des Vergessens und Nicht-Voranschauens der Verantwortung zu entziehen. Eine noch tiefere Verhüllung bezieht sich auf Gott selbst. Geschichte setzt Freiheit voraus; Freiheit aber ist die Möglichkeit, zu wählen, letztlich für und wider Ihn. Wie das geschehen könne, obwohl Gott alles trägt und erfüllt, dem Sein das Wesen und dem Geist die Ordnung gibt, bildet das Geheimnis der Geschichte; jedenfalls kann sie nur deshalb geschehen, weil Er dem zeitlichen Dasein in irgendeinem Sinne verborgen ist[38]. Wenn Gott sein Herrentum offen übte, würde seine Wahrheit alles durchleuchten, seine Heiligkeit alles durchherrschen, und der endliche Geist hätte weder die Möglichkeit, zu irren, noch die, sich für das Böse zu entscheiden. Also muß Gott sich in irgendeiner Weise zurückhalten, einschränken und so dem Geschöpf den Raum der Entscheidung geben – eine Haltung, die wohl nur als »Selbstentäußerung« verstanden werden kann. Sie bildet den Anfang jener Gesinnung, welche ihre letzte Vollendung in der Selbstentäußerung des Sohnes Gottes findet, der Mensch wird und in die Geschichte eintritt[39]. So befindet sich die Zeitlichkeit in einem

---

[38] In irgendeinem Sinne – die Einschränkung will sagen, daß Gott auch dann »verborgen« war, als der Mensch noch nicht gesündigt hatte, und Gott ihm die Huld jenes unmittelbaren Umgangs schenkte, von welchem die Stellen Gen 2,15-25 und 3,8 reden. Ohne »Verborgenheit« wäre keine Entscheidung zwischen Gehorsam und Ungehorsam möglich gewesen. Sie hatte aber einen anderen Charakter als jenen, der nachher durch die Sünde bestimmt worden ist.
[39] Siehe den bereits angeführten, für die Christologie grundlegenden Satz des Philipperbriefes: »Seid in euch selbst gesinnt, wie Christus Jesus [es in sich war], der da war in Gottesgestalt, aber das Gottgleichsein nicht wie einen Raub ansah [den man, weil zu Unrecht angemaßt, ängstlich festhält], sondern [liebend] sich selbst entäußerte, indem er Knechtsgestalt annahm und in die Gleichheit mit den Menschen eintrat. Und im Verhalten wie ein Mensch erfunden, erniedrigte er sich selbst, gehorsam bis zum Tode, ja bis zum Tod am Kreuz« (2,5-8).

Ausnahmezustand. Gott verbirgt sich und läßt sie scheinbar mit sich selbst allein. Er scheint ohnmächtig, ja unwirklich, weil er schweigt und den immanenten Wirkzusammenhängen der Welt die Bahn frei gibt. Die Wahrheit und das Gute erscheinen von der Macht getrennt, so können das Wahre und das Gute machtlos, der Gebrauch der Macht aber unwahr und böse sein. Die Bewährung in der Geschichte besteht darin, zur Wahrheit und zum Guten zu stehen, auch wenn das vor dem greifbaren Gang der Dinge töricht erscheint. Das ist die wesenhafte Frömmigkeit: dem unter den Dingen und Gewalten des unmittelbaren Daseins scheinbar ohnmächtigen Gott die Treue zu wahren. Sie ist von der Gefahr des Ärgernisses bedroht, nämlich deshalb, weil die Unwahrheit mächtig ist, und das Böse Erfolg hat, an Gott irre zu werden. Auch diese letzte Verhülltheit des Geschichtlichen nützt die List des widerstrebenden Menschenwillens aus, um sich den Trug der Autonomie zu schaffen: zu tun, als wäre Gott nicht, die Geschichte aber wäre das Einzige und Ganze, in sich geschlossen und sich selber genügend.

Das Gericht hebt diese Verhülltheit auf. Gott hält nicht mehr an sich. Seine Wahrheit durchleuchtet den Geist. Seine Heiligkeit durchwaltet das Gewissen. Er tritt seine volle und offene Herrschaft an. Das Wahre und Gute werden identisch mit der Macht und dem Sein. So viel wird ein Seiendes wirklich sein, als es wahr; so viel wird es leben und schön sein, als es gut ist. Das Böse wird als der große Trug offenbar. Es schien »Leben« zu geben; nun wird deutlich, daß es den Tod bringt, den »zweiten Tod«, aus dem es keine Rettung gibt (Offb 20,6.14). Es schien Macht zu haben; nun wird deutlich, daß es nichts schaffen, nur zerstören kann. Es schien Sinn zu haben, notwendig zu sein; nun wird deutlich, daß es – und darin besteht wohl das ewige »Zu-Schanden-Werden« (Röm 9,33; 10,11; Phil 1,20 u.ö.) – vollkommen überflüssig ist. Es schien wirklich zu sein, nun wird deutlich, daß es, wie die furchtbare Stelle der Apokalypse sagt, überhaupt keinen Platz im Dasein hat: Vor dem Richter »floh die Erde und der Himmel« – sofern sie im

Bösen waren – »und es fand sich keine Stätte für sie« (20,11). Das ist das Gericht: Gott, der Wahre und Heilige, tritt seine offene Herrschaft an und zieht das Geschöpf zur Verantwortung.

Jene Beziehung, auf der die Existenz des Menschen ruht: daß Gott sie zu seinem Du gemacht hat[40], gelangt im individuellen Gericht zu ihrer letzten Unmittelbarkeit. In dem Urteil, das Gott hier über den einzelnen Menschen fällt, steht niemand sonst. Nur Gott und er – siehe die Verheißung der Apokalypse, wonach der Überwindende »einen neuen Namen« empfangen wird, »den niemand kennt, als der ihn empfängt« (2,17). In dieser absoluten Unmittelbarkeit, worin es weder Schranken noch Hüllen gibt, definiert Gott den Menschen endgültig. Aus seinem endlichen Dasein heraus begründet Er ihn in sein ewiges, ausgedrückt im »neuen Namen«. Jetzt, aus dem liebenden Einvernehmen mit Gott, aus der Fülle des ihm zugewendeten Gottesgeheimnisses heraus, das nun aber klarer ist als jeder Begriff, versteht der Mensch sich ganz und endgültig. Der Verworfene freilich, der im Haßverhältnis zu Gott steht, wird Ihm nicht nur fremd, sondern feind; und da Gott der Begründer seines Wesens ist, wird er fremd und feind auch sich selbst.

Beim allgemeinen Gericht geschieht das Entsprechende für die Geschichte und für den Einzelnen in ihr. War das besondere absolut »privat«, im Ich-Du des Existenzverhältnisses des Menschen zu Gott verlaufend, so ist dieses schlechthin öffentlich. In ihm wird die Geschichte sich selbst durchsichtig. Der Menschheit als Ganzem wird offenbar, wie sie ist, wie jeder Einzelne in ihr ist, und wie sie in jedem Einzelnen besteht. Das Gleiche geschieht für das Werk der Menschheit. Auch es kommt ins Gericht. Jenes Geheimnis Gottes aber, welches sich in der Vorsehung auswirkt, ist selbst das eigentliche Medium

---

[40] Dazu Guardini, Welt und Person, S. 113 ff [Mainz/Paderborn ⁶1988, S. 143 ff].

des Verstehens. Das Geheimnis, aus welchem heraus alles Sein besteht, und das in der Zeitlichkeit undurchdringbar bleibt, wird im größeren Geheimnis des offenbar gewordenen Gottes, der »Alles in Allem« ist, verstanden.

Das Gericht hat eine doppelte Sinnrichtung. Es bedeutet vor allem, daß in ihm Gott sein Recht nimmt. Nachdem Er dem Menschen die Freiheit der Entscheidung gegeben und durch seine Selbst-Einschränkung Geschichte möglich gemacht hat, zieht Er ihn nun zur Rechenschaft. Darin wird deutlich, daß das Dasein des Menschen, und durch ihn das geschaffene Dasein überhaupt, von der Person und ihrer Freiheit her bestimmt ist. Welchen Weg es geht und welchen Charakter es bekommt, hängt letztlich von der Stellungnahme des Menschen zu Gott, seinem Gehorsam oder Ungehorsam ab. Das Gericht enthüllt, wie der Mensch sich gestellt und dadurch den Gang der Geschehnisse, im Einzelnen und im Ganzen, bestimmt hat. Dieser Gang hat in der Verhüllung der Zeit Gott als ungerecht, unweise und unmächtig erscheinen lassen; durch die Enthüllung der Wahrheit nimmt Er sein Recht.

Das Gericht bedeutet aber auch, daß Gott dem Menschen sein Recht gibt – jenes Recht, das Er selbst begründet hat, indem Er ihn als Person schuf. Es war bereits von der Achtung die Rede, die Gott dem Menschen gibt, und durch welche die Vorsehung sich grundsätzlich vom Schicksal unterscheidet. Dieses ist nicht imstande, den Menschen zu achten, da es ja ein bloßes Es ist; Gott hingegen ist die absolute Person, der »Er« einfachhin, wie Er sich selbst definiert hat, als Er sprach: »Ich bin der Ich-bin« (Ex 3,14). Nachdem Er den Menschen als Person geschaffen hat, vergißt Er dessen Würde nie. Er achtet sie »um seines Namens willen«, weil Er seine eigene achtet, von welcher die menschliche ein Ebenbild ist. Das Gericht offenbart diese Achtung Gottes für den Menschen. Das ewige Leben kommt aus dem zeitlichen; aber nicht so, wie eine biologische Entwicklungsphase aus der voraufgehenden, oder ein psychologischer Akt aus den Impulsen, sondern als die endgültige

Existenzgestalt des betreffenden Menschen aus seinen personalen Entscheidungen. Das wird im Gericht offenbart und definiert. Die Grundeigenschaft des Gerichts, die Gerechtigkeit, besteht vor allem darin, daß es den Menschen nicht als Naturwesen, sondern als Person, und seine Akte – soweit sie das sind – als verantwortliche personale Handlungen nimmt[41]. Als Person hat der Mensch ein Recht auf jenes Ernst-genommen-werden, das in Urteil, Lohn und Strafe liegt, und dieses – noch einmal gesagt, von Gott selbst begründete – Recht gibt Er ihm im Gericht. Das Gericht gibt dem Menschen sein Recht ferner gegenüber dem Dasein, indem es das »Unrecht« feststellt, welches in der durch die Sünde verwirrten körperlich-seelischen Vererbung, in der Verteilung von Besitz und Macht, in der wechselseitigen Abhängigkeit der Menschen und im Gang der Geschichte dem Einzelnen gegenüber liegt[42]. Es gibt ihm endlich sein Recht gegenüber den anderen

---

[41] Es wäre falsch, aus dem Gedanken der absoluten Souveränität Gottes heraus den Gerechtigkeitscharakter des Gerichtes abzuschwächen und in ihm nur den letzten, über die Ewigkeit entscheidenden Akt dieser Souveränität der Gnade zu sehen. Gewiß umhüllt das Geheimnis der Auserwählung das ganze Dasein; gewiß ist alles Beginnen und Vollenden nur durch die Gnade möglich. Ebenso sicher ist aber auch, daß das Gericht nicht nur die endgültige Definition und Publikation des Gnadenratschlusses, sondern eben ein »Gericht« ist, am Menschen aus seinem Tun und Reden und Gesinntsein heraus vollzogen. Das geht aus den maßgebenden Stellen klar hervor. Die Formel des Gerichtsvorganges lautet: »Kommet, ihr Gesegneten ... denn ich habe gehungert, und ihr habt mir zu essen gegeben ... Weichet von mir, ihr Verfluchten ... denn ich war hungrig, und ihr habt mir nicht zu essen gegeben.« (Mt 25,34–35.41–42). Das Geben der Speise an den Hungrigen und, in ihm, an Christus, ist so, wie Christus es meint, nur aus dem Glauben und der Liebe, das heißt aus der Gnade heraus möglich: zugleich ist es aber eine echte und eigentliche Tat des Menschen, die aus seiner Freiheit hervorgeht, getan und verweigert werden kann.

[42] Dieses Unrecht wird von niemand Faßbarem begangen. So sehr einzelne Menschen an ihm mitwirken, ist doch schließlich, was es trägt, die in die Wurzeln gegangene Verwirrung des Daseins überhaupt. Wohl bildet diese Verwirrung eine Folge der Sünde des ersten Menschen, welcher Anfang und Haupt war, sowie aller folgenden, jenen, um den es sich jeweils handelt, mit eingeschlossen. Insofern bedeutet sie Gerechtigkeit; aber Gerechtigkeit im Ganzen, welche die Tatsache, daß dem Einzelnen Unrecht geschieht, nicht aufhebt. Denn dieser ist nicht nur Glied des Ganzen, sondern auch, als Person, Einziger. Wenn ihm Geschichte und Gesellschaft Leben und Werk beeinträchtigen, dann ist und bleibt das Unrecht.

Menschen, indem es das Unrecht, das sie ihm zugefügt haben, zur Offenbarung, Beurteilung und Sühne bringt.

Feststellung und Sühne schaffen aber nur Recht, sie gleichen die Zerstörung nicht aus; so müssen wir wohl annehmen, daß Gott aus der Unendlichkeit seines schenkenden Reichtums gut machen werde, was keine geschaffene Macht gut zu machen vermag[43].

Im Gericht enthüllt Gott seine Vorsehung. Da stellt Er sich den Urfragen nach dem Sinn des Daseins, welche durch die ganze Geschichte hin aus dem Menschenherzen kommen: »Warum ist mir das geschehen? Warum bin ich so, wie ich bin? Warum bin ich überhaupt?« Das Schicksal ist ewig stumm; der vorsehende Gott wird im Gericht antworten. Seine Heiligkeit und Gerechtigkeit vertragen nicht nur, sondern verlangen die restlose Offenlegung der Geschichte: diese wird die letzte Offenbarung der göttlichen Gesinnung bilden. Das Ergebnis ist Seine »Rechtfertigung«[44].

Das Gericht wird jedem Menschen das Gewebe der Notwendigkeit klarlegen, welche sein Leben im Ganzen wie im Einzelnen getragen haben. Ebenso die Wurzeln und den Sinn der Tatsächlichkeiten, die sein Leben bestimmt haben; die Motive in ihren Verflechtungen und Schichtungen, die Gesinnungen in ihrer Stetigkeit, ihrem Schwanken und ihren Brüchen. Darüber hinaus muß ihm – durch ein Licht, welches nur jener Gott zu geben vermag, der das Dasein des Geschöpfes begründet und ihm tiefer inne ist, als es sich selbst sein kann – die Initiative der Entscheidungen, die freie Handlung als solche klar werden. Nun erst wird er wissen, was war und geschah,

---

[43] Einen Anhaltspunkt gibt das Wort Jesu Mt 19,29; Mk 10,28-30; Lk 18,28-30.
[44] Der Gedanke der Rechtfertigung Gottes vor der Frage des Menschen gehört zum Wesen der biblischen Offenbarung. Gottes Handeln bezieht sich auf Personen, nicht auf Dinge; so genügt die Frage nach Ursache und Sinn nicht, sondern nur die nach dem Recht, auch Gott gegenüber, und die gesteht Er selbst dem Menschen zu. In den Psalmen dringt sie immer wieder durch und wird anerkannt. Das ganze Buch Job handelt von ihr, und wenn auch die Antwort, die es gibt, noch unvollkommen ist, so weist sie doch wenigstens den Weg. Die eigentliche Antwort wird das Gericht geben.

und wie sich aus alledem sein Dasein geformt hat. Das gilt für die Anderen, mit denen er es zu tun hatte, den Einzelnen sowohl wie die Gemeinschaft, von der Familie bis zur Menschheit[45]. Es gilt aber auch, und vor allem, für ihn selbst. Nun erst wird er sich selbst verstehen; wird wissen, was er war, was er getan, und wie sich aus dem Anfangspunkt seiner Freiheit heraus sein Dasein aufgebaut hat. Nun wird er die Welt und in ihr sich selbst endgültig übernehmen können – und müssen – und damit sein Dasein im vollen Sinne verwirklichen... Endlich wird er verstehen, was ihm in der Zeitlichkeit als Zufall erschienen ist, weil er nun erst sein individuelles Dasein im Zusammenhang des Ganzen, umgekehrt aber auch das Ganze aus seinem Einzeldasein heraus sehen wird. In diesem endgültigen Wechselverhältnis hat das Gefühl des Zufalls und seiner Verschärfungen, der Sinnlosigkeit, der Tücke und Irre, keinen Raum mehr; um so weniger, als der Mensch im Gericht, sei es in Liebe und Anbetung, sei es im Zwang der alles erfüllenden Gottesmacht, seine eigene Seinszufälligkeit annimmt. Jetzt erst gelingt jener verstehende Blick auf das eigene Dasein, von welchem oben die Rede war, und der ebenso viel Klarheit wie Mut, Einsicht wie Gehorsam, Wahrheit wie Liebe ist[46]. Durch alles das wird Gottes Vorsehung gerechtfertigt.

Vor allem so, daß seine Gesinnung zu Tage tritt. In einer allgemeinen Form ist das bereits durch die Offenbarung geschehen, als sie verkündete, daß Gott aus Liebe gehandelt habe und immer weiter handle. Das hat sie in der Weise der Botschaft getan, welche das Begreifen des Menschen überschreitet und im Glauben aufgefaßt werden muß. Im Maße dann der Mensch

---

[45] Darum darf das Gericht nicht nur privat, sondern es muß auch öffentlich sein. Ja es ist der öffentliche Vorgang schlechthin; und vielleicht muß man den letzten Charakter aller echten Öffentlichkeit – im Gegensatz zur Preisgegebenheit – vom Gericht am Ende der Zeit ableiten.
[46] Damit ist auch gesagt, daß der Verworfene, dessen Grundhaltung nicht Liebe, sondern Haß ist, sich selbst nicht versteht. Aber nicht in der Form des suchenden Fragens, sondern des endgültigen Verschlossenseins in die durch das Böse bedingte Unwahrheit.

mit Gott ins Einvernehmen kommt, wächst er in das Verständnis Seiner Gesinnung hinein. Immer aber bleiben noch die Hüllen; immer erhebt sich die Frage: »Herr, warum?« Die volle Klarheit für den Einzelnen wie für das Gesamt kommt erst im Gericht. Da wird dem Menschen gegeben, zu erkennen, warum Gott in der Zeit jeweils jetzt und hier so gehandelt, wie dieses Jetzt und Hier und So im Gefüge der Zeiten und Räume gestanden, wie der einzelne Vorgang das Ganze der Geschichte getragen, und wie der Gang des Ganzen sich im einzelnen Vorgang verdichtet hat. Soviel es Ihm gefällt und dem Menschen gemäß ist, wird sich der Abgrund der Freiheit Gottes, das, was die Schrift seinen »Ratschluß« nennt, öffnen, und es wird deutlich werden, inwiefern alles Liebe war – bis zu der Ur-Tatsache, welche allen einzelnen Tatsachen Möglichkeit und Raum gegeben hat: daß Gott überhaupt die Welt erschaffen hat, und warum Er es getan hat, und wozu.

Ebenso werden im Gericht die Wege seiner Gnade klar werden: Gottes Erlösen und Vergeben, Wirken und Wandeln, Erleuchten und Helfen, Rufen und Führen, Grundlegen und Aufbauen. Das Geheimnis wird klar werden, daß die Gnade alles wirkt, Beginnen, Fortführen und Vollenden, und dennoch der Mensch all das Seinige tut; ein Geheimnis, das oben mit den Sätzen umschrieben worden ist, je stärker Gottes Gnade wirke, desto freier werde der Mensch zu seiner eigensten Initiative.

Ja das Gericht bildet selbst die Vollendung des Gnadenwaltens. Christus ist die Fülle der Gnade; sobald er an den Menschen herantritt, stellt er diesen vor die Wahl, zu gehorchen oder nicht, und darin entscheidet sich der Sinn seines Lebens. Im Johannesevangelium heißt es: »Das aber ist das Gericht, daß das Licht in die Welt gekommen ist, und die Menschen haben die Finsternis mehr geliebt als das Licht« (Joh 3,19). Ja die Entscheidung dringt bis in die vorderste Schicht der Wirklichkeit und wird Geschichte: der Ausdruck der Ablehnung Christi durch das berufene Volk war die Zerstörung Jerusalems. Von hier aus gesehen, bedeutet das Gericht am Ende der Tage die letzte Offenbarung und zugleich Vollendung des göttlichen Gnadenwaltens, das durch Zeit und Geschichte hin vor sich gegangen ist.

Das Gericht ruht auf der Wiederkunft des menschgewordenen Sohnes, des Gleichen, der auf Erden die Erlösung vollbracht hat, von den einen angenommen und von den anderen verworfen worden ist; so bildet es die letzte in der Reihe der göttlichen Handlungen, den Abschluß der ganzen Geschichte seines Schaffens, Erlösens und Heiligens. Und zwar besteht es darin, daß es nicht nur offenbart, was ist, sondern auch dem, was ist, durch einen ausdrücklichen Akt, ein »Urteil«, die endgültige Definition gibt.

Warum bedarf es dessen? Warum genügt nicht die von innen her vor sich gehende Aufhellung und Erfüllung des zeitlichen Lebens im Licht der ewigen Klarheit?
Zunächst ist zu erwidern, daß sich damit, wie bereits bemerkt, der Charakter fortsetzt, den die ganze »Veranstaltung des Heils« hat. Diese ist weder naturhafter, noch metaphysischer, sondern geschichtlicher Art und vollzieht sich durch Entscheidungen und Taten; so muß sie auch durch einen im eminenten Sinne geschichtlichen Akt enden. Vielleicht kann aber zur Bedeutung des Gerichtsvorganges noch mehr gesagt werden.
Die Logik lehrt, der abschließende Akt der Erkenntnis sei das Urteil: eine Aussage, welche den Gegenstand derart unter bereits bekannte Begriffe einordnet, daß er dadurch eindeutig bestimmt wird: Zwei ist die Hälfte von Vier. Damit erschöpft sich aber die Bedeutung des Urteils noch nicht. Wenn ich jede mögliche Frage zu dem in Rede stehenden Gegenstand beantwortet, jede möglich Einsicht gewonnen habe und zeigen kann, daß die Sache sich so und so verhält, dann bleibt kein Zweifel in dem Sinne, ich könnte begründeterweise denken, sie möchte sich doch noch anders verhalten. Zwei ist immer nur die Hälfte, nie ein Drittel oder sonst ein Teil von Vier. Bin ich aber in dieser Erkenntnis endgültig ruhig? Nein, sondern es bleibt eine Art Nicht-Ausgefüllt-Sein, eine Nicht-Endgültig-

keit. Und nicht nur so, daß der Fragende unklar dächte und daher zu keiner wirklichen Erkenntnis zu gelangen vermöchte, sondern in dem Rest zeigt sich eine das Erkennen selbst betreffende Problematik an. Offenbar kommt sie nicht bei jedem Menschen zum Vorschein. Bei positiv-rationalen Naturen zum Beispiel machen Feststellung und Einsicht einen solchen Eindruck, daß sie darin vollkommen ruhig werden. Andere aber, weder an Rang noch an Zahl gering zu schätzen, tragen für das, was »Erkenntnis« heißt, einen Maßstab in sich, dem durch das Erreichbare kein Genüge geschieht. Ihre Erkenntnisforderung übersteigt ihre Erkenntnismöglichkeit ... »Erkenntnis« ist die Realisation des Sinnverhaltes durch den konkreten Erkenntnisakt. Der Geist des Menschen übersteigt wohl die eigene Endlichkeit auf das Absolute hin, ist aber selbst, als Seiendes, nicht absolut. Er steht in Annäherung an das Absolute, erreicht es aber nicht. Vollkommene Erkenntnis würde bedeuten, daß der Akt mit seiner lebendigen Energie dem Charakter des erkannten Sinnverhalts entspräche; ebenso absolut im Sein wäre, wie der Sinnverhalt es in der Geltung ist. Das ist aber nur bei Gott so, nicht beim endlichen Geist. Letzterer weiß wohl, daß die Gültigkeit des Erkannten absolut ist, vermag diese Absolutheit aber nicht durch einen ebenbürtigen Akt zu realisieren. So bleibt eine Ungemäßheit, welche die Einsicht mit ihrer eigenen Kraft nicht überwinden kann. Es bedarf dazu eines außernoëtischen Aktes, worin die lebendige Person des Erkennenden in den Bezug zwischen Erkenntnis-Subjekt und Erkenntnis-Gegenstand eintritt und »entscheidet«, Zwei sei die Hälfte von Vier. Sie verbürgt sich mit ihrer Wahrheitsehre dafür, daß es so sei, und bringt dadurch jene Nicht-Endgültigkeit, von welcher die Rede war, zum Stehen. Das geschieht im Urteil[47]. Was über das Verhältnis der Reali-

---

[47] Für die Veranlagung, um die es sich handelt, bleibt der Entscheidungscharakter des Urteils immer fühlbar. Die Ungemäßheit, von welcher die Rede war, wird dadurch nicht aufgehoben, sondern nur festgelegt und bildet die Wurzel, aus welcher unter Umständen der grundsätzliche Zweifel an der Möglichkeit des Erkennens überhaupt, die Skepsis, aufsteigen kann. Letztere

sationskraft des Erkenntnisaktes zur Wahrheit gesagt wurde, gilt auch für das Verhältnis, in welchem die Gesamtexistenz des Menschen zu ihrem Lebenssinn steht. Ewiges Dasein bedeutet das endgültige Begründetsein der individuellen Existenz im Heil, das heißt in Gott. Zu einer solchen Begründung kann aber der Mensch nicht durch sich selbst gelangen. Einmal deshalb nicht, weil das Heil ja Gnade, und daher der eigenmächtigen Ergreifung durch den Menschen entzogen ist. Dann aber, und das geht uns hier an, weil es nicht nur absolut, sondern das Absolute selbst, nämlich Gott, der Mensch aber endlich ist. So bedarf es auch hier einer »Definition«, eines »Urteils«. Die Kraft des Menschen vermag es nicht aus Eigenem herauszuholen, da es ja dabei nicht um einen Teilakt geht, dessen letzte Unbestimmtheit durch das Vortreten seines personalen Zentrums definiert werden könnte, sondern um seine Existenz überhaupt. Nur Gott ist zu einer solchen Definition imstande, und Er vollzieht sie im Gericht. Dessen Urteil definiert den Menschen, der Geschichte gelebt und vollbracht hat, aus eben dieser Geschichte heraus auf sein ewiges Dasein, das heißt, auf sein Verhältnis zu Ihm selbst hin. Es ruht, wie oben gezeigt wurde, auf dem Tun des Menschen, so schafft es Gerechtigkeit; es ist Ausdruck der Souveränität Gottes, welche selbst in keine Regeln eingeschlossen werden kann, so vollendet es die Ordnung der Gnade. Der Mensch muß es von der Freiheit Gottes entgegennehmen; sobald er es aber empfängt, weiß und bekennt er: es ist recht.

Durch das Heils- beziehungsweise Unheilsurteil offenbart das Gericht die Vorsehung und vollendet sie zugleich. Was aber an

bedeutet weder eine Unsicherheit in der Feststellung der Tatsachen, noch eine Unklarheit in den logischen Operationen, sondern ein Unzulänglichkeitsgefühl des Erkennens überhaupt. Daher das solchen Naturen eigentümliche Verlangen nach einer unmittelbaren Vergewisserung im Erlebnis, letztlich in der mystischen Erfahrung. Die platonische Theorie vom Schauen der Idee scheint hier eine ihrer psychologischen Wurzeln zu haben; ebenso wie die Lehre Augustins von der Einstrahlung des intelligiblen Lichtes wohl nur von hier aus verstanden werden kann.

alledem noch unverstehbar bleiben muß, weil sein Verständnis die Einsicht Gottes voraussetzen würde – dieser Rest von Geheimnis wird Anlaß und Inhalt der Anbetung sein.
Doch so ist es noch falsch ausgedrückt. Es ist kein »Rest«, der übrig bliebe, weil die Kraft nicht zum vollen Begreifen ausreicht, sondern etwas Wesentliches: der Charakter, der dem Ganzen, auch dem Begreifen selbst, eignet, weil der Selbstherrliche und Unbegreifliche, der die Welt geschaffen und geführt hat, es ist, der sie auch richtet. Diesen Charakter wird der Mensch, der in der Liebe steht, als Herrlichkeit erfahren und in Freude anbeten.

Die Vorsehung und die Werte des Schicksalsverhältnisses

Wie steht nun das Leben im Vorsehungsbezug zu allen jenen Werten, die sich in der Auseinandersetzung mit dem Schicksal realisieren? Einige Überlegungen und Hinweise sollen auch dieses Kapitel schließen.
Protestiert nicht der kraftvolle Mensch gegen den Vorsehungsglauben, weil er ihn zum Kinde macht? Muß das Gefühl, Gegenstand liebender Sorge zu sein, ihm nicht auf die Nerven gehen, so daß ihm der Schicksalskampf mit all seiner Furchtbarkeit würdiger erscheint, als die angebotene Liebeswelt? Wo bleiben in dem von der Vorsehung behüteten Leben die Antriebe zum weitschauenden Planen, zum klugen Abwägen, zum raschen Angreifen und Abwehren, zum Erfinden und Sich-Anpassen, zur zähen Durchsetzung des eigenen Willens sowohl wie zum reif machenden Verzicht? Wo bleibt die Mündigkeit des für die eigene Aufgabe und Verantwortung erwachten Menschen? Wo die Tragik, welche das Dasein wohl schwer macht, aber auch dessen Herrlichkeit bezeugt? Auf den Einwand ist nicht leicht zu antworten, weil so viel an der konkreten Erscheinung des christlichen Daseins sein Recht bestätigt.

Zuerst muß aber die Gerechtigkeit des Fragens hergestellt werden. Was zum Vergleich steht, dürfen nicht der schwächliche Christ auf der einen und der tapfere Schicksalsgläubige auf der anderen Seite sein. Gewiß gibt es den Menschen, der einen gutmütigen Himmelsvater sorgen läßt und dabei weichlich und träge wird – es gibt aber auch die negativen Wirkungen des Schicksalsglaubens: das Ausgeliefertsein an eine verantwortungslose Macht, das Bewußtsein einer entwürdigenden Sinnlosigkeit, die dumpfe Ergebung ins Unverstehbare und Übermächtige, die dunkle Angst auf dem Grunde des Lebens, was alles sich gewiß nicht zur Größe auswirkt. Anderseits ist das Stehen in der Vorsehung, das wurde bereits betont, nicht nur Gabe und Hilfe, sondern auch Aufgabe und Forderung. Das Wesentliche des Vorsehungsglaubens bedeutet nicht, sich einem freundlichen Vater in die Arme zu werfen, der alles in Ordnung bringt, sondern in Gottes Sorge für sein Reich, also in die Mitverantwortung für die schlechthin entscheidende Angelegenheit einzutreten. Mithin steht im Kern der Vorsehungsbotschaft der Aufruf zum höchsten personalen Ernst, und das Vorsehungsverhältnis wird in dem Maße verwirklicht, als jene Mitverantwortung übernommen und vollzogen wird.

Wie sich nun diese Beziehung näherhin gestaltet, hängt von den verschiedenen Bedingungen ab, welche durch die Eigenart der Zeit und des Volkswesens, durch die Charakterveranlagung, die Umwelt und die besonderen Lebensverhältnisse des Einzelnen gegeben sind. Innerhalb dieses Grundbezuges kehren die Werte, von denen oben die Rede war, wieder, aber gereinigt und in einen neuen Sinn gehoben. Die Gestalten der großen christlichen Persönlichkeiten, vor allem die Heiligen, bilden eine förmliche Phänomenologie der Weisen, wie die Werte starker und reicher Menschlichkeit im Vorsehungsbezug verwirklicht werden können. Die herrliche Sorglosigkeit absoluten Vertrauens, welche ein Franziskus von Assisi auf Grund vorbehaltloser Hingabe an den Willen Gottes verwirklicht, unterscheidet sich eindrucksvoll von der besonnenen, in altüberkommener Regierungskunst wurzelnden Haltung eines Ambrosius von Mailand. Das Leben der großen Glaubensboten enthält alle Tapferkeit des Kämpfens und alle Größe einsamen Sterbens, aufgenommen in das Bewußtsein ewigen, in Gott begründeten Lebens. Die Ablösung der Seinsschalen und Existenzschichten bis auf den letzten Kern, welche das Wesen der stoischen Haltung ausmacht, kann nicht vollkommener verwirklicht werden, als es, in radikaler Erfüllung des Wortes vom »Einen Notwendigen«, die großen Asketen getan haben. Was aber die Liebe angeht, welche das Herz ruft, es von einem Opfer zum anderen führt, Bindung um Bindung zerreißt und das ganze Sein in einer einzigen Flamme sich verzehren läßt, so übertreffen die Schicksale der heroisch Liebenden ganz gewiß nicht das, was eine Elisabeth von Thüringen oder eine Franziska von Chantal durchlebt haben. Derart wäre noch vieles zu sagen, vor allem aber zu zeigen, wie jene Werte und Haltungen, die im Dasein der Großen groß sichtbar werden, auch in dem der anderen je nach Gabe und Bereitschaft erscheinen. Der Vorsehungsbezug bildet die letzte Wahrheit und ist daher allumfassend. Er kann in so vielen Weisen realisiert werde, als es Weisen und Rangstufen des Menschlichen gibt.

Das bedeutet aber, noch einmal gesagt, für den Christen, daß er mit seiner Selbständigkeit auch wirklich ernst mache; und eine ehrliche Prüfung der Tatsachen muß zum Ergebnis kommen, daß die – gewiß notwendige – Betonung der Autorität und des ihr geschuldeten Gehorsams den Blick von den Aufgaben eigenen Urteilens, sittlichen Entscheidens und persönlichen Eintretens zuweilen in einem beunruhigenden Maße abgelenkt hat. So ist hier viel einzusehen und nachzuholen.
Dazu veranlaßt unter anderem ein durch die Entwicklung der Menschheit nahegelegter Gedankengang. Seit dem Beginn der Neuzeit ist ihre Macht über die Natur wie über das Menschenwesen selbst immer rascher gewachsen. Diese Macht hat bereits ungeheure Maße erreicht, und fürs erste ist keine Grenze abzusehen. Auch hat sich von Nietzsche her eine Bewertung

der Macht herausgebildet, die schon eine Art Religion darstellt, denn sie wird darin zum Ein-und-Alles, das sich über Wahrheit, Gerechtigkeit und Menschlichkeit stellt und eine absolute Souveränität beansprucht. Das veranlaßt zu einer Frage, der das allgemeine Bewußtsein lange aus dem Wege gegangen ist, nämlich welchen Sinn die Macht habe? Die Antwort kann nur lauten, daß sie in sich zweideutig ist. Es war der Irrtum eines primitiven Fortschrittglaubens, zu meinen, dadurch, daß der Mensch mehr Herrschaft über die Natur gewinne und sie zu neuen technischen Leistungen zwinge, nehme der Wert seines Daseins ohne weiteres zu. In Wahrheit empfängt die Macht ihre Bestimmung erst durch den Wert, dem sie dient. So bedeutet zunehmende Macht eine beständig wachsende Gefahr. Angesichts der dem Menschen zu Gebote stehenden Energien ist es keine Utopie, zu denken, sie könnten nicht nur seinen physischen Bestand, sondern auch die Ordnung seines seelisch geistigen Lebens in Frage stellen.
Macht ist in dem Maße gut, als sie durch sittlichen Charakter verantwortet, durch Urteilsfähigkeit und Selbstbeherrschung gesichert wird. Die erste Voraussetzung dafür ist aber, daß der Mensch sich in die Daseinsführung des Herrn der Welt einfüge. Anderseits vergißt der Christ sehr leicht, daß er für die Welt verantwortlich ist. Und zwar positiv; er soll nicht nur sorgen, daß in seinem Bereich kein Unrecht geschehe, sondern auch, daß die Dinge der Welt in Ordnung seien. So muß er sehen, daß die neuzeitliche wissenschaftlich-technische Entwicklung Probleme heraufgeführt hat, die es früher nicht gab. Wenn nicht unabsehliches Unheil eintreten soll, müssen sie gelöst werden – vor allem dadurch, daß eine sittlich-geistige Haltung entwickelt wird, welche den ungeheuren, zur Verfügung kommenden Kräften gewachsen ist.
Von nichtchristlicher Seite ist der Gedanke ausgesprochen worden – es war bereits davon die Rede – der mündig gewordene Mensch müsse die Rechte und Verantwortungen, Haltungen und Leistungen, welche bisher Gott zugeschrieben wurden, selbst übernehmen; das heißt aber im Zusammenhang

unserer Frage, die Vorsehung müsse zur Sache des Menschen werden, denn der Mensch sei so weit, daß er die endgültige Herrschaft über die Welt antreten könne. Wendet der Gläubige ein, dazu bedürfe es der Allmacht, dann lautet die Entgegnung: »Allmacht« bedeutete bisher die primitiv-absolutistische Formel, mit welcher der noch unmündige Mensch eine Haltung, die ihm noch zu schwer war, auf den großen »Anderen« warf. Das war gut, solange er der Entlastung bedurfte, um unbeschwert wachsen zu können; jetzt braucht er keine Schonung mehr. Er kann, also soll er auch; wer aber noch nicht kann, mag an der Forderung zugrunde gehen und Stärkeren Platz machen. Der Mensch soll nicht allmächtig in dem Sinne sein, wie eine untergegangene Metaphysik sich Gott dachte, sondern die realen Möglichkeiten erkennen, welche in der Welt und in ihm selbst liegen, sie in die Hand nehmen und mit dem Werk beginnen. Dieses nur auf sich selbst gestützte Voranschreiten ins Unabsehliche ist die wahre, menschliche Allmacht. Wendet der Gläubige weiter ein, zur Souveränität der Weltherrschaft bedürfe es der Allwissenheit, dann lautet die Antwort entsprechend: Nicht jener fertigen »Allwissenheit«, zu der ein absolutes Wesen gehört, das es nicht gibt, sondern der des Menschen in der Welt, dessen Wissen zwar endlich ist, aber immer weiter vordringt. Wenn er es mit seiner Erkenntniskraft wagt; wenn er zu forschen beginnt, ohne vor irgendeiner Konsequenz zurückzuschrecken, dann öffnet sich die Bahn ins Unendliche, und das ist die wahre Allwissenheit. Entschließt der Mensch sich zu alledem, dann vermag er auch die Vorsehung in die Hand zu nehmen, denn sie darf nicht nach dem Bild eines metaphysisch-absoluten Wesens gedacht, sondern muß ins Endlich-Menschliche übersetzt werden. In der Entschlossenheit dieser Übersetzung, worin der Mensch sich selbst auf Sein und Nichtsein wagt, liegt die wirkliche »Absolutheit«.

Vorsehung bedeutet dann vor allem die Fähigkeit, das Kommende vorauszusehen, das Geflecht der Ursachen zu durchschauen und zu erkennen, was sich daraus ergibt. Richtiger gesagt, soviel zu durchschauen als nötig ist, um nicht alles, aber das Dringliche zu erkennen: jeweils das, was der geschichtlichen Stunde nach geschehen soll. Sie bedeutet die Fühlung mit der inneren Bewegung der Geschichte, mit dem schöpferischen Grund des Weltgeschehens. Das Sein ist voll Möglichkeit; es gibt her, was der des Forderns fähige Wille ihm abverlangt. Es ist plastisch bis in seine Wurzeln und wird zu dem, was der befehlsfähige Wille ihm gebietet. Unter allen Gestalten und Geschehnissen liegt der Schoß des Werdens: der Mensch soll nicht warten, was von selbst aus ihm kommt, sondern bestimmen, was zu kommen habe. Der mündige Mensch muß lernen, zu planen, zu züchten und das Ungewordene, noch nicht Gewesene ins Dasein zu rufen. Er muß das Urteil gewinnen, wann es Zeit ist, daß etwas werde – ebenso wie darüber, wann etwas seine Zeit gehabt und verschwinden muß, um Neuem Platz zu machen.

Der Mensch hat niemanden, seine Sache zu führen, als sich selbst. Auch bisher schon war in Wahrheit er es, der sein Leben geführt hat. Da er aber nicht mündig war, hat er es unbewußt getan, richtiger gesagt, seine Natur in ihm hat es getan; und damit das in Sicherheit geschehen könne, hat sie sich die Schutzformel geschaffen, Gott tue es. Nun muß er sehen, daß er es ist, der führt und diese Führung entschlossen in die Hand nehmen. Er muß sich selbst kennen lernen. Und nicht nur das Bewußte, sondern auch das Unbewußte. Dann lernt er verstehen, was die Signale der schaffenden Tiefe in ihm selbst, Träume und Krankheiten, Mahnungen und Warnungen, bedeuten. Er begreift den eigentlichen Sinn der Mythen und Glaubenslehren; und während der Voranstrebende sie bisher um seiner Freiheit willen ablehnen mußte, sieht der Sichergewordene nun, daß sie in Wahrheit nur von Einem, nämlich von ihm selbst und seiner Weltherrschaft reden, und nimmt sie in Dienst. Nun bekommt das, was Erziehung heißt, erst seinen vollen Sinn: sie ist nicht mehr nur die Bemühung des Erwachsenen, das werdende junge Leben in die bestehenden Ordnungen einzufügen, sondern die Arbeit an der Zukunft im absoluten Sinn. Sie nimmt nicht den Menschen hin, wie er ist, sondern entwirft das Bild, wie er sein soll und, wissend, wie die Natur arbeitet, verwirklicht sie es zielbewußt im Laufe der Generationen. Zugleich dringt die Wissenschaft immer weiter zu den Formbarkeiten der Natur vor und setzt die Technik in den Stand, immer unmittelbarer aus den ersten Gegebenheiten heraus zu schaffen. So bereitet sie dem Menschen, den die Erziehung heraufführt, das Feld zu immer höheren Möglichkeiten – ebenso wie die Erziehung den wachsenden Möglichkeiten den zuführt, der sie zu bewältigen vermag. Diese Gedanken gehen, mehr oder weniger klar ausgesprochen, im Geiste des heutigen Menschen um. Welcher Frevel und welche Gefahr in ihnen liegen, ist leicht zu sehen – schwerer, worin sie recht haben. Und etwas in ihnen hat wirklich recht. Die Welt ist in einem ganz anderen Maße, als die vergangenen Zeiten ahnen konnten, in die Hand des Menschen gegeben. Nicht nur die Welt draußen, der Dinge, Gestalten und Kräfte, sondern auch die drinnen, das lebendige Menschenwesen, Leib und Seele. Die Macht des Menschen über die Welt wird schwindelerregend groß. Die Absicht Gottes, der den Menschen nach seinem Ebenbilde, das heißt aber, mit der Fähigkeit, zu herrschen, geschaffen hat (Gen 1,26), geht offenbar in einem erschreckenden Maße über das hinaus, was gebundenere, eben damit aber auch gesichertere Zeiten wissen konnten. Der Gläubige hat das Maß der ihm von Gott verliehenen Herrschaft bisher offenbar viel zu gering, die Größe, nein die Art seiner Verantwortung viel zu harmlos gedacht. Er hat sich das Ganze etwa unter dem Bilde eines gütigen Vaters vorgestellt, der seinem Sohne eine Stätte der Arbeit schafft und ihm Stoffe und Werkzeuge in die Hand gibt, damit er gute Dinge hervorbringe, während er selbst darüber wacht, daß alles in der rechten Ordnung bleibt. Dieser Sohn kann wohl das Werkzeug verderben, Material vergeuden, allerlei Unheil anrichten, aber nicht über gewisse Grenzen hinaus, weil ihm die Ordnung seines Daseins selbst entzogen bleibt. Das Bild traf auf jener Stufe der Geschichte zu, die man mit einem ungenauen

Wort die organische nennen kann, als nämlich die Initiative des Menschen über gewisse, durch die unmittelbaren Gestalten der Natur gezogene Grenzen nicht hinausging. Jetzt trifft es nicht mehr zu, und es hat wenig Sinn zu sagen, das sei gefährlich. Gewiß ist es gefährlich; wir haben aber keinen Anlaß, anzunehmen, der Auftrag Gottes beschränke sich auf ein ungefährliches Verhältnis zur Welt. Wir werden vielmehr aus der Wahrheit, daß Gott ein freies Geschöpf geschaffen und ihm die Welt in die Hand gegeben hat, weiter gehende Konsequenzen ziehen müssen, als bisher, sowohl für den Ernst seiner Zumutung, wie auch für die Gefährlichkeit der dem Menschen anvertrauten Macht. Wir dürfen die Weltregierung Gottes nicht als eine Behütungsordnung ansehen, in welcher der Mensch fromm und sicher existiert, sonst überlassen wir die Größe des menschlichen Daseins den Händen des Unglaubens, und das Glauben wird zu einer Sache der Furchtsamen. In Wahrheit gehört alle Größe Gott, und das Schreckliche ist nur ein Bild Dessen, der, so oft Er an den Menschen herantritt, als Erstes ihm die Worte zuspricht: »Fürchte dich nicht!« So ist auch das Wagnis der mit Wissenschaft und Technik gegebenen Weltgestaltung ein Teil seiner Weltregierung, und der Christ muß dazu bereit sein.

Der Satz, der Mensch habe selbst die Vorsehung zu übernehmen, ist Frevel und Verderben, denn er greift das Königsrecht Dessen an, der allein von Wesen zu herrschen vermag. Wahr ist aber, daß Gottes Vorsehung die Voraussicht, Führungsfähigkeit und Gestaltungskraft des Menschen in einem früher nicht erkennbaren Maße in ihre Planungen eingesetzt hat. So muß aus dem christlichen Glauben heraus eine Ethik der Selbständigkeit, ein Bewußtsein von den Pflichten und Rechten des mit dem Weltwerk Beauftragten und eine Kraft des Handelns entwickelt werden, welche dem Auftrag entsprechen[48].

---

[48] Damit soll gewiß kein Aktivismus gepredigt werden. Jeder hat das Seinige dort zu tun, wo er steht. Wenn seine Veranlagung und religiöse Berufung ihn zu einem nach innen gewendeten Leben führt, wird er ihr folgen. Wenn er zur großen Zahl jener gehört, denen das Unheil der letzten Jahre Mittel und

Es muß gezeigt werden, daß nur der Glaube fähig macht, in der Ungeheuerlichkeit der Macht wahr, ruhig und stark zu bleiben.

Exkurs: Das Tragische

Aus der Fülle der vom Vorsehungsglauben her sich erhebenden Fragen soll noch eine zu Worte kommen: ob es in dem durch die Vorsehung bestimmten christlichen Dasein den Charakter des Tragischen gebe. Dieser kann in den verschiedensten Zusammenhängen auftauchen. Ihn steigernd und deutend zugleich, so daß sein Wesen sich rein erschließt, stellt ihn die Dichtung, vor allem die Tragödie dar. Ein rascher Überblick soll einige ihrer Formen aneinanderreihen, um so jenen Charakter selbst näher bringen.

Für das abendländische Bewußtsein steht am Anfang die antike Tragödie. Sie ruht auf der Voraussetzung, daß jeder Bereich der Welt seinen Sinn in sich trägt und göttlich ist. Der Mensch existiert in den verschiedenen Bereichen, so haben sie Macht über ihn und Recht an ihn; und zwar alle, auch wenn sie zu einander im Gegensatz stehen. Wenn Paris Helena raubt, folgt er dem Gebot Aphrodites, und sie ist ihm freund; ebendamit verletzt er aber die Ehe des Menelaos, und Hera, welche deren Gesetz schützt, wird ihm feind. Das heißt nicht, daß der Bereich des Eros böse, jener der Familie aber gut wäre; gut, richtiger gesagt, für das Dasein wesentlich und mächtig, sind

Möglichkeiten genommen hat, so daß sie nichts vermögen, als sich um die Erhaltung ihres Lebens zu mühen und damit auf Gottes Vorsehung zu vertrauen, dann werden sie das tun und wissen dürfen, daß sie dadurch, wenn sie es richtig tun, ebenfalls zur Lösung der Weltaufgaben beitragen – vielleicht mehr, als Leute, deren Namen überall genannt werden. Auch hier wird erst das Gericht kund machen, wer die eigentlich Wirkenden gewesen sind. Für uns geht es um einen Charakter des christlichen Verhältnisses zur Welt, der gesehen werden muß, soll nicht der Sinn der geschichtlichen Stunde gläubig gesprochen, der Wille Gottes versäumt werden.

beide, und beide nehmen den Menschen in Anspruch. Sie widerstreiten aber einander; dadurch entsteht eine Ausweglosigkeit und diese führt zur Katastrophe. Der Mensch – hier Paris selbst und, um seiner Tat willen, ganz Troja – zerbricht. Beide Gottheiten haben ihren Willen bekommen; das Ganze des Daseins steigt auf, und der Strom des Lebens hat wieder freie Bahn. So das Ereignis am Anfang eines ganzen Sagenkreises, aus welchem eine Reihe von Tragödien hervorgehen. Es ist typisch für das Wesen der frühantiken Tragik überhaupt, die im Mythischen wurzelt und zum Wesen des Daseins selber gehört[49].

Ihr ist jene Shakespeares verwandt. Man könnte sagen, das Antik-Tragische erscheine bei ihm im Gefüge der Seele, des Geistes, des Charakters. Der einzelne Mensch hat seine besondere Veranlagung, seine Instinkte und Triebe, seine unmittelbaren Wertbilder und Ideale. Sobald er sein Wesen lebt, kommt er mit dem Anderen, der das seinige verwirklicht, in Konflikt. So bildet sich wiederum eine Ausweglosigkeit, die zum Untergang führt. Der Konflikt mag ethisch ausgedrückt werden, wodurch dann der Untergang ebenfalls ethischen Charakter bekommt; im Grunde ist er es ebensowenig, wie jener der antiken Tragödie. Es handelt sich vielmehr um den Charakter der Menschenwelt selbst, die so gebaut ist, daß die einzelne Gestalt, sobald sie kräftig wird und tut, was ihr Wesen fordert, mit der anderen und mit dem Ganzen zusammenstoßen muß. Dann kommt die Katastrophe, und der Weg wird wieder frei. Ein Erbe ist da, der das Leben weiterführt.

Diese Formen des Tragischen scheinen die ursprünglichen zu sein[50].

---

[49] Wie diese Form des Tragischen sich dann ethisch und psychologisch lockert, kann nicht weiter verfolgt werden.

[50] Sie erfahren eine Steigerung durch gewisse Meister des modernen Romans, für welche die hohen Werte, vor allem die Liebe und die Ehre, derart hoch stehen, daß sie in der Welt, wie sie ist, keinen Raum finden (Balzac, Dostojewskij, J. Conrad u.a.). Ebenso in der Philosophie der bloßen Endlichkeit, die auf Nietzsche ruht und sich durch Gedanken- und Gefühlsmotive aus der altnordischen Welt fortentwickelt hat. Sie geht vom Dasein aus, wie es sich

Die neuzeitlich-klassische, französische wie deutsche Tragödie wendet das Verhältnis ins Ethische. Sie schildert den großen Menschen mit seinen entschiedenen Eigenschaften und Kräften, guten, aber auch schlimmen. Im Grunde will er das Rechte, fehlt jedoch im Einzelnen. Diese Verfehlung ist nicht so groß, daß sie das ganze Bild ins Böse zu rücken vermöchte, sie tritt aber grell hervor; so offenbart sich gerade an ihr der absolute Charakter des Sittlichen. Vom großen Menschen, an welchen die höchsten Ansprüche gestellt werden müssen, begangen, erscheint das Unrecht in seiner ganzen Verwerflichkeit und wird mit der äußersten Strenge gerächt. Der Held geht zugrunde; durch die Aufopferung seiner reichen Existenz wird aber die sittliche Weltordnung erschütternd bestätigt, und er selbst gewinnt einen neuen Charakter. Über seinem Untergang leuchtet ein Glanz auf. Was dieser bedeutet, ist schwer zu sagen; im Grunde handelt es sich wohl um einen Nachschimmer der christlichen Ewigkeit. Jedenfalls bringt er über den Zuschauer nach der Erschütterung durch Schuld und Untergang eine näher nicht zu bestimmende Zuversicht.
Als letzte Form mag die Tragik im Drama der Jahrhundertwende genannt sein. Sie besteht im Untergang einfachhin. Es gibt keine wirklich verpflichtenden Normen mehr. Der einzelne Mensch sowohl wie die Gesellschaft sind noch reich an Werten und Kräften, tragen aber überall die Keime des Zerfalls in sich. Im Grunde sind sie weder fähig noch würdig, zu existieren, und die Tragödie offenbart die Unausweichlichkeit der Zerstörung. Wer diese Tragik erlebt, erkennt, was ist – etwa mit Ibsen die überall fressende Lebenslüge. Er sieht, daß keine Besserung möglich ist, und nimmt den Untergang an; entweder in hoffnungsloser Resignation, oder in einer grimmigen

---

der Erfahrung darbietet. Dessen nicht aufzuhebende Unzulänglichkeit ist aber kein Anlaß, zu einem Absoluten vorzudringen, sondern will als Wesen des Seins überhaupt verstanden sein. Es gibt nur dieses in jeder Hinsicht endliche Dasein, sonst nichts; so muß es angenommen und sein Sinn ausschließlich in ihm selbst gefunden werden. Damit wird das Existieren von Wesen tragisch.

Tapferkeit, welche weiß, daß nur so dem Besseren Platz gemacht werden kann.

Was ist also das Tragische? Vielleicht kann man aus dem Zusammenhang der voraufgehenden Überlegungen heraus sagen, es sei die Ausweglosigkeit des Schicksals in einer Welt, die in sich selbst zugeschlossen ist, so daß der Mensch nicht von ihr an anderes appellieren kann. Diese Verschlossenheit gibt es nach der Offenbarung nicht mehr, denn in Christus ist die Welt offen geworden. Er ist wesenhaft »der Weg«, vom Lebendigen Gott zu uns und von uns zu Gott. Durch Christus kann vom unmittelbaren Gang der Geschehnisse an den verborgenen Sinn der göttlichen Führung appelliert werden. Selbst noch das Schlimmste steht in der Vorsehung; selbst der dunkelste Untergang ist auf die Auferstehung bezogen.
Verschwindet dadurch aber nicht eine letzte Größe des Daseins, welche furchtbar und herrlich zugleich ist? Wir stehen am gleichen Punkte, wie in den vorausgehenden Überlegungen. Nein, was verschwindet, ist die Ausweglosigkeit und – gemessen an den unaufgebbaren Rechten der Person – Sinnlosigkeit der vom Schicksalsglauben bestimmten Existenz. Wohl mögen dadurch auch gewisse Werte verloren gehen, die nur auf dem Grunde solcher Hoffnungslosigkeit gedeihen können; das darf aber die Tatsache nicht verdecken, daß sie selbst radikale Wertaufhebung ist. Und da es sich um die letzten Entscheidungen handelt, soll der Mensch wach sein und scharf hinhorchen: dann wird er merken, welch substanzloses Gerede der Lobpreis der tragischen Werte in der Regel ist.
Die christliche Haltung wird von einem Ernst getragen, der tiefer und größer, nein von wesenhaft anderer Art ist als der des tragischen Weltbildes. Ob dieser sich nun auf das Leben, oder die Ehre, oder das Werk, oder die Zukunft, oder, schließlich, auf irgendwelche bloße Tapferkeit und Haltung bezieht – was ihn trägt, ist entweder das Pathos des Unendlichen, des Immer-Weitergehenden, des »Alls«, oder, auf dem Gegenpol, das der tragischen Endlichkeit, beides aber gehört zum Trug

des unerlösten Bewußtseins. Der Christ ist im tiefsten Innern ernüchtert, aber nicht auf das Alltägliche, sondern auf die Wahrheit hin. Wie Christus »das Religiöse« entzaubert und an seine Stelle die Strenge des Glaubens und den Gehorsam gegen den Lebendigen Gott gesetzt hat, so ist auch das Tragische mit seinem Pathos und seiner Verzweiflung entzaubert und an seine Stelle der christliche Ernst mit seinem Mut zur Wahrheit und seiner unzerstörbaren Hoffnung getreten. Es ist viel leichter, sich in ein dionysisches All zu werfen, oder in einer »ausgesetzten« Endlichkeit Stand zu halten, als zu wissen, daß für den guten Willen jede Situation ins Ewig-Gute führt – freilich durch eine Wahrheit, welche keinen Rausch duldet, eine Gerechtigkeit, welche jede Tat einem untrüglichen Gericht unterwirft, und ein Opfer, das für immer durch die Worte vorgezeichnet ist: »Vater, nicht wie ich will, sondern wie Du« (Mt 26,39).

Die Frage muß aber noch einmal tiefer angesetzt werden. Gibt es nicht doch in der von der Offenbarung gezeichneten göttlichen und geschöpflichen Wirklichkeit Elemente, welche tragisch genannt werden müssen – so sehr, daß von ihnen her die ganze Gottesvorstellung und das durch sie bestimmte Dasein den gleichen Charakter empfängt?
Wie kann in einer von Gott geschaffenen Welt das Böse und die durch es verursachte Zerstörung sein? Gott wollte doch die Welt gut und heil; ist sie Ihm nicht in Wahrheit mißglückt? Die Antwort lautet: Gott hat gewollt, daß sich die Welt in der Freiheit des Menschen vollende, so mußte Er dieser Freiheit auch den Raum der Entscheidung geben, sogar gegen Ihn selbst. Nun hat aber Gott von Ewigkeit her gewußt, wie diese Entscheidung fallen würde: warum hat Er dann die Welt überhaupt geschaffen? Man könnte erwidern, mit solchen Fragen betrete der Mensch den Bereich des absoluten Geheimnisses; darum müßten sie und mit ihnen jede versuchte Antwort notwendig schief werden. Trotzdem muß der Mensch sie stellen, weil er das, was ihn am Charakter des Daseins zutiefst be-

drängt, nicht anders ausdrücken kann. Warum hat also Gott eine Schöpfung, von der Er voraussah, daß sie diesen Gang gehen würde, zur Wirklichkeit gemacht?

Ja die Frage verschärft sich noch. Es ist nicht so, daß Gott, in olympischer Unberührtheit thronend, die Welt mit ihrem Unrecht und Unheil unter sich ließe, sondern Er nimmt sie in einer Ihn selbst angehenden Weise ernst. Die fortschreitende Enthüllung dieses Ernstnehmens bildet geradezu den Gang der Offenbarung. Wir lesen, daß Gott die Welt nach Seinen Gedanken und den Menschen nach Seinem Ebenbild geschaffen hat. Das bedeutet nicht nur, daß die Welt als Werk richtig ist, sondern auch, daß der Schöpfer ihr die in Seinem eigenen Wesen – siehe Joh 1,1-3 – begründeten Sinngestalten anvertraut und so in ihr gleichsam Seine Ehre eingesetzt hat. Im Laufe des Schöpfungsberichtes nennt Er selbst sie immer wieder »gut«, am Ende »sehr gut« (Gen 1) und verbürgt sich damit für ihren Wert. Dann mißbraucht der Mensch seine Freiheit gegen Den, der sie ihm gegeben hat; Gott aber läßt die Schöpfung nicht fallen, sondern beginnt in ihr das Werk der Erlösung. Er macht sich zu ihr auf den Weg, kommt, ist bei ihr, handelt an und mit ihr[51]. Das alles gipfelt in der Menschwerdung. Sie bedeutet nicht nur, daß Gott im Raum der Welt erscheint, zu ihr spricht, in ihr handelt, sondern daß Er in eine nicht enger zu denkende Verbindung mit dem Geschöpf tritt. Indem der Sohn die Menschennatur in die Einheit Seiner Existenz aufnimmt, nimmt Er das Geschaffene in das göttliche Le-

---

[51] Über die Bedeutung dieser scheinbar anthropomorphen, in Wahrheit grundlegenden Begriffe siehe Guardini, Die Offenbarung, 1940, S. 53ff. Der entscheidende Schritt zum Verständnis der Offenbarung liegt darin, die Herrschaft der naturhaft-mythologischen wie der philosophisch-absolutistischen Kategorien zu überwinden und sie mit personal-geschichtlichen zu denken. Diese Überwindung hat grundsätzlich das Alte Testament vollzogen, und vollzieht sie immer aufs neue in dem, der sich ihm glaubend anvertraut. Darin besteht vor allem seine Bedeutung für die christliche Existenz. Sobald das Alte Testament entwertet wird, wirkt das sofort auf das Neue zurück, dieses gleitet ins Philosophische und Psychologische ab und wird bedeutungslos. Nicht umsonst haben die letzten Angriffe gegen das Neue Testament am Alten angesetzt.

ben auf. Gewiß ist diese Menschennatur von absoluter Reinheit; der ewige Sohn kommt aber als Erlöser, so ist das ganze Dasein Christi auf der Kategorie des »für uns« aufgebaut. Damit wird die Sünde, zwar nicht als selbstgetane Tat, wohl aber als stellvertretend aufgenommene Schuld sein eigen.

Wie kann das sein? Widerspricht das nicht allem, was »Gott« heißt? Ist Er nicht der Absolute, der nach Sein und Macht, Wert und Sinn, Tat und Seligkeit Vollkommene? Müßte da nicht auch Sein Werk vollkommen sein? Wie kann die von Ihm geschaffene Welt diesen Gang gehen? Wie kann Er, nachdem es geschehen ist, sich derart in sie einlassen? Was ist das für ein Gott, der sich so verhält? Ist Er nicht eine Selbstprojektion des Menschen ins Göttliche? Des Menschen, der sein Werk auf Wagnis hin unternimmt, dem es mißlingt, der aber, sei es aus Treue, sei es aus Notwendigkeit, sei es aus Verzweiflung, daran festhält und zu retten sucht, was noch zu retten ist? Muß ein solcher Gottesbegriff nicht von allen gereinigten Voraussetzungen her abgelehnt werden?

Hier kommt die Entscheidung, welche die Offenbarung stellt, in ihrer ganzen Schärfe zum Vorschein. Sobald ich sie nämlich nach den Maßstäben beurteile, die mein Empfinden vom richtigen Religiösen, oder mein Begriff vom absoluten Wesen mir geben, muß ich alle jene Momente, von denen die Rede war, ausscheiden und gelange so über verschiedene Zwischenstufen rationalisierter und ethisierter Christlichkeit schließlich zu einer radikalen Ablehnung. Will ich das nicht, dann muß ich mit dem, was »Offenbarung« heißt, vollen Ernst machen. Ich darf dann nicht von außen her, von irgendwelchen der Welt entstammenden, sei es erlebnismäßigen, sei es rationalen Voraussetzungen her über sie urteilen, sondern muß mich in sie stellen, um von ihr her mein Urteil über die Welt – die auch mein eigenes Erleben und Denken einbegriffen – zu bilden. Dann darf ich nicht mehr sagen: das oder das kann Gott nicht tun, weil es dem Begriff reiner Göttlichkeit widerspricht, sondern muß sagen: nach der Offenbarung tut Gott das, und darin zeigt Er mir, wie Er ist. Eine grundsätzliche Umwendung des Denkens also, die zu jener »Bekehrung« gehört, die Christus fordert, und auf welcher die christliche Existenz ruht. Diese enthält die religiöse Umkehr des Herzens von der Welt zu Gott, die sittliche vom Bösen zum Guten, aber auch die vom welthaften Denken zum christlichen. Das christliche Denken sagt nicht: das und das sind die Prinzipien der Richtigkeit, und die Offenbarung ist so weit anzunehmen oder abzulehnen, als sie ihnen entspricht oder widerspricht, sondern: die Offenbarung bildet den Anfang, und wahr ist, was von ihr her wahr ist[52]. So muß ich in der Bekehrung meines Geistes Gott als Jenen anerkennen, der, auch und vor allem in Seinem Sein, der absolute Herr ist, in der Souveränität dieses Herrentums sich offenbart und spricht: so bin Ich[53]. Von hier aus gesehen, sagt die Lehre von der Schöpfung: Gott ist so gesinnt, daß Er, der keines Dinges bedarf, vielmehr Herr schlechthin ist, neben sich, vor sich – die Kategorien fehlen, um dieses Grundverhältnis unserer Existenz auszusprechen – die endliche Welt gewollt hat, und zwar »von da ab für immer«. Er ist so gesinnt, daß Er die Wirklichkeit der Schöpfung gewollt hat bis zu ihrer Kulmination in der Freiheit, welche bedeutet, daß das Geschöpf in echter Initiative handeln könne, gemäß Gottes

---

[52] Der Verstand kann mit guten Gründen erkennen, daß diese Forderung sinnvoll ist und die Linien des natürlichen Daseins auf sie zulaufen. Die fortschreitende Denkerfahrung kann zeigen, daß das Denken, welches sie annimmt und den Engpaß durchschreitet, auf der anderen Seite eine Höhe und Klarheit gewinnt, welche ihr die Wirklichkeit der Welt überhaupt erst richtig zeigt. Das wäre eigens darzulegen; hier geht es nur um die Entscheidung selbst.

[53] Das ist klar und streng in jenem Ereignis ausgedrückt, welches die Grundlage alles rechten Denkens über Gott bildet, nämlich in der Ex 3,14 berichteten Vision auf dem Horeb, wo Gott auf die Frage des Moses, wie Er heiße, antwortet: »Ich bin, der Ich bin.« Und gleich nachher: »So sollst du zu den Söhnen Israels sprechen: ›Der Ich-bin hat mich zu euch gesandt‹.« Damit lehnt Gott jeden von der Welt her aussprechbaren Namen und Begriff ab. Nicht überhaupt, nennt Er sich doch selbst an vielen anderen Stellen der Schrift den Lebendigen, den Heiligen, den Gerechten, den Allmächtigen und wie noch. In dieser Stunde aber, am entscheidenden Anhub der heiligen Geschichte, sagt Er: Es gibt von der Welt her keinen Namen für Mich, und als Solchen sollt ihr Mich annehmen. Nachher mögt ihr Mich auf Grund von Erfahrung und Erkenntnis benennen, aber aus jener Umkehrung heraus, die der erste Glaubensgehorsam vollzogen hat.

Willen, aber auch im Widerspruch dazu; daß Er vorausgesehen, letzteres würde geschehen, und die Freiheit dennoch gewollt hat. Gott ist so gesinnt, daß Er die empörte und zerstörte Schöpfung nicht verworfen, sondern festgehalten, ja daß Er sie durch die Menschwerdung Seines Sohnes in Sein Leben aufgenommen hat, so daß es »fortan« – das Wort ist töricht, aber es zu vermeiden, wäre noch schlimmer – den »Gott für sich allein« nicht mehr gibt, sondern nur Jenen, aus dessen Dreieinigem Leben die zweite Person, der Logos, Mensch geworden ist.

Die Offenbarung sagt: Gott ist Jener, der so gesinnt ist – eine Botschaft von solcher Ungeheuerlichkeit, daß der Glaubende sie für gewöhnlich gar nicht realisiert. Tut er es aber, dann droht die Gefahr einer elementaren Abwehr: Einen solchen Gott kann es nicht geben! Ein solcher Gott widerspricht den Kategorien des Geistes, den Empfindungen des religiösen Erlebnisses, allem, was der Mensch von sich aus als für Gott gehörig ansieht. Es ist die Gefahr des Ärgernisses. Sie wird überwunden durch den Akt der Glaubensumkehr, welche spricht: Was da redet, ist Offenbarung. Gott ist so, wie Er sich in ihr zeigt. Was der Mensch von sich aus »Gott« nennt, ist ein Ablauf, eine Schwelle für den Absprung des Glaubens; wird es aber festgehalten und endgültig gesetzt, dann entsteht daraus der Trug des Religiösen, worin die Natur oder irgend ein Vollkommenheitsbild vergötzt wird. Eine solche Göttlichkeit, anfangend von den Numina der Naturreligionen bis zum absoluten Wesen der Religionsphilosophie, gibt es nicht. Der Gott, den »es gibt«, der wirkliche, lebendige, ist Jener, welcher sich in der Offenbarung zeigt. Mit Ihm hat es der Mensch zu tun, ob er will oder nicht für Zeit und Ewigkeit[54].

Was ist das aber für eine Gesinnung, welche sich darin zeigt, daß Gott das Endliche schafft, damit es, das Nicht-Notwen-

---

[54] Im übrigen führt die natürliche Gotteserkenntnis selbst dazu, Ihn als den jedes irdische Maß Übersteigenden anzusehen, so daß Er allein sagen kann, wer Er eigentlich ist.

dige, Wesenhaft-Entbehrliche, »neben« Ihm, »vor« Ihm sei? Daß Er der Freiheit Raum gibt auch wider Seinen Willen, welchen Er doch wollen muß, weil Er die Heiligkeit ist? Daß Er die Welt verwirklicht, obwohl Er weiß, sie wird diesen Weg nehmen? Daß Er nach ihrem Abfall ihr nachgeht, Mensch wird, ihr schuldbeladenes Sein durch das Geheimnis der sühnenden Stellvertretung in Seine Existenz aufnimmt? Diese Gesinnung ist die Liebe. Sofort müssen wir aber wieder unterscheiden, damit der heilige Begriff unversehrt bleibe: nicht jene gefühlshafte, sittliche, personale Haltung, welche sonst den Namen trägt, bloß etwa von allen Einschränkungen befreit und zu ihrer ganzen Sinnfülle freigegeben, sondern jene Gesinnung Gottes, die sich in der Offenbarung kund gibt – und die im Menschen erscheint, wenn er, von der Gnade getragen, sie glaubend nachvollzieht.

Wie steht es nach alledem mit unserer Frage? Ist ein solches Gottesverhalten nicht tragisch? Werden wir nicht förmlich gedrängt – und nun scheint sich das bereits Abgetane aufs neue, aber an der letzten, heiligsten, endgültig entscheidenden Stelle zu erheben – von einem »Schicksal« Gottes zu reden, und zwar von einem tragischen Schicksal? Leuchtet nicht gar hier auf, was überhaupt und eigentlich Schicksal ist, und wovon das irdische nur einen verworrenen Widerhall darstellt?

An sich scheint es ein Widersinn, mit Bezug auf Gott von einem Schicksal zu reden. Er ist der Herr einfachhin, so gibt es nichts, was Ihm gegenüberstünde, und aus dem Ihm etwas wie Schicksal kommen könnte. Er ist auch Herr über sich selbst, so gibt es in Ihm keinen Wesensdrang, dem Er folgen müßte. Gott ist absolut frei. Es wird uns aber geoffenbart, daß Er liebt, wahrhaft und wirklich liebt[55]. Wenn ein Mensch dem anderen bei allem Interesse objektiv gegenübersteht, berührt ihn dessen Ergehen nicht im Eigensten. Zwischen ihm

---

[55] Zum Problem von Liebe und Freiheit in Gott siehe Guardini, Welt und Person, 1940, S. 130ff [Mainz/Paderborn ⁶1988, S. 161ff] und: Die christliche Liebe, 1940, S. 19ff.

und jenem steht wie eine Schutzmauer die personale Exklusion: Er, nicht ich; ich, nicht er. Sobald er aber den anderen zu lieben beginnt, fällt die Mauer. Er wird offen, und was jenen trifft, trifft ihn selbst. Die Liebe macht, daß das Ergehen des Geliebten für den Liebenden selbst Schicksal wird. Durch sie bekommt das Schicksal Zutritt zum Raum der Person. Ebendas ist aber mit Gott geschehen. Die Offenbarung sagt uns, daß Er der Schöpfung von Anfang an in Liebe gegenübergestanden; daß diese Liebe fortgedauert hat, auch als der Mensch sich wider Gott empörte; ja daß sie da – so scheint es – noch größer geworden, aus einer noch viel innerlicheren Tiefe hervorgedrungen ist. So kann man kaum anders sagen, als daß die Schöpfung für Gott zum »Schicksal« geworden sei. Geradezu greifbar wird es in Christus, welcher die Epiphanie des unsichtbaren Gottes ist. In das Eigenste der göttlichen Gesinnung führt nicht eine Theorie absoluter Werte und Motive, sondern der Blick, der zu sehen sucht, wie Christus sich verhält und wie Sein Leben sich gestaltet: hat aber dieses Verhalten und Widerfahren nicht den Charakter tragischsten Schicksals?

Unsere Überlegung scheint sich im Kreis zu drehen, denn wir haben ja zu zeigen versucht, daß bei Christus von keinem Schicksal gesprochen werden könne, weil alles, was Ihm geschieht, im vollkommensten Einvernehmen zwischen Ihm und dem Vater geschieht. Das bleibt richtig; nun ist aber unsere Frage auf die Tiefe der Gottesgesinnung selbst zurückgegangen. Ist da nicht »Schicksal«? Und ist das Bild unbegreiflicher Vergeblichkeit, wie es uns aus dem Leben Jesu entgegentritt, nicht die letzte Verdeutlichung und Verdichtung einer Grundhaltung in Gott selbst? Mit all der Ehrfurcht und Besonnenheit, die in solchen Fragen geboten ist, scheint man tatsächlich sagen zu müssen: In einem Ihm allein eigenen Sinne erfährt Gott wirklich an der Welt »Schicksal«. Und Er ist so, daß Er es erfahren kann. Und die Tatsache dieses Erfahren-Könnens ist letzte Herrlichkeit. Sie ist identisch mit jener, daß Er liebt. Nein, daß Er liebend ist. Noch einmal mehr: daß Er

»die Liebe« ist. Nun enthüllen Worte wie die im ersten Johannesbrief: »wer nicht liebt, hat Gott nicht erkannt, weil Gott die Liebe ist«[56]; und: »Gott ist die Liebe, und wer in der Liebe bleibt, bleibt in Gott und Gott bleibt in ihm«, ihren letzten Sinn (4,8.16). Wahrlich eine Liebe, welche »alle Erkenntnis übersteigt« (Eph 3,19).

Im Laufe dieser Überlegungen hat das Wort »Schicksal« einen Wandel erfahren. Mit dem, was es zuerst bedeutete, hat es nun nichts mehr gemein. Es ist in den Bereich des heiligen Lebens Gottes gelangt und meint jetzt etwas, was nur in ihm möglich ist, nur für Ihn gilt und nur aus dem innersten Zusammenhang der Offenbarung heraus verstanden werden kann. Dieses »Schicksal« aber ist tief »tragisch«. Doch müssen wir wieder unterscheiden: tragisch nicht in dem Sinne, wie er im ersten Teil dieses Abschnitts dargelegt worden ist, weil Gott von der Verschlossenheit und Vergeblichkeit, welche das Irdisch-Tragische bestimmt, nichts weiß. Letzteres bildet vielmehr den Widerschein eines Geheimnisses in Gott, jedoch innerhalb einer Welt, welche selbst in der Verstörung der Sünde liegt. Für das Wesen des Göttlich-Tragischen gibt es keinen Begriff. So bescheiden wir uns mit einem Ausdruck, der sehr schlicht ist, aber dem Nachdenkenden eine immer wachsende Tiefe, Herrlichkeit und Furchtbarkeit enthüllt: es ist der Ernst von Gottes Liebe. Sein letzter Ausdruck ist Christi Kreuz. Darum ist das Kreuz das Symbol schlechthin. Wer es antastet, verschließt die Welt in die Unverstehbarkeit.

Dieses Letzte zu erkennen, würde das menschliche Denken sprengen; in dem Maße aber wird das Erkennen christlich, wie

---

[56] Das heißt nicht, nur ein im innerweltlichen Sinne liebebereiter Mensch könne Gott, der im eminenten Sinn liebend sei, erkennen; sondern das Lieben, das Johannes meint, ist selbst nur von Gott her möglich, indem Er durch die Gnade den Mitvollzug jener Haltung schenkt, die Ihm allein eigen ist. Es ist der bei Johannes oft wiederkehrende Zirkel der christlichen Existenz: nur jener erkennt Gott, der Ihn liebt; diese Liebe hat aber nur, wem Gott sie gegeben, was wiederum voraussetzt, daß er an Gott glaube, mithin Ihn erkannt habe. Dieses Ganze ist das »Geborensein von oben«, wie es wiederum bei Johannes heißt; es ist das Neue, das Christus bringt (Joh 8,23.47).

es sich ihm nähert. Dieses Letzte zu erfahren, würde das Herz verbrennen; aber in dem Maße wird das Herz christlich, wie es in die Strahlung seiner Glut gelangt.

Freilich bedeutet das auch, daß der Glaubende das »Schicksal« Gottes mittragen muß, wie Christus es den Seinen gesagt hat, als Er sprach: »Der Jünger ist nicht über dem Meister, noch der Knecht über seinem Herrn. So muß der Jünger zufrieden sein, daß es ihm gehe wie seinem Meister, und der Knecht, wie seinem Herrn« (Mt 10,24-25). Das zu tun, ist nicht leicht. Abgesehen von den Widerständen und Verfolgungen, die der Glaubende um seiner Zugehörigkeit zu Christus willen erfährt, ist da noch das Andere, Quälendere: auf der Seite stehen zu sollen, die in der Welt fragwürdig erscheint – siehe die schweren Worte des Apostels Paulus über das Kreuz und sein Ärgernis (1 Kor 1,18-25).

Die Einsicht wird dadurch erschwert, daß dem heutigen Christen noch die Erinnerung an die große Zeit des Mittelalters im Sinn liegt. Durch über ein Jahrtausend hat im Abendland die Offenbarung zugleich den letzten Sinngehalt der herrschenden Kultur gebildet; daher empfindet der Glaubende ihr Bild vom Dasein unwillkürlich als das einfachhin richtige, so daß, wer sie leugnet, die Gewähr der echten Menschlichkeit und des guten Weltwerkes verläßt. Im Letzten betrachtet, ist das richtig; darüber darf aber nicht vergessen werden, daß die maßgebende Führung der Menschen- und Weltdinge längst nicht mehr bei den Christen liegt. Das Mittelalter hat bei all seiner Größe doch nur eine bestimmte Konstellation dargestellt, in welcher die geschichtlich-aktiven, die geistigen und die religiösen Antriebe zusammenfielen. Dann aber trennte sich die kulturelle Führung allmählich von der Offenbarung, und es wurde klar, was immer wirklich, vorher aber verhüllt gewesen war: daß letztere nicht aus der Welt stammt und ihre Forderungen dem unmittelbaren Wollen des Menschen entgegenstehen.

Der Glaubende hat die hierdurch bestimmte Existenz auf sich zu nehmen. Damit tritt er in eine doppelte Gefahr: die eine, daß er, um im Gesamtleben mitgehen zu können, den Willen Christi abschwächt und verweltlicht – die andere, daß er mit diesem Willen ernst macht, darüber aber in einen Pessimismus gerät, der die Weltleistung preisgibt; oder gar in eine Art Pariahaltung, die sich in die Rolle des Minderwertigen fügt. Das soll aber nicht sein, weder das erste noch das zweite. Der Christ soll »mit ganzem Herzen, ganzer Seele und ganzem Gemüte« (Mt 22,37) in die Forderung seines Meisters hineinwachsen, wissend, daß es um das »Eine Notwendige« geht; zugleich aber die Aufgaben des Weltdaseins so ernst nehmen, als sie nach eben diesem Willen Christi, welcher ja doch auch der des Weltschöpfers ist – siehe Joh 1,3 – genommen sein wollen. Und das trotz aller scheinbaren Widerlegungen, die er erfahren mag.

Darin wächst das Eigentliche heran: die Gestalt des neuen Menschen in der neuen Schöpfung; das, was einst, durch das Feuer des Gerichtes hindurchgegangen, ewig bestehen wird. Die Haltung, welche sich dieses Sinnzusammenhangs bewußt ist, hat ebenfalls einen Namen, und Paulus, der ihre Schwere so tief erfahren hat, ist es, der sie nennt: die Hoffnung. Die große Stelle aus dem Römerbrief, in welcher das geschieht, ist bereits angeführt worden; mit ihrem letzten Satz sollen unsere Überlegungen schließen: »Denn auf Hoffnung hin sind wir gerettet worden; Hoffnung aber, die (schon) sieht, ist keine Hoffnung. Denn was einer sieht, wozu soll er es noch erhoffen? Wenn wir aber, ohne zu sehen, hoffen, dann harren wir in Geduld.«

Den Menschen zu verstehen suchen

Romano Guardini
Welt und Person
Versuche zur christlichen Lehre vom Menschen

Reihe: Romano Guardini Werke
Kooperation mit Verlag
Ferdinand Schöningh

200 Seiten
Hardcover, 13 x 21,5 cm
ISBN 978-3-7867-3145-0

Grünewald/Schöningh

Was ist das Wesen des Menschen? Was macht Menschsein im Letzten aus? Dieser grundlegenden Frage stellt sich Romano Guardini hier. Er setzt sich auseinander mit zwei Traditionen, die zu wissen glauben, was der Mensch sei: die humanistisch-geisteswissenschaftliche und die naturwissenschaftliche Deutung. Gegenüber diesem vermeintlich sicheren Wissen betont Guardini das Rätselhafte und Geheimnisvolle im menschlichen Dasein. Er arbeitet das spezifisch Menschliche heraus im Personsein, in der Individualität, im Ich-Du-Verhältnis, in der Anerkennung der Grenzen, in der Liebe und in der Beziehung zur Transzendenz. Ein immer wieder lesenswerter und inspirierender Text, um sich der Vielschichtigkeit menschlicher Existenz neu bewusst zu werden.

www.gruenewaldverlag.de

Jesus für Zeitgenossen

Huub Oosterhuis / Cornelis Kok (Hg.)
Sei hier zugegen
Jesus von Nazaret – nacherzählt

128 Seiten
Hardcover mit Schutzumschlag
mit Leseband, 13 x 21,5 cm
ISBN 978-3-8436-0894-7

Vertraut und doch unerhört neu tritt Jesus aus den Gedichten von Huub Oosterhuis entgegen: als Jude und Sohn der Tora, der eine Welt ansagt, in der Brot und Recht und Liebe genug ist für alle. Der niederländische Dichter-Theologe findet eine Sprache fernab von kirchlichem Jargon, inspiriert von der Bibel und der Gegenwart, fragend und klagend, verheißungsvoll und befreiend.
»Sei hier zugegen« ist eine poetische Nacherzählung der biblischen Geschichte Jesu und die dichterische Summe von allem, was Huub Oosterhuis über Jesus gedacht und geschrieben hat.

www.patmos.de